ハヤカワ文庫 NF

〈NF522〉

超予測力

不確実な時代の先を読む 10 カ条

フィリップ・E・テトロック&ダン・ガードナー

土方奈美訳

HAYAKAWA NONFICTION

早川書房

8193

SUPERFORECASTING

The Art and Science of Prediction

by

Philip E. Tetlock & Dan Gardner

Translated by

Nami Hijikata

Published 2018 in Japan by
HAYAKAWA PUBLISHING, INC.
This book is published in Japan by
direct arrangement with
BROCKMAN, INC.

昨日のことのように思えるあの日以来、父母の胸の中で生きつづけているジェニーへ

目次

超予測力

不確実な時代の先を読む10カ条

第1章　楽観的な懐疑論者

われわれはみな、先を読む。転職を考えるとき、結婚するとき、家を買うとき、投資をするとき、新製品を発売するとき、あるいは退職するとき、それによって将来がどうなるかという予想にもとづいて意思決定をする。この予想がすなわち先を読むということだ。自分で先を読むこともあるが、市場の暴落、戦争の危機、指導者のピンチといった重要な出来事については、それに詳しい専門家に頼ろうとする。たとえばトーマス・フリードマンのような人物だ。

ホワイトハウスに勤務していれば、大統領執務室で合衆国大統領と中東情勢について語りあうフリードマンの姿を目にするかもしれない。フォーチュン五〇〇企業のCEOならダボス会議で、ヘッジファンドの大富豪やサウジアラビアの王子たちとラウンジで雑談する姿を見かけるかもしれない。ホワイトハウスやおしゃれなスイスのホテルとは縁がなくても、彼の《ニューヨーク・タイムズ》のコラムや数々のベストセラーを読めば今何が起きているのか、それはなぜか、次はどうなるかがわかる。[1]何百万人がそうしている。

トーマス・フリードマンと同じように、ビル・フラックも世界の出来事の先を読んでいる。

しかし彼の洞察を聞きたいという人ははるかに少ない。

ビルは長年、アリゾナ州農務省で働いていたが（「収穫したり耕したりが半分、表計算ソフトとにらめっこしているのが半分という仕事」）、今はネブラスカ州カーニーで暮らしている。生粋《きっすい》のネブラスカ人で、育ったのは同州マジソンである。この農業の町で、両親は《マジソン・スターメール》という地元のスポーツニュースや農産物や家畜の品評会の記事を載せる新聞を発行していた。高校で優秀な成績を収め、ネブラスカ大学では理学士の学位を取得した。その後はアリゾナ大学大学院に進んだ。数学の博士号を取るつもりだったが、自分の能力ではとても及ばないと気づき（「限界を思い知らされたよ」というのが本人の弁だ）、中退した。しかしアリゾナで過ごした時間は無駄ではなかった。鳥類学の授業を取ったことをきっかけにバードウォッチングに目覚め、アリゾナ州は鳥類の宝庫であったことから科学者の手伝いでフィールドワークのアルバイトをして、そのつながりで農務省で長く働くことになった。

ビルは五五歳ですでに退職しているが、誰かから仕事をオファーされたら考えると言う。こうした事情で時間はある。そしてそのうちのいくらかを世の中の先を読むことに使う。

ビルは「ロシアは今後三カ月以内に新たなウクライナ領土を正式に併合するか」「来年ユーロ圏を離脱する国はあるか」といった約三〇〇の質問に答えた。いずれも重要な問いであり、しかも難しい。企業、銀行、大使館、諜報機関などは常にこうした問題の解を見つけようと苦労している。「北朝鮮は今年中に核兵器を使用するか」「今後八カ月以内に新たに何カ国がエボラウイルス患者の発生を報告するか」「インドかブラジルは今後二年以内に国連安全保障理事会の常任理事国になるか」といった質問のなかには、少なくともわれわれ一般人には見当もつかないものも含まれている。「NATOは今後九カ月以内に『加盟のための行動計画（MAP）』に新たな国を追加するか」「クルディスタン地域政府は今年、国家独立に関する国民投票を実施するか」「今後二年以内に上海自由貿易圏で中国企業以外がインターネットサービスを提供する契約を獲得できるか。中国の国民はフェイスブックやツイッターにアクセスできるようになるか」。こうした問いを最初に見たときには、ビルにも答えるための糸口が見つからないかもしれない。「そもそも上海自由貿易圏って何だ？」と思うかもしれない。だがビルはやるべきことをきちんとやる。事実を集め、異なる見解を比較し、一つの答えを選ぶのである。

ビル・フラックの予想にもとづいて意思決定をする者、あるいはCNNに出て意見を述べてほしいと頼む者はいない。ビルがダボスでトーマス・フリードマンとともにパネルディスカッションに出てほしいと招かれたこともない。それはとてももったいないことだ。というのもビル・フラックはすばらしい予測力の持ち主だからだ。こう言えるのは、先に挙げた問いに対するビルの予測は一つひとつ日付入りで記録され、独立した立場の科学者によって正確さを評価されてきたからだ。ビルの実績はずば抜けている。

ビルだけではない。同じ質問群に答えた人は数千人におよび、いずれもボランティアだ。ビルほど成績の良い人は少ないとはいえ、全体の約二％はいる。内訳をみると技術者、法律家、芸術家、科学者など職業はさまざまで、ウォール街のエリートもいれば一般人もおり、大学教授もいれば学生もいる。数学者、映画監督、それに自らの埋もれた才能を発揮しようという熱意に燃える退職者もいる。私は彼らを「超予測者」と呼ぶ。まさにその呼称にふさわしく、それを裏付ける信頼性のあるデータもある。彼らがなぜそれほど先を読むことに長《た》けているのか、ほかの人はどうすれば彼らのようになれるのか解き明かすのが本書の目的である。

　こうした無名の超予測者の力量は、トーマス・フリードマンのような知性派有名人と比べてどうなのかというのは興味深い問いではあるが、答えることはできない。フリードマンの予測の正確さが厳格に検証されたことがないからだ。もちろんフリードマンのファンか批判者かによって見方は分かれるだろう。「『アラブの春』は的確に予測した」「二〇〇三年のイラク侵攻の読みはデタラメだった」あるいは「NATO拡大を予見した」などと言われるが、フリードマンの実績を示す信頼性のあるデータはない。無数の主観があるだけだ。[2] フリードマンに限らず、だいたいそんなものである。

　ニュースメディアは日々さまざまな予測を載せるが、それを立てた人の予測力について言及することはなく、そもそもそれを尋ねようともしない。企業や政府は日々、予知といえるほど正確なのか無価値なのか、あるいはその中間なのか、まるで見当もつかない予測にカネを払う。そして国家の指導者、企業経営者、投資家、有権者など、誰もが品質の定かではない予測にもとづいて重要な意思決定を下している。野球チームの経営者は選手と契約する際、その実績データも見ずに契約の小切手を切ることはない。野球ファンですらスコアボードやテレビ画面に選手のデータが表示されるのは当然と思っている。それなのに、野球の試合などよりはるかに重要な意思決定を下すときに頼りにする専門家の予測力について、われわれは知ろうともしない(3)。

そうした意味では、ビル・フラックの予測を信じるのはかなり理にかなった行動といえる。また本書を読んでいる皆さんの予測を信じるのも、かなり理にかなったことになるかもしれない。というのも予測力というのは「持っているか、いないか」が決まっている才能ではなく、育てることのできる才能だからだ。その方法を教えるのが本書である。

チンパンジーのジョーク

私はジョークをぶち壊しにするのが好きなので、さっさとオチを言ってしまおう。「平均的な専門家の予測の正確さは、チンパンジーが投げるダーツとだいたい同じぐらいである」

皆さんもどこかで耳に挟んだことがあるかもしれない。かなりのウケのいいジョークだからだ（業界によってはウケが悪いかもしれない）。《ニューヨーク・タイムズ》や《ウォールストリート・ジャーナル》、《フィナンシャル・タイムズ》や《エコノミスト》をはじめ、世界中のメディアに取り上げられてきた。

要約すると、こういう話だ。ある研究者が学者、評論家など専門家と称する人を大勢集めて、経済、株式、選挙、戦争などその当時世間をにぎわせていた問題について何千個という予測をしてもらった。しばらく経ってその研究者が予測の正確さを検証したところ、平均的な専門家の成績は当てずっぽうで答えたのと変わらなかった。ただし、これではオチにならない。「当てずっぽう」などと言ってもおもしろくない。「ダーツを投げるチンパンジー」と言うからおもしろいのである。

ここに登場する研究者というのが実は私で、しばらくはこのジョークを不満に思わなかった。この研究は科学的文献として、専門家の判断力を最も包括的に評価したものだ。一九八四年から二〇〇四年まで二〇年近い歳月を要した大変な作業で、そこから得られた結果はこのジョークのオチからはうかがいしれないほど奥の深い、建設的なものである。それでも私の研究をネタにしたこのジョークを不満に思わなかったのは、それによって研究の認知度が高まったからだ（そう、科学者だって少しばかり有名になって悪い気はしない）。私自身、この定番となった「ダーツを投げるチンパンジー」というたとえを使ったことがあるので、あまり大きな声で文句は言えない。

ジョークに不満を持たなかったもう一つの理由は、的を射ている部分もあったからだ。新聞やテレビのニュース番組を見れば、専門家が今後どうなるか予測している。慎重な見方をする者もいれば、大胆で自信満々の者もいる。数十年先まで見通せると豪語する者も何人かいる。ただほぼ例外なく、彼らがカメラの前に立っているのは予測力に優れているという何らかのお墨付きを得ているためではない。予測の正確さが話題になることなどほとんどない。過去の予測は過去のニュースと同じで、すぐに忘れ去られ、評論家が過去の予測と現実に起きたこととを照合するよう求められることはまずない。コメンテーターが明らかに持っている才能は、説得力のある説を確信を持って語る能力であり、それだけで十分なのだ。企業経営者、政府高官から一般人まで、有効性や安全性の確認されていない得体の知れない薬なら絶対に飲まないが、こと予測については行商人が荷台から出してくる不老不死の薬と同じぐらい怪しいものでもさっさと金を払う。だから価値の定かではない予測を売り歩いて大儲けする専門家がたくさんいる。こうした輩《やから》（そしてその顧客）には脇腹を小突いてやることも必要だし、自分の研究がそういう目的に使われるのは満足だった。

だが研究の評判が広まるにつれて、その意味するところが変化していくことに気づいた。私の研究が示したのは、私の提示した政治的、経済的問いに対して平均的な専門家が寄せた予測の多くは当てずっぽうとほとんど変わらなかった、ということである。ただ「多く」と言うのは「すべて」ではない。一年先といった時間軸が短い質問では、当てずっぽうより高い成果を出すのは容易で、三〜五年先のこととなると専門家の予測の正確性は落ちる、つまりチンパンジーがダーツを投げるのと変わらないレベルになっていく。

これは重要な発見である。複雑な世界における専門知識の限界、超予測者でさえ越えられない壁について示唆を与えてくれるものだ。しかし子供の「伝言ゲーム」で文章が耳打ちされて伝えられていくあいだにまったく違うものに化けてしまうのと同じように、私の本来のメッセージは何度も繰り返されていくうちに変容してしまい、微妙なニュアンスが完全に失われてしまった。こうして出来上がったのが「専門家の予測というのはすべて無益である」

というメッセージだが、これは完全に誤っている。「専門家の知識はチンパンジー並みだ」といった、さらに乱暴なバリエーションもある。私の研究は、未来はそもそも予測不可能だとするニヒリストや、「専門家」の前には「いわゆる」という冠言葉をつけなければ気が済まない無知なるポピュリストの拠《よ》り所《どころ》になってしまった。

チンパンジー・ジョークに嫌気がさしたのはこういうわけだ。私の研究はこうした極端な結論を支持するものではないし、私自身そういう主張にまったく賛同しない。そういう思いは今日《こんにち》、ますます強まっている。

専門家とその予測を否定する立場と擁護する立場を両極とすれば、その中間にある合理的な見方を提示していく余地は十分にある。否定派にも一理ある。予測市場には、いかがわしい洞察を売り歩く怪しげな輩もいる。先を読むということについては、どうしても越えられない壁もある。未来を知りたいというわれわれの欲求は、常にその能力を超えてしまう。しかしあらゆる先読みを無益と否定するのもまた行き過ぎだ。状況によって、またある程度であれば、将来を読むことは可能であり、それに必要な能力は知的で柔軟で努力を惜しまない人間であれば誰でも伸ばせると私は考えている。「楽観的な懐疑論者」とでも呼んでいただきたい。

懐疑論者

まず「懐疑論者」の部分から説明しよう。チュニジアのシディブジッドで、市場に向かう埃っぽい道を野菜や果物を積んだ木造の手押し車を押していくチュニジア人の青年を思い浮かべてほしい。青年が三歳のときに父親は亡くなった。借りた金で荷台いっぱいの青果を買い、それを売って借金を返し、わずかばかりの残った金で家族を養いたいと思っている。そんな具合に日々、苦しい仕事に耐えている。だがこの日の朝、警官が近づいてきて、なにか規則を破ったという理由で商売道具を没収するという。それが言いがかりで、ゆすりであることはわかっている。しかし支払う金はない。警官は青年を平手打ちし、亡くなった父親を侮辱すると、青果を荷台ごと持ち去った。青年は役場に文句を言いに行くが、担当者は会議で忙しいと言われる。屈辱と怒りと無力感に包まれたまま、青年は役場を後にした。

　そしてガソリンを持って戻ってきた。役場の前でそれをかぶると、マッチで火をつけ、焼身自殺を図った。

　このよくある話で一つだけ予想外なのは、その結末である。チュニジアをはじめアラブ世界には、貧しい屋台商人は無数にいる。警察の汚職も蔓延しており、この青年が受けたような辱《はずかし》めは日常茶飯事《さはんじ》だ。当の警官と被害者以外は誰も気にも留めない。

　しかしこの二〇一〇年一二月一七日の警察による辱めの結果、二六歳のモハメド・ブアジジは焼身自殺を図り、それがデモを引き起こした。警察はいつものように暴力で対応し、それを受けてデモはさらに広がった。国民をなだめるため、チュニジアの独裁者であったザイン・アル＝アービディーン・ベンアリ大統領は病院にブアジジを見舞った。

　ブアジジは二〇一一年一月四日に亡くなり、混乱はさらに広がった。一月一四日にベンアリはサウジアラビアに逃れて優雅な亡命生活に入り、二三年にわたる泥棒政治は幕を下ろした。

この模様を見ていたアラブ世界は衝撃を受けた。デモはエジプト、リビア、シリア、ヨルダン、クウェート、バーレーンに飛び火した。三〇年にわたり権力の座にあったエジプトの独裁者ホスニ・ムバラクはその座を追われた。他の国でもデモは暴動へ、暴動は内戦へと発展していった。これが「アラブの春」であり、発端となったのは一人の貧しい男性が警官に嫌がらせを受けたことだった。それ以前も以降も無数の同じような男性が同じように警察から嫌がらせを受けてきたが、そこからは何の波及的影響も生まれなかった。

このように過去を振り返り、モハメド・ブアジジとその孤独な抗議行動に端を発したさまざまな出来事をストーリーとして結ぶのは、一つの能力である。トーマス・フリードマンのような一流の評論家は、このようなストーリーの再構築に長けている。《ニューヨーク・タイムズ》のレバノン特派員として一流ジャーナリストの評価を確立したフリードマンは特に中東に詳しく、こうしたことが得意だ。

しかしそのフリードマンであっても、あの決定的な朝、事件の現場に居合わせたとしたら、焼身自殺、社会の混乱、チュニジアの独裁者の追放、それに続くアラブの春を見通すことができただろうか。もちろん、答えは否《いな》である。そんな芸当は誰にもできない。フリードマンほどの中東地域に関する豊富な知識があれば、貧困や失業が深刻で、絶望的な思いを抱く若者が増えており、腐敗が蔓延し、抑圧は容赦なく、それゆえにチュニジアをはじめとするアラブ諸国が一触即発の火薬庫になっていたことは予測がついたかもしれない。しかし一年前に状況を観察していても、まったく同じ結論が出たはずだ。その一年前でも同じである。つまりチュニジア、エジプトをはじめ複数の国については何十年も前から同じようなことが言えたわけだ。ずっと火薬庫であったかもしれないが、決して爆発することはなかった。二〇一〇年一二月一七日に、警官が一人の気の毒な青年に対して行き過ぎた仕打ちをするまでは。

一九七二年、アメリカの気象学者エドワード・ローレンツが「予測可能性――ブラジルで蝶が一匹はばたくとテキサスで竜巻が起こるか」という魅力的な表題の論文を発表した。その一〇年前にローレンツは、気象パターンのコンピュータ・シミュレーションに入力するデータをほんの少し変えるだけで（たとえば〇・五〇六一二七を〇・五〇六に変えるだけで）、長期予想に劇的な変化が生じることを偶然発見した。この洞察から発展したのが「カオス理論」である。気象のような非線形システムにおいては、当初の条件にわずかな変化を加えると、その影響はとほうもない規模に膨《ふく》れあがる（これをバタフライ〔＝蝶〕効果と呼ぶ）。つまり理論的には、ブラジルで一匹の蝶が翅《はね》を一振りすると、テキサスで竜巻が起こる可能性がある。とはいえブラジルで他の蝶が束になって生涯一心不乱にはばたきつづけても、数マイル先の気象にも大した影響を及ぼすことがない可能性もあるが。

もちろんローレンツの言う蝶と竜巻の「因果関係」は、私がワイングラスをハンマーで叩けば壊れると言うときのそれとはまったく意味が違う。その一匹の蝶がその瞬間にはばたいていなければ、想像もつかないほど複雑な大気の動きとその反応の連鎖はまったく違ったものになり、竜巻は起きなかったかもしれない、というのがローレンツの主張の趣旨である。ちょうど二〇一〇年のあの朝、警察がモハメド・ブアジジにいつもどおり青果を売らせていれば、少なくともアラブの春はあの時期にあのようなかたちで起きなかったかもしれない、というのと同じことだ。

エドワード・ローレンツによって科学界は、予測可能性には厳然たる限界があるという見方に傾いた。これはきわめて哲学的な問いである。[4] 科学者は数百年にわたり、知識が増えれば予測可能性は高まると信じてきた。現実は時計のようなものであり（おそろしく大きく複雑な時計だが、時計であることに変わりはない）、その内部機構への理解を深め、歯車が互いにどのようにかみ合い、重りやバネがどのように機能するかを解明すれば、その動きを決定論的な数式で説明できるようになり、次にどうなるか予測できるようになる、と。一八一四年にはフランスの数学者で天文学者であったピエール＝シモン・ラプラスが、この科学者の夢を論理的に突き詰め、次のように書いている。

現在の宇宙の状態は、その過去の結果であり、未来の原因と見なすことができる。ある瞬間における自然界の動きを生むあらゆる力とあらゆる物質の位置を知ることができ、しかもそれらのデータを解析できるだけの広大さを持った知性が存在するならば、それはたった一つの公式で宇宙で最も大きい物体から最も小さい原子の動きまで説明することができる。この知性にとって不確実なことは何もなくなり、その眼には未来も過去同様にすべてはっきりと見えているであろう。

ラプラスは自らが生み出した想像上の知性を「悪魔」と呼んだ。それが現在についてすべてを知っていれば、未来についてもすべてを予測できるだろう、とラプラスは考えた。全知全能になる、と。[5]

この夢に冷水《ひやみず》を浴びせたのがローレンツだ。時計がラプラスの言う完全な予測可能性の象徴だとすれば、その対極になるのがローレンツの言う雲だ。高校の科学の授業では、雲は水蒸気が埃の粒子のまわりに固まってできると習っただろう。単純な話に思えるが、具体的に一つの雲がどのように形成されるか（それがどんな形になるか）は、水滴のあいだの複雑な相互フィードバックによって決まる。こうした相互作用をとらえるには、コンピュータ・モデルを構築するうえで、データ収集におけるわずかなバタフライ効果的誤差にとことん敏感な数式を作らなければならない。こうしたことから、たとえ雲の形成についてあらゆる知識を身に着けたとしても、特定の雲がどんな形になるか予測することはできないだろう。できあがってみるまでわからない。歴史の皮肉と言うべきか、今日の科学者は一〇〇年前の科学者と比べてはるかに多くの知識を持ち、また圧倒的なデータ処理能力を有しているにもかかわらず、完全な予測可能性の実現についてははるかに弱気になっている。

私は「楽観的な懐疑論者」の立場をとるが、そのうち「懐疑論者」の部分は主にこうした理由からである。われわれはたった一人のほぼ無力な青年の行動が世界中に波及効果を及ぼしうる世界に生きている。この波及効果は多かれ少なかれわれわれ全員に及んでいる。カンザスシティ郊外に住む女性にとって、チュニジアは別の惑星に思えるかもしれないし、その生活はチュニジアとは何の関わりもないかもしれない。だが、もしこの女性が近隣のホワイトマン空軍基地に勤務する空軍の航空士と結婚していたら、一人の無名のチュニジア人の行動がデモにつながり、それが暴動に発展し、独裁者が失墜し、それがリビアでのデモにつながり、内戦になり、それがNATOが二〇一一年に介入することにつながり、夫がトリポリ上空で対空砲を避けながら飛び回ることにつながったと知って驚くのではないか。このケースではつながりをたどっていくのは容易だが、たいていはもっと目立たないものだ。それでもガソリンスタンドで支払う価格や身近な企業での雇用削減など、私たちの生活とそこかしこでつながっている。ブラジルの一匹の蝶がテキサスの天気をいつもの晴天から町を切り裂くような竜巻に変えてしまいかねない世界においては、遠い先の未来を見通せる人がいると思うこと自体が誤っている。(6)

楽観主義者

とはいえ、予測可能性に限界があることを認めるのは、あらゆる予測を無益な営みとして切り捨てることとはまったく違う。

今度は先述のカンザスシティ郊外に住む女性のなんの変哲もない一日に、顕微鏡のレンズを当ててみよう。女性は午前六時三〇分にブリーフケースに書類を入れ、車に乗り込み、いつものルートで職場に向かい、ダウンタウンに車を停める。そして平日の朝はいつもそうするように、ライオンの銅像の前を通り過ぎ、カンザスシティ生命保険会社が入居するギリシャ様式のオフィスビルに入っていく。机に向かってしばらく表計算ソフトを使って作業をしたあと、一〇時半に電話会議に出席し、数分間アマゾンのウェブサイトを閲覧したあと、何本かメールに返信をしていたら一一時五〇分になった。そこで小さなイタリアンレストランに出かけていき、妹と昼食をとった。

この女性の生活は、財布の中に入っている宝くじ券、アラブの春によって夫がリビア上空での任務に送られたこと、聞いたことのないような国で起きた政変によってガソリン価格が五セント上がったことなど、たくさんの予測不可能な要素に影響を受けている。ただそれと同等あるいはそれ以上に、かなりの予測可能性に満ちている。

なぜ午前六時三〇分に家を出るのか。ラッシュアワーの渋滞にはまりたくないからだ。別の言い方をすれば、もっと遅く出れば渋滞がひどくなると予測したからで、その読みはほぼ間違いなく正しい。ラッシュアワーというのはきわめて予測可能なものだからだ。運転中には絶えずほかのドライバーの行動を予測している。信号が赤なら交差点で止まるだろう、今の車線にとどまり、曲がる前にはシグナルを出すだろう、といった具合に。一〇時三〇分からの電話会議に参加すると言った人々はそうするだろうと予測し、そのとおりの展開となる。妹とレストランで正午に待ち合わせをしたのは、レストランの営業時間に「一二時開店」と書かれていたからで、営業時間というのは信頼性の高い情報である。

われわれは常にこうした日常的予測を立てており、それと同時に他の人々もわれわれの生活に影響を及ぼすような予測を立てている。この女性がオフィスでコンピュータを立ち上げると、カンザスシティの電力需要は少しだけ上がる。他の働きバチも同じことをするので、全体として平日朝のこの時間帯はいつも電力需要は跳ね上がる。だからといって問題は起きない。電力会社が需要増加を見込んで発電量を変化させるからだ。女性がアマゾンを閲覧していると、彼女が興味を持ちそうな製品が表示された。これは彼女自身の過去の閲覧あるいは購入履歴や何百万人もの顧客の購入履歴から導き出された予測である。インターネットではこのような予測的対応にしょっちゅうお目にかかる。たとえばグーグルはあなたが最も興味を持ちそうなアイテムをトップに持ってくるなど、検索結果を個人に合わせて変えている。だがこうした対応はとてもスムーズなので、われわれが意識することはめったにない。

女性の職場も予測可能性に満ちている。カンザスシティ生命保険会社の仕事は加入者が障害を負ったり死亡する可能性を予測することであり、優れた成果を出している。「私が」いつ死ぬかを正確にわかっているということではなく、私のような年齢と属性（性別、所得、ライフスタイルなど）の人がどれくらい長く生きるかをかなりよくわかっているという意味だ。カンザスシティ生命保険会社の設立は一八九五年である。同社の保険数理士の予測能力が低かったら、とっくに潰れていただろう。

われわれをとりまく現実はこのように、あるいはこれ以上に予測可能である。たとえばグーグルでミズーリ州カンザスシティの明日の日の出・日没時刻を検索すると、分単位で答えが返ってくる。この手の予測は、明日か、明後日か、あるいは今から五〇年先のものかにかかわらず信頼性がある。潮の干満、日食、あるいは月の満ち欠けに関する予測も同じである。いずれも規則正しい科学法則にもとづき、ラプラスの言う先読みの悪魔ですら満足するほど正確に予測できる。

もちろんこうしたさまざまな予測可能性が突然失われることもある。まともなレストランは約束どおりの時間に開店する可能性がきわめて高いが、店長の寝坊、火事、倒産、伝染病、核戦争あるいはどこかの物理実験で偶然ブラックホールが出てきてしまい太陽系が吸い込まれるといったさまざまな理由から開店しないかもしれない。他のことでも同じだ。今後五〇年の日の出・日没の予測も、そのあいだに巨大な隕石が地球に衝突して太陽を回る軌道がずれてしまえば、外れてしまう可能性がある。人生に確実なことなど一つもない。死や税金ですら例外ではない——脳の中身をクラウドコンピューティング・ネットワークにアップロードできるような技術が発明される、あるいは豊《まか》かで公共心にあふれる未来社会の登場によって国家の支出がすべて善意の寄付によって賄われるようになる可能性をゼロでないと仮定すれば、どちらも不可避ではなくなるかもしれない。

結局のところ、現実は時計と雲のどちらに似ているのか。未来は予想可能なのか、不可能なのか。いずれも誤った二項対立であり、本書ではそうした例を数多く見ていくことになる。われわれの身を置く世界には、時計も雲も、それ以外にもさまざまな比喩が当てはまる。われわれの身体、社会、宇宙を構成する精巧に絡み合ったシステムの中には、予測不可能性と予測可能性が奇妙に共存している。予測可能性は何を、どれくらい先まで、どのような条件で予測しようとしているかによって変わってくる。

エドワード・ローレンツの分野を考えてみよう。気象予測は通常、ほとんどの条件下で二～三日先までであればかなり確度が高いが、三日、四日、五日先になると次第に精度は落ちてくる。一週間以上先なら、例のダーツを投げるチンパンジーに聞くのと変わらない。このように気象は予測可能とも不可能とも言えず、一定の状況下である程度なら予測可能であるとしか言えない。それ以上詳しく定義しようとするなら、かなり慎重にやらなければならない。

時間と予測可能性の関係という一見単純そうな例を考えてみよう。一般的に遠い先のことを見通そうとするほど、予測は難しくなる。だがこの原則にもさまざまな例外が考えられる。たとえば上昇相場が長期間にわたって継続すると予測すれば、何年にもわたって利益を享受できるかもしれない。ある日突然、それが身の破滅につながるまでは。また恐竜が食物連鎖の頂点に君臨しつづけるという予測は、数千万年にわたって間違いのない読みでありつづけた。ある日突然、巨大隕石の落下によって地殻変動が起き、ちっぽけな哺乳類に生態学的ニッチが拓《ひら》け、やがてそれが将来を予測しようとする種《しゅ》に発展していくことになるのだが。物理法則はさておき、世の中に普遍定数というものは存在しないので、予測可能なものと予測不可能なものを切り分けるのは難しい。それははっきりとしている。

それを一番良くわかっているのが気象学者だ。彼らは膨大な数の予測をし、その正確性を常にチェックしている。だからこそ一日、二日先の予測は通常かなり正確だが、八日先の予測はそうではないということが言えるのだ。このような分析によって、気象学者は気象の仕組みへの理解を深め、予測モデルを改善する。それから再び試してみる。予測し、測定し、見直す。それを繰り返す。永遠に終わることのない漸次《ぜんじ》的改善のプロセスであり、これが気象予測に信頼性があり、しかもゆっくりとではあるが改善しつづけている理由である。だが改善には限界があるかもしれない。気象は非線形システムの典型だからだ。先を予測しようとするほどカオスがつけ入る隙が生じ、そのはばたきによって予測が吹き飛ばされてしまう。コンピュータ性能の飛躍的な改善と予測モデルの継続的な改良により、予測の限界は少しだけ先に延びるかもしれないが、改善は次第に難しくなり、その恩恵はゼロに近づいていくだろう。気象予測はどこまで改善できるか。それは誰にもわからない。だが現在の限界を認識しておくこと自体が一つの成功と言える。

他の重要性の高い分野の予測は、暗闇を探るような状況が続いているところが多い。予測をする人々は、自分たちの短期、中期、あるいは長期の予測の正確さがどれくらいか、また予測の正確さをどこまで高められるかをまるでわかっていない。せいぜい「この程度」というぼんやりとした感覚がある程度だ。その原因は「予測・測定・見直し」という手続きが実践されるのは、中央銀行のマクロエコノミスト、大企業のマーケティングや金融の専門部署、あるいはネイト・シルバーのような世論調査を分析する統計学者といった、ハイテクを駆使して予測が行なわれる高尚な領域に限られているためだ。(7)

たいていは予測を立てて、それでおしまいである。事実が判明した後で予測の正確さが確認されることはめったになく、最終評価を下すために定期的かつ厳格に確認されることはまずない。なぜか。問題は主に需要サイドにある。政府、企業、大衆など予測を消費する側は、正確さの根拠を要求しない。だからこそ正確さの測定も行なわれず、当然見直しもされない。見直しがされなければ、改善もない。

　こんな世界を想像してみてほしい。誰もが走るのは大好きだが、平均的なランナーがどれぐらい速いのか、トップランナーはどれぐらい速いのかはまったく知らない。というのもコースに沿って走る、ピストルの音とともにスタートを切る、一定の距離を走ったら終了するといった基本的なルールが決まっておらず、独立した審判もいなければ結果を測定するタイムキーパーもいないからだ。この世界でランニングのタイムが向上していく見込みはあるだろうか。あまり期待できそうもない。トップクラスのランナーは人間の限界に近いペースで走っているだろうか。おそらくそうではないだろう。

　ビル・ゲイツはこう書いている。「人々の置かれた状況を改善するうえで、測定することがいかに重要かを痛切に感じた。明確な目標を設定し、その目標に向けた進歩を促すような指標を見つければ、すばらしい進歩を達成できる。（中略）当たり前のことに思えるかもしれないが、それがなされていないことが驚くほど多く、またきちんとやるのはとても難しい」[8]。進歩を促すのに何が必要かというゲイツの見解は正しく、予測においてもそれが驚くほど欠如している。明確な目標を設定するという簡単な第一ステップでさえ、行なわれていない。

予測の目標は未来を正確に予見することだと思われるかもしれないが、それが目標ではないこと、少なくとも唯一の目標ではないことが多い。予測の目的がエンターテインメントの場合もある。CNBC（マーケット経済専門チャンネル）のジム・クレーマーが「やったぜ！」と叫ぶお決まりのギャグ、あるいは政治討論番組《ザ・マクローリン・グループ》で司会者のジョン・マクローリンがパネリストにある出来事が発生する可能性を「ゼロなら可能性ゼロパーセント、一〇なら形而上学的《けいじじょうがく》に確実。さあ、ゼロから一〇までで評価してください！」と呼びかける場面などがこれにあたる。政治的主張を通すため、行動を呼びかけるために予測が使われることもある。活動家が現状を変えなければ恐ろしいことが起こる、と警告を発するのがこれにあたる。相手を感心させるための予測というのもある。銀行が富裕層の顧客を集めて、有名な専門家に二〇五〇年の世界経済を語らせるのがその例だ。安心感を与えるための予測もある。聴衆に彼らの考えは正しく、予想どおりの未来が待っていると語るなど、政党はこの手の予測を好んで使う。心情的に温かい風呂につかるような効果がある。

このように予測にはさまざまな目的があることはあまり認識されておらず、それが正確さの測定や進歩に向けた取り組みを始めることすら難しくしている。非常に混乱した状況で、改善の兆しも見られない。

ただ、この停滞した状況こそ、私が楽観的な懐疑論者である大きな理由だ。政治、経済、金融、ビジネス、テクノロジー、日常生活など、われわれが予測しようとする大方の分野において、一定の状況下ではある程度の予測可能性があることはわかっている。だがわかっていないことも多い。科学者にとって「わからない」というのはワクワクすることだ。そこには発見のチャンスがある。わからないことが多いほど、チャンスは大きい。これほど多くの領域において、率直に言って予測に驚くほど厳格さが欠けている状況のおかげで、発見のチャンスはとほうもなく大きい。そのチャンスをモノにするのに必要なのは、明確な目標（予測の正確さだ！）を設定し、測定に真剣に取り組むことだけだ。

それこそ私がキャリアの大部分を通じてやってきたことだ。「ダーツを投げるチンパンジー」という発見につながった研究は第一段階だった。第二段階の始まりは二〇一一年夏で、研究（そして人生の）パートナーであるバーバラ・メラーズとともに「優れた判断力プロジェクト（Good Judgment Project、以下GJP）」を立ち上げ、未来を予測するためのボランティアを募った。それに反応したのがビル・フラックだ。ビル以外にも一年めには二〇〇〇人以上が名乗りをあげ、それに続く四年間でさらに数千人が参加した。合計で二万人以上の知的好奇心あふれる一般人が、「ロシアの抗議行動は拡大するか」「金相場は暴落するか」「日経平均株価は九五〇〇円を超えるか」「朝鮮半島で戦争が勃発するか」といった複雑で重大な世界的問題について予測を試みた。実験の条件を変化させることで、どのような要因がどのような時間軸でどの程度予測力の改善につながるのか、またベストプラクティス（最適な手法）を組み合わせると予測の質はどこまで高まるかを測定することができた。こう書くと単純なようだが、まったくそんなことはない。とても大変な研究プログラムで、カリフォルニア大学バークレー校とペンシルバニア大学を拠点とする学際的チームの才能と努力の産物である。

GJP自体、大規模なプログラムだったが、実際には「情報先端研究計画局（IARPA）」の助成金によるはるかに大きい研究プロジェクトの一部に過ぎない。おもしろみのない名前に興味を削がれるかもしれないが、IARPAはアメリカ国家情報長官直属の組織であり、情報機関の活動の質を高めるという大それた目標に資する研究を支援する役割を負っている。アメリカの情報機関の活動において重要な位置を占めるのが、世界的な政治・経済トレンドの予測である。概算ではアメリカには約二万人の情報分析官がおり、小さな謎から「イスラエルによるイラン核施設の奇襲攻撃」あるいは「ギリシャのユーロ離脱」といった重大な出来事の可能性など、ありとあらゆる問題の評価に従事している。[9] こうした予測の質はどれぐらい高いのかと問われると、答えるのは難しい。というのも予測を提供する人々のご多分に漏れず、アメリカの情報機関もそれを確認するために資金を投じたことがなかったからだ。正確さの確認に及び腰である理由は、まっとうなものからそうではないものまでいろいろあるが、それについてはあとで詳しく述べる。ここで問題なのは、情報分析官らの行なっている予測は国家の安全保障にきわめて重要であるにもかかわらず、その質の高さについて、あるいは二万人の人員と数十億ドルの予算をかけた活動にふさわしい質を備えているかということについてすらはっきりとしたことが何も言えないという状況である。

そうした状況を変えるため、IARPAは予測トーナメントを実施することにした。この分野で一流の研究者をリーダーとする五つの科学者チームが、情報分析官が日々取り組むような難しい問題に対して正確な予測を導きだす能力を競うのである。GJPは参加した五つのチームの一つだった。それぞれのチームは独立した研究プロジェクトである。うまくいきそうな方法があれば、なんでも自由に試してよいが、二〇一一年九月から二〇一五年六月まで毎日、アメリカ東部標準時刻で午前九時に予測を提出することが義務づけられている。全チームに同じタイミングで同じ問いを予測させることで、このトーナメントは競争条件を平等にし、どんな手法がどんな状況でどれだけうまくいくかについて膨大なデータを集めることができた。

　四年にわたり、IARPAは世界情勢について約五〇〇の問いを投げた。時間軸は私の過去の研究より短く、ほとんどが一カ月以上一年未満先の展開を予測する問題だった。合計で将来について一〇〇万個以上の個別の予測が集まった。

　トーナメントの一年め、GJPの実績はトーナメントの設定した対照群を六〇%上回った。二年めには対照群を七八%上回った。それに加えてミシガン大学やMITといった大学を母体とするライバルチームにも三〇〜七〇%の大差をつけて勝利したほか、機密情報にアクセスできるプロの情報分析官の成績までも上回った。トーナメントが始まって丸二年が過ぎたとき、GJPが他の科学者チームより圧倒的に優れていたために、IARPAは他の四チームを脱落させた。[10]

　詳細はあとで詳しく説明するが、ここではこの研究から浮かび上がる重要な結論を二つ指摘しておきたい。まず、予測力というのは本当に存在する。ビル・フラックのような人物は、間違いなくそれを備えている。数十年先を見通す力を持った教祖や予言者ではないが、重要な出来事が三ヵ月後、半年後、一年後、あるいは一年半後にどうなっているかを判断することにおいて、測定可能な本物の能力を持っている。

もう一つの結論は、彼らがなぜこれほど予測に長けているかという理由に関するものだ。重要なのは彼らがどんな人物かではなく、どうやっているかだ。予測力は生まれつき備わった神秘的な才能などではない。特定のモノの考え方、情報の集め方、自らの考えを更新していく方法の産物である。知的で思慮深く意志の強い人なら、だれでもこの思考法を身に着け、伸ばしていくことができる。

最初の一歩を踏み出すのも、実はそれほど難しいことではないかもしれない。私が非常に驚いた研究成果の一つは、本書で説明し、付録にも「一〇の心得」としてまとめた基本的概念を教えたときの効果だ。一〇の心得は六〇分もあれば読めてしまうが、それだけで向こう一年のトーナメントでの予測の正確性を一〇％近く高める効果があった。一〇％と言うとたいしたことのないように思えるかもしれないが、これほどわずかなコストで達成できたのだ。それに予測力をほんのわずかに高めるだけでも、その効果は時間の経過とともに積み重なっていく。

この点についてはウォール街のベテランで、一〇〇〇億ドル以上の運用資産を持つヘッジファンド、ＡＱＲキャピタルマネジメントの最高リスク管理責任者であり、いくつか著書もあるアーロン・ブラウンと話したことがある。

「予測力の差は劇的なものではないからわかりにくい。でもそれが積み重なれば、投資を生《なり》業《わい》にできる勝者と破産を繰り返す負け犬との違いにつながる」とブラウンは言った。[11] のちほど紹介する世界トップクラスのポーカープレーヤーもまさに同意見だ。トッププロとアマチュアの差は、前者には60対40のベットと40対60のそれを見分ける力があるところだ、とこの女性プレーヤーは語っている。

では予測力が測定するだけで改善でき、改善できた場合の恩恵が相当大きなものであるなら、なぜ誰もが測定をしないのか。この問題に大きく影響しているのが、われわれが本当は知らないこと（たとえばトーマス・フリードマンの予測が正確か否かといったこと）を知っていると思い込む心理だ。この心理については第2章で詳しく見ていく。何百年ものあいだ、医学の進歩を妨げてきたのもこれだ。医師らが自分たちの経験や思いこみは治療の効果を見きわめるうえで信頼できる指標にはならないという事実を受け入れ、科学的試験法に目を向けるようになったことで、ようやく医学の急激な進歩が始まった。予測という分野でも、同じような革命が必要だ。

簡単なことではない。第3章では、現代医学が治療法を検証するときと同じぐらい予測を厳格に検証するには何が必要か見ていく。これは想像以上に難しい試みである。私は一九八〇年代末に独自の方法論を考え、当時としては過去に例のない規模で専門家による政治予測の正確さを検証するプロジェクトを実施した。何年も後に得られた結果の一つが、今では聞くだけで落ち着かない気持ちになる例のジョークを生むことになった。ただ同じ研究で得られたもう一つの結果については、そちらのほうがはるかに重要であるにもかかわらず、ほとんど注目されなかった。「調査対象となった専門家のなかに、控えめではあるが本物の予測力を持つ集団が一つあった」というのがそれだ。このような予測力のある専門家と、ダーツを投げるチンパンジー並みに平均値を引き下げてしまったお粗末な専門家との違いはどこから生じているのか。神秘的な才能や他の人々とは違う情報源があったわけではない。特定の価値観を持っているわけでもなく、むしろモノの見方にはばらつきがあり、重要なのは彼らが何を考えたかではなく、どう考えたかであった。

この発見も一つのきっかけとなり、ＩＡＲＰＡが過去に例のない予測トーナメントを実施することになった。第4章ではその背景と、超予測者の存在が明らかになった経緯を説明する。なぜ彼らはそれほど優秀なのか、という問いに答えるのが第5章から9章までだ。彼らと会ってみるとその聡明さは一目瞭然であり、予測力の違いを生むのは知性なのかと思うかもしれない。だがそれは違う。また彼らは驚くほど数字に強い。ビル・フラックと同じように、数学や科学で修士号以上を持っている者も多い。では難解な数学が決め手なのか。それも違う。数学を本職とする超予測者でも、予測にはほとんど数学は使わない。彼らにはニュース中毒で最新の出来事に詳しく、予測を頻繁に見直す傾向も見られるので、予測に途方もない時間をかけるからうまくいくのではないかと勘繰りたくなるが、それもまた誤りだ。

超予測力には確かに最低限の知性、基本的な計算能力や世界情勢に対する知識が必要だが、心理学的研究に関するまじめな本を読むような読者ならおそらく全員こうした条件は満たしているはずだ。ではふつうの予測力を超予測力へ押し上げる要因は何だろう。私の初期の研究で本物の予測力を持っていたエキスパートたちもそうであったように、最も重要なのは彼らのモノの考え方だ。これから詳しく説明していくが、できるだけ簡潔に言えば、超予測力には柔軟で、慎重で、好奇心に富み、そして何より自己批判的な思考が欠かせない。集中力も必要だ。卓越した判断を導き出す思考とは、楽にできるものではない。かなりの一貫性をもって卓越した判断を導きだせるのは意志の強い者だけであり、われわれの分析でも優れた実績を出す人の予測因子として最も有効なのは「自らを向上させようとする強い意志」であることが繰り返し示されている。

第10章以降は、優れた予測力と有効なリーダーシップという一見相反する資質について検討するほか、私の研究にかかわる二つの最も重要な課題と思われることについて説明し、締めくくりに先読みをテーマとする本にふさわしく、これからどうなるかを考えてみたい。

先読みの先を読む

ただみなさんのなかには、こうした議論そのものがおそろしく時代遅れだと思う人もいるかもしれない。つまるところわれわれが生きているのは、目もくらむほど強力なコンピュータと理解不能なアルゴリズムとビッグデータの時代である。私が研究する予測力の根幹にあるのは主観的判断だ。モノを考え、判断するのは人間にほかならない。だがそんないい加減な憶測の時代は、もはや終わりを告げようとしているのではないか。

一九五四年にポール・ミールという優秀な心理学者が書いた小さな本が大きな議論を巻き起こした。[12] ミールは二〇の学術研究を調べた結果、十分な情報を持っている専門家の予測結果（ある学生が大学を卒業できるか、ある仮出所者が刑務所に戻ることになるのか、など）は、学力テストの点数や過去の行動記録といった客観的指標を足し合わせる単純なアルゴリズムと比べて正確さに劣る、と結論づけた。ミールの主張は数多くの専門家の不興を買ったが、その後の研究（今では合計二〇〇を超える）でもほとんどのケースでは統計的アルゴリズムが主観的判断より優れていることが示されており、優れているという結果が出なかった少数のケースでもたいていは引き分けだった。アルゴリズムは主観的判断と違って速くて安価であることを考えれば、引き分けならアルゴリズムを使うべきだ。こうして有効性の確認された統計的アルゴリズムがある場合は、そちらを使うべきだという結論は動かしがたいものとなった。

ただこの洞察は、主観的判断を求められる領域においては、まるで脅威ではなかった。目の前の問題の解決に役立つ有効性の確認されたアルゴリズムなど、めったにないからだ。一九五四年当時も今も、数学によって昔ながらの純粋な思考を置き換えるというのはまるで現実味がない。

しかし情報技術の目覚ましい進歩によって、人間と機械の関係は歴史的転換点に近づいているようだ。一九九七年にはIBMの「ディープブルー」がチェスの世界チャンピオン、ガルリ・カスパロフを破った。今では一般に販売されているチェス・プログラムならどんな人間にも負けない。二〇一一年にはIBMの「ワトソン」がクイズ番組《ジェパディ！》の優勝者、ケン・ジェニングスとブラッド・ラターを破った。こちらのほうがコンピュータ的にはチェスよりはるかに難しい挑戦だったが、ワトソンの技術者はそれを成し遂げた。今日では予測トーナメントにおいてスーパーコンピュータがスーパー予測者やスーパー評論家を圧倒するのも、あながちありえないこととは思えなくなった。それが実現して以降も人間の予測者は存在しつづけるだろうが、われわれは彼らを《ジェパディ！》の出場者と同じように、娯楽の対象として見るようになるだろう。

そこで私はIBMで「ワトソン」を担当する主席技術者、デビッド・フェルッチと会った。ワトソンなら「過去一〇年でお互いの職位を交換したロシアの指導者二人は誰か」といった、現在や過去に関する質問に容易に答えられることはわかっていた。だがワトソンあるいはその後継機が「今後一〇年で、ロシアの指導者二人がお互いの職位を交換することはあるか」という質問に答えられるようになるにはどれくらいかかるのか、フェルッチの見解を聞いてみたいと思ったのだ。

一九六五年、知識人として知られたハーバート・サイモンが、あと二〇年もすれば機械が「人間のできる仕事なら何でもできる」時代が来ると語った。当時よく聞かれたナイーブな楽観論で、その反動もあってか、すでに三〇年も人工知能にかかわっているフェルッチははるかに慎重な見方をする。[13] コンピューティングは目覚ましい進歩を遂げている、とフェルッチは語った。パターン認識能力では驚くべき成長が見られる。それに加えて機械学習とその学習プロセスを促す人間と機械の相互作用の進化によって、今後も本質的変化をもたらすような進歩が確実だという。「これから指数関数的カーブで伸びていく、その最下点に今のわれわれはいる」

しかし「過去一〇年でお互いの職位を交換したロシアの指導者二人は誰か」と「今後一〇年でロシアの指導者二人がお互いの職位を交換することはあるか」という問いはまったく違う。前者は歴史的事実であり、コンピュータが調べることができる。後者についてはウラジーミル・プーチンのもくろみ、ドミートリ・メドベージェフの性格、ロシア政治の因果関係について情報に基づく推測をし、それから情報を総合して判断を下さなければならない。われわれはそうした作業を常にやっているが、だからといって容易ではない。これは驚くほど困難な作業であり、人間の頭脳がいかに驚異的かを示している。コンピュータが長足の進歩を遂げているのは事実だが、超予測者のような先読みができるようになるのはまだずっと先のことだ。いつかスミソニアン博物館のガラスケースに「主観的判断」というタイトルとともに人間が展示される日がくるのかどうかも、フェルッチには確信が持てないという。

今後機械が「人間の思考プロセスを模倣する」能力が高まり、それゆえに人間の行動を予測する能力も高まるかもしれない。だが「思考プロセスを模倣し、思考を理解することと、新たな思考を生み出すことはまったく違う」とフェルッチは指摘する。後者は人間の判断が常に支配する領域だ。

予測においても他の分野と同じように、今後も人間の判断がコンピュータに取って代わられる場面は増えるだろう（ホワイトカラー労働者には困ったことになる）。ただそれと同時に統合も進むだろう。「フリースタイル・チェス」がその例で、人間がコンピュータとチームを組み、人間はコンピュータの圧倒的な強みを利用しつつ、コンピュータの判断を拒否することもある。両者が協力することで、（ときには）人間にも機械にも勝利できる。人間対機械という二項対立を超え、ガルリ・カスパロフとディープブルーが手を組めば、人間だけ、あるいは機械だけの手法より強くなるかもしれない。

フェルッチが今後廃《すた》れていくと見ているのは、あまりにも多くの政治論争をくだらないものにしている教祖信奉モデルだ。「おまえのポール・クルーグマン的主張にはニーアル・ファーガソン流の主張で対抗するぞ」「トーマス・フリードマンが論説記事で主張していることなど、ブレット・スティーブンズのブログの言い分で論破できるぞ」といった考え方である。フェルッチはこの長いトンネルの先に光を見ている。今後は主観的判断のみに基づいて意見を述べる専門家のご託宣《たくせん》に「次第に違和感を持つ人が増えるのではないか」とフェルッチは言う。ここ一〇～二〇年で、人間の思考にはさまざまな心理学的落とし穴があることが明らかになった。「人間の専門家がコンピュータと手を組み、人間の認知的制約や偏見を乗り越えることを期待したい(14)」

フェルッチの見方が正しければ（私は正しいと思っている）、今後はコンピュータによる予測と主観的判断を組み合わせていく必要がある。そうだとすれば、そろそろどちらにも真剣に取り組んだほうがいいだろう。

患者の手の甲にシミを見つけた皮膚科医はある病気を疑い、少量の皮膚を採取した。病理学者によって、それが基底細胞ガンであることが確認された。患者は動揺しなかった。自身も医者であり、この手のガンがめったに転移しないことを知っていたからだ。ガンは切除され、念のため患者は有名な専門医の診察を受けることにした。

専門医は患者の右の腋の下（腋窩《えきか》）にしこりを見つけた。いつからか？　患者は答えられなかった。専門医が切除する必要がある、と言うので、患者は同意した。有名な専門医が「切除すべき」と言うなら、反対する理由があるだろうか。こうして外科手術の日程が組まれた。

患者が麻酔から覚めると、驚いたことに胸全体に包帯が巻かれていた。そこへ暗い表情を浮かべた専門医がやってきた。「君には真実を伝えなければならない。君の腋窩はガン細胞でいっぱいだった。精一杯取ろうとして小胸筋も切除したが、それでも君の命は救えなかったかもしれない」[1]。最後のもってまわった表現は、なんとか衝撃を和らげようとする努力の表れだった。患者の余生が残りわずかであることを、専門医ははっきり伝えていた。

「一瞬、世界の終わりかと思った。驚きと衝撃の瞬間が過ぎると、私は顔を背け、あたりをはばからず泣いた。その日をどう過ごしたか、よく覚えていない」。翌朝、すっきりした頭で「残った時間をどう過ごすか、シンプルな計画を立てた。（中略）計画を立ててしまうと不思議と心が落ち着き、眠ってしまった」。それからの数日、見舞客が入れ代わり立ち代わり訪れ、できるだけ患者を慰めようとした。患者にとってはかなり気づまりな時間だった。「彼らのほうが私よりずっと気まずい思いをしているのがすぐにわかった」と書いている。(2)患者は死ぬのだ。これは動かしがたい事実であった。冷静にやるべきことをやるだけだ。泣いていても意味がない。

この陰鬱な事態は一九五六年に起きたものだが、結局患者であったアーチー・コクランは死ななかった。その後コクランが医学界で大きな成果を上げたことを思えば、幸運な結末だったと言える。専門医が誤っていたのだ。コクランは末期ガンではなかった。病理学者が手術で切除された組織を調べたところ、そもそもガン細胞などなかったことがわかった。助かったという知らせに、コクランは死亡宣告のときと同じぐらい衝撃を受けた。「死亡宣告のとき生検の結果はまだ出ていないとは言われていたが、外科医の言葉をまったく疑わなかった」とコクランは何年ものちに書いている。(3)

これが問題なのだ。コクランは専門医を疑わず、専門医も自らの判断を疑わない。このためどちらも診断が誤っている可能性を考えることもなく、アーチー・コクランの人生の幕を引くのは病理学者の検査結果が出てからにしたほうがいいとも思わなかった。とはいえわれわれもむやみに二人を責めるべきではない。人間というのはそういうものだ。われわれはみな、あまりにも拙速に判断を下し、それを覆《くつがえ》すのにはあまりにも時間をかけすぎるきらいがある。そしてなぜそうした失敗を犯したのか検証しなければ、同じ失敗を繰り返すことになる。停滞した状況は何年も、あるいは生涯にわたって続くかもしれない。何百年と続くこともある。医学界の長く不幸な歴史を振り返ると、それがよくわかる。

暗闇の中で

医学界の歴史の「長さ」という点については議論の余地はない。病気を治そうという試みは、人間が病気にかかるようになった当初から続いてきた。だが「不幸な」という部分については、それほど明白ではない。医学の歴史に通じた読者でも、判断しづらいのではないか。というのもイギリスの医師で医療に関する著作もあるドルイン・バーチも指摘するとおり「医学の歴史の大半は、おそろしく不可解である」からだ。「歴史を読むと、当時の人々がどんな治療をしているつもりだったかははっきり書いてあるが、それが正しかったかはほとんど書かれていない[4]」

エジプトの医者が使っていたダチョウの卵の湿布は、頭蓋骨骨折を治すのに役立っていたのか。古代メソポタミアで「王家の直腸の守り人」が行なった治療により、実際に王家の直腸の健康は保たれたのか。患者から一定量の血を抜く瀉血《しゃけつ》療法はどうか。古代ギリシャからジョージ・ワシントンの時代にいたるまで、医師は瀉血を非常に回復力のある治療法だと考えていたが、本当に効いたのか。

一般的に歴史家はこの点については沈黙するが、現代科学を使って歴史的治療法の有効性を検証すると、残念ながらほとんどの医療的介入は役に立たない、あるいはさらに深刻な結果を招いている。長い歴史の中で見ればごく最近まで、病気になった場合は医者に診てもらえないほうが良い結果につながることが多かった。病気の自然な経過に任せるほうが、医師の思いつく治療より危険が少なかったからだ。またどれだけ時間が経過しても、治療法が改善することはほとんどなかった。一七九九年にジョージ・ワシントンが病にかかったとき、治療を担当した名医らは徹底的に瀉血し、水銀を与えて下痢をさせ、嘔吐させたうえに、皮膚に熱いカップを押しつけて血を含んだ水膨れを作った。アリストテレス時代のアテネ、暴君ネロ時代のローマ、中世のパリ、あるいはエリザベス女王統治下のロンドンで医療に従事していた者なら、こうしたおぞましい治療のほとんどを是認したはずだ。

ワシントンは死んだ。そのような結果に終われば、医師らは当然自らの治療法に疑問を感じたのではないかと思うかもしれない。だが公平を期すために言っておくと、ワシントンが死んだという事実からは、彼らの治療では死を防げなかったという以上のことは何もわからない。治療は有効ではあったがワシントンの死に至る病を打ち負かすほどではなかったという可能性もあれば、まったく役に立たなかった、あるいはむしろ死期を早めた可能性もある。たった一つの結果からは、どの結論が正しいか判断するのは不可能だ。同じような所見がたくさんあっても、真実を導き出すのは難しい、あるいは不可能だ。あまりにもたくさんの要因が絡み合い、あまりにもたくさんの説明が可能で、あまりにもわからないことが多すぎる。

また医師らが自分たちの治療が効くという考えに傾いていれば（実際にはそう思っているから実践するわけだが）、さまざまな曖昧さは、治療が本当に有効だというおめでたい結論を支持するものと解釈される可能性が高い。先入観を突き崩すには、「患者を瀉血して回復するか見てみよう」といったものより厳密な実験と強力なエビデンスが必要だ。だがそうしたことが行なわれることはなかった。

二世紀にローマ皇帝の主治医として活躍したガレノスの例を考えてみよう。ガレノスほど世代を超えて多くの医師に影響を与えつづけた者はいない。その著述は一〇〇〇年以上にわたり絶対的な医学的権威の拠《よ》り所《どころ》であった。「医学の真の道を明らかにしたのは私であり、また私だけである」とガレノスは持ち前の謙虚さで書いている。しかしガレノスは現代の実験に近いことは何ひとつしなかった。する必要があるだろうか。何が真実か明らかであれば、実験などする必要はない。また自己疑念にとらわれることもなかった。あらゆる結果が自らの正しさを示していた。師ほど賢明ではない弟子の目には、そのエビデンスがどれほど疑わしいものに見えたとしても、歯牙にもかけなかった。

「この治療薬を飲めば誰でもたちどころに治ってしまう。これが効かず、どのみち亡くなる者以外は。それゆえにこの薬が効かないのは不治の病人だけであるのは明らかだ」とガレノスは書いている。(5)

ガレノスは極端な例だが、医学の歴史をひもとくと同じような人物がたびたび登場する。

自らの判断に強い信念と深い信頼のある男たち（すべて男性）だ。治療法を考え、それが有効である理由として大胆な理屈を練り上げ、ライバルをペテン師や偽医者と批判し、自らの見解を伝道者のような情熱を持って広めていく。古代ギリシャの時代からガレノス、パラケルスス、ドイツのザムエル・ハーネマン、そしてアメリカではベンジャミン・ラッシュまで、それが続いてきた。

一九世紀のアメリカでは斬新な理論を提唱するカリスマ医師が続々と登場し、伝統的医学界との論戦が起きた。新たな理論の一つがほとんどの病気は体内に冷気がたまりすぎるためと主張するトムソニアニズムであり、またエドウィン・ハートリー・プラットが提唱する開口部外科であった。後者に批判的な者は、その基本的思想を「直腸こそが存在の中心であり、生命の本質を蓄え、通常は心臓や脳のものとされる役割を果たすと考えている」と揶揄しているが、あながち外れてはいない[6]。

異端か主流かは別として、いずれも誤った理論であり、それに基づく治療法はいい加減なものから危険なものまでさまざまだった。強い危惧を抱いていた医師もいたが、ほとんどが自らの信じる治療を続けた。無知と過信が医学界に蔓延《まんえん》しつづけた。外科医で歴史家のアイラ・ラトコーは、当時の医師がさまざまな治療法や理論の有効性について激論を交わしていたのは「目の見えない者同士が虹の色を議論するようなものであった」と述べている[7]。

過信が蔓延する状況の打開策は、一七四七年にあと一歩で発見されるところだった。ジェームズ・リンドという名のイギリスの船医が、一二人の乗員が壊血病にかかったため、二人ずつ六組に分けてそれぞれ別の治療法（酢、リンゴ酒、硫酸、海水、樹皮ペースト、柑橘《かんきつ》類《るい》）を試したのだ。それはやけくそで生まれた実験だった。壊血病は長い航海に出る船員にとって死に至る病であり、また自信家の医師でさえ既存の治療法が効かないことは認めざるを得なかった。そこでリンドがデタラメに六種類の治療法を試したところ、その一つが効いた。柑橘類を与えられた二人の船員がすぐに回復したのである。だが通説とは異なり、この出来事が実験に基づく現代医学の扉を開いたわけではない。

「リンドの行為は一見現代的なようだが、自らのしていることの意義をよく理解していなかった」とドルイン・バーチは指摘している。「実験の意味するところをまったく理解していなかったので、レモンとライムの群を抜く効果についても確信が持てないままだった[8]」。それからもずっと船乗りは壊血病に悩まされ、医師は効果のない薬を処方しつづけた。

無作為化比較試験による実験、慎重な効果測定、統計的検出力といった発想が定着するのは二〇世紀に入ってからだ。「数学的手法を医学的主題に応用することは、一部の人々が主張するような時間の無駄ともいうべきつまらない気まぐれなのか、それともまた別の人々が主張するようなわれわれの職業の発展における重要なステップなのだろうか」。医学雑誌《ランセット》がこう問うたのは一九二一年のことだ。イギリスの統計学者オースチン・ブラッドフォード・ヒルは断固として後者だと訴え、現代的医学調査の雛型《ひながた》を提示した。あらゆる条件が同一の患者を二つのグループに分け、グループごとに別の治療をすれば、治療によって結果に違いが出るかがわかるだろう、とヒルは書いた。単純なようだが現実には不可能だ。二人の人間の条件が同一ということは、たとえ一卵性双生児でさえあり得ないので、実験結果は被験者の違いに影響される。この問題を解決するのが統計学だ。つまり実験に参加する被験者の数が十分多ければ、被験者を無作為に二つのグループに振り分けることで個体差は相殺される。そうすれば観察された結果の違いは治療法の違いによるものだと自信を持って結論づけられる。完璧な方法ではない。われわれの混沌とした世界に完璧などありえない。それでも賢者のご託宣《たくせん》よりは優れた結論が出るはずだ。

今日《こんにち》の基準では、きわめて当然のことを言っているに過ぎない。無作為化比較試験はいまや常識である。しかしそれまで科学とは無縁であった医学界においては革命的だった。たしかに、ときには医学界が細菌論やレントゲンなど科学の恩恵を享受することもあった。しかも科学であるかのように装っていた。名門大学ではいかめしい肩書の教養あふれる教授陣が、ラテン語をちりばめた講義の中で事例研究や研究結果を語っていた。それでも当時の医学界は科学的ではなかった。

その実態は「積荷崇拝的《カーゴ・カルト》」科学であった。積荷崇拝とは第二次世界大戦後にアメリカが空軍基地を南太平洋の島から撤収した後に起きた出来事に由来する造語で、物理学者のリチャード・ファインマンが当時を揶揄《やゆ》するのに使ったものだ。基地がなくなり、島民の外界との唯一の接点が絶たれてしまった。それまで航空機がすばらしい物品を運んできてくれたので、島民は再びそれを手に入れたいと考えた。そこで「島民は滑走路のようなものをつくり、両側に焚火を置き、管制塔の代わりに小屋を建て、屋根にはアンテナを模した竹の棒を突っ立て、管制官役には頭の両側にヘッドフォンに見立てた木片を付けさせた。こうして飛行機が飛来するのを待った」(9)。だがもちろん飛行機は二度と来なかった。つまり積荷崇拝的な科学とは、外見的には科学を装っていても、真の科学の条件を欠いていることを意味する。

当時の医学に欠けていたのは疑念である。「疑念とは恐ろしいものではなく、非常に価値のあるものだ」とファインマンは指摘する(10)。それは科学の進歩を促すものである。

科学者が「自分には答えがわからない」と言うのは、無知を認めることだ。「どんな結果が出るか予感している」と言うときは、確信を持てずにいる。どんな結果が出るかなり自信があり、「絶対こうなるはずだ」という言い方をするときでも、まだ疑念が残っている。進歩を遂げるには、このような無知や疑念を認めることがなにより重要である。疑念があるからこそ新たなアイデアを求めて新たな方向に目を向けるのである。科学の進歩のペースは実験をするペースだけでなく、それ以上に重要なこととして新たな実験対象を見つけるペースによって決まる(11)。

これほど長きにわたって医学が非科学的でありつづけ、それゆえに停滞していたのは、疑念と科学的厳密さが欠如していたためだ。

医学を検証する

残念ながらこの話は、医学界がこぞって突然それまでの過ちに気づき、自らの考えを実験で確かめるようになったといったハッピーエンドにはならない。無作為化比較試験の普及はあまりに遅く、本格的な試験が初めて実施されたのは第二次世界大戦後だ。そこからはすばらしい結果が得られた。それでも医学の近代化の旗振り役となった医師や科学者らは、医学界のエスタブリッシュメントが自分たちの取り組みに無関心であったり、ときには敵意を示す場面にたびたび遭遇した。

アーチー・コクランは一九五〇年代と六〇年代の医学について「医療の名のもとに行なわれてきたことのなかには、科学的検証がされていないものがあまりに多すぎる」と不満を述べている。さらにイギリスの医療制度である国民保険サービスは「有効な治療法を確認し、普及させることにあまりにも関心が薄い」と嘆いている。医師や医師の支配する組織は、何が真実であるかを決めるのは自分たちの主観的判断である、という考え方に固執し、それまでどおりの医療を実践しつづけた。それまでずっとそうしてきたうえに、権威によるお墨付きも得ていたためだ。科学的検証など必要なかった。理屈抜きに自分たちが正しいことはわかっていた。コクランはこうした態度を軽蔑し、「神コンプレックス」と呼んだ。

病院が心臓発作から回復中の患者を治療するため、心疾患集中治療室（ＣＣＵ）を作ると、コクランはその新たな施設によって従来の治療、すなわち患者を自宅に戻し、モニタリングしながら安静に過ごさせる方法より良い結果が生まれるのかを、無作為化比較試験で検証しようと提案した。他の医師は猛反対した。ＣＣＵのほうが優れているのは明らかだ、患者により良い治療を受けさせないのは道徳に反する、と。しかしコクランは簡単には引き下がらない男だった。第二次世界大戦中は戦争捕虜収容所で他の捕虜の治療にあたりながら、しょっちゅう権力側にたてついた。むやみに攻撃的なドイツの守衛を大声で怒鳴りつけたこともある。こうした性格もあり、コクランは望みどおり実験をできることになった。無作為に選んだ一部の患者をCCUに送る一方、他の患者を自宅に送り、経過観察しながら安静に過ごさせるのである。

実験の途中で、コクランは実験を阻止しようとした心臓専門医のグループと会合を持ち、暫定的結果が出たと告げた。そして二つの治療法の差は統計的に有意ではないと前置きしつつ、CCUの患者のほうがやや経過は良いようだと語った。「彼らはそれみたことか、と私を責めたてた。『アーチー、君のことはもともと道義心のないヤツだと思っていた。今すぐ実験をやめろ』と」。そこでコクランはちょっとした術策を弄していたことを明らかにした。結果を逆に伝えていたのだ。つまり本当は自宅で療養した患者のほうがCCUの患者より経過は良かったのだ。「室内は静まりかえり、私は少し嫌な気持ちになった。そうはいっても相手は仲間の医師だったのだから」

囚人のあいだで心臓病の罹患率が異常に高かったことから、コクランは司法制度に関心を持つようになったが、そこでも刑務所長、裁判官、内務省の官僚の態度は医師仲間と同じようなものだった。本物の洞察をもたらす対照実験以外は、まやかしの洞察をもたらすデタラメな実験であることが、なかなか理解されなかった。

コクランが例に挙げたのは、サッチャー政権が実施した若年犯罪者に対する「短期の激しいショック療法」、すなわち短期間、厳格なルールの支配するスパルタ的な刑務所に収容するという手法である。それは効果的だったのか。政府がこの政策を一気に司法制度全体に広げたため、この問いに答えるのは不可能になってしまった。この政策が実施されて犯罪率が下がったら、それは政策が有効だったためかもしれないが、他にも考えられる理由は何百通りもある。反対に犯罪率が上昇した場合、それは政策が無益あるいはむしろ有害だったためかもしれないし、逆にこの政策が実施されなければ犯罪率はさらに高くなっていたかもしれない。当然政治家はどちらの立場もとる。与党は政策は有効だったと言い、野党は失敗だったと言うだろう。だが本当のところは誰にもわからない。政治家も暗闇で虹の色を議論しているようなものだ。

「政府がこの政策について無作為化比較試験を実施していれば、今頃はその真価がわかり、われわれの理解も深まっていたはずだ」とコクランは指摘する。だが政府はそうしなかった。政策は期待どおりの成果を発揮すると思い込んでいたのだ。医学界の暗黒時代が何千年も続く原因となった無知と過信の弊害がここにも見られる。

コクランの自伝を読むと、そのいらだちがはっきりと伝わってくる。直観だけでは確固たる結論を導き出す根拠にならないことが、なぜみなわからないのだろう？　「まったく唖然とする」と書いている。

だがこの懐疑心を持つ科学者も、有名な医師から体中にガンが広がっており、もう長くないと告げられたときには、おとなしく受け入れてしまった。「これはたった一人の主観的意見じゃないか、間違っている可能性もあるし、病理学者の報告を待ってみよう。そもそもこの外科医はなぜ病理学者の結果も出ていないのにオレの筋肉を切除したんだ?」と疑問を持つこともなかった[12]。コクランは外科医の結論を事実として受け入れ、死ぬ覚悟をしたのである。

ここには二つの謎がある。第一に確固たる結論を引き出すには直観だけでは足りない、というコクランの主張はまっとうなものだ。どう考えても正しい。それなのになぜ人はそれに抗《あらが》うのか。このケースでは、なぜ専門医は病理学者の報告を聞くまで、コクランの筋肉をざっくり切り取るのを待とうと思わなかったのか。二つめの謎はコクラン自身に関するものだ。なぜ拙速な判断をしないことの重要性を説いていた人物が、自分が末期ガンを患《わずら》っているか否かについては拙速な判断をしたのか。

「考えること」について考える

自分の考えを、意識に浮かぶアイデア、イメージ、計画、感情などと結びつけて考えるのは自然なことだ。他に何と結び付ければいいのか。「なぜその車を買ったの?」と聞かれれば、いろいろな理由を挙げるだろう。「燃費がいい。ルックスがいい。価格が手頃」と。自分の考えを他者に伝えるには、まず内省する必要がある。つまり関心を自分に向け、心の中にあることをじっくり調べるのだ。ただ内省によってとらえられるのは、あなたの頭の中で起きている、意思決定を支える複雑なプロセスのほんの一端に過ぎない。

われわれがどのようにモノを考え、意思決定をするか説明する際に、現代の心理学者がよく用いるのが、われわれの頭の中を二つの領域に分割する二重過程理論である。「システム2」とはおなじみの意識的思考の領域である。ここにはわれわれが意識を向けようと決めたことがすべて含まれる。対照的に「システム1」をわれわれが意識することはほとんどない。これは自動的に働く知覚的、認識的領域で、あなたが今このページに印刷された文字を意味のある文章に転換したり、コップに手を伸ばして水を飲むあいだこの本を支えたりといった行為がこれに当たる。このように矢継ぎ早に起こるさまざまなプロセスをわれわれはまったく意識していないが、そうしたものなしには何もできない。動作が停止してしまう。

どちらがシステム1でどちらが2かという順序は、デタラメに決まったわけではない。最初に動くのがシステム1だ。システム1は迅速で、常に背後で動いている。何か問われたとき、あなたの頭にすぐに答えが浮かんだら、それはシステム1から湧き上がったものだ。システム2にはその答えを突き詰めていく役割がある。その答えは精査に耐えうるのか。何らかの証拠に支えられているのか。このプロセスには時間と手間がかかるので、一般的に意思決定は次のような手順を踏む。まずシステム1が答えを見つけ、それに続いてシステム2が介入し、システム1が決定したことを検証しはじめる。

ただ実際にシステム2が介入するかどうかはまた別問題だ。次の問いに答えてみよう。

「ボールとバットで合計一ドル一〇セントである。バットの値段はボールより一ドル高い。

ボールはいくらか？」

あなたがこの有名な問いに答えた大方の人と同じなら、即座に答えが浮かんだはずだ。「一〇セント」と。この答えを得るのに、じっくり考えはしなかった。何の計算もしなかった。そうだと単に思ったのである。それはシステム1のおかげだ。すばやく簡単、なんの労力も必要なし。

だが「一〇セント」で正しいのだろうか。もう一度しっかり考えてほしい。

おそらくいくつか気づいた点があるのではないか。まず意識的に考えるのは大変だ。じっくり問題を考えるには、集中力を保つ必要があり、パッと見ただけで答えたのと比べれば永遠と思われるほどの時間がかかる。第二に「一〇セント」は間違いだ。正しい気がするが、間違いである。というより、どう見ても間違いだ。まともに考えればわかる。

バットとボールの問いは、認知反射能力テストと呼ばれるよく考えられた心理学テストに含まれるもので、このテストではきわめて聡明な人を含むほとんどの人はあまりモノをよく考えないことが示されている。質問を読み、「一〇セントだ」と思うと、慎重に考えもせず最終的な結論として「一〇セント」と書いてしまう。こうして正解（五セントである）にたどり着くことはおろか、間違いにも気づかない。これはごくふつうの人間の行動である。われわれは「これだ！」という強い直観を感じると、それをそのまま採用する。システム1は「本当らしいから本当だ」という原始的な心理ロジックに従う。

われわれの脳が進化を始めた旧石器時代には、これは意思決定の方法として悪くなかった。

あらゆる証拠を集めて熟考するのは正確な答えを導き出すには最適な方法かもしれないが、狩猟採集民が草むらを動く影を見て、ライオンかもしれないと警戒すべきかどうか考えるのに統計データを調べていたら、あまり長生きはできず、正確さを何より重視しようという遺伝子は次の世代に伝わらない。ときには即断即決が重要だ。ダニエル・カーネマンも言うように、「システム1はわずかな証拠から結論に飛びつくようにできている」(13)

草むらの影に話を戻そう。警戒すべきだろうか。ライオンが草むらから飛び出し、誰かの上に飛びかかる場面を思い出せるだろうか。もしそんな記憶が簡単に浮かぶようなら(一度見たら忘れるような光景ではない)、人がライオンに襲われるのはよくあることだと結論づけるだろう。それから心配しはじめる。文字にするとまだるっこしく、じっくり考えているようだが、システム1の中で完結するプロセスであり、数分の一秒で自動的にすばやく完了する。影が見えた。とその瞬間、あなたは恐怖を感じて逃げ出す。それがシステム1のさまざまな機能の一つである「利用可能性ヒューリスティック」(単に「ヒューリスティクス」と呼ばれることもある)で、ダニエル・カーネマンとその協力者のエイモス・トベルスキーをはじめ、目覚ましい発展のつづく意思決定と選択の科学の研究者が解明してきた。

直観的判断の大きな特徴の一つが、判断の根拠とする証拠の質にはとらわれないことだ。それが当然と言える。システム1が強固な結論を瞬時に導き出すという与えられた役割を果たすには、手元の証拠が誤りあるいは不十分なのか、もっと良い証拠がどこかにあるのではないかと立ち止まっているヒマはない。入手できた証拠を信頼性があり十分なものとして扱う必要がある。この暗黙の前提はシステム1においてきわめて重要であり、カーネマンはおそろしくぎこちないが不思議と覚えやすい名前「WYSIATI」（「What You See Is All There Is（目に映るものがすべて）」の頭文字をつなげたもの）をつけている。[14]

もちろんシステム1はデタラメな結論を出しているわけではない。人間の頭脳は秩序を求める。この世界は筋が通っていなければならない、つまりわれわれは自分が見聞きしたことを説明できなければならない。そしてたいていそれができてしまう。なぜならわれわれにはこの世界に首尾一貫性を持たせるように、クリエイティブなストーリーを作り上げる能力が備わっているからだ。

あなたが研究室の机にすわり、ずらりと並んだ写真を眺めているとしよう。一枚選んだところ、シャベルの写真だった。なぜその写真を指差しているのか。もちろんそれだけの情報では答えられない。だがあなたが実際に研究室にいてシャベルの写真を指差していたら、「なぜだかわからない」と言うのは想像以上に難しい。まともな人間は自らの行為に対して合理的と思われる理由を挙げられるはずだからだ。なかんずく相手が白衣に身を包んだ神経科学者なら「なぜかはわからないが、こういうことになっている」と言うのは気まずい。

マイケル・ガザニガはある優れた研究において、まともな人間が自分の行動を説明できないという奇妙な状況を作り出した。ここで被験者となったのは分離脳患者で、右半球と左半球を結ぶ脳梁《のうりょう》が外科的に切除されているため（伝統的に重篤《じゅうとく》な癲癇《てんかん》患者への治療法として行なわれてきた）、右半球と左半球のコミュニケーションが取れない状態にある。分離脳患者は他の面では驚くほどふつうだが、研究者は彼らの脳の片側だけと直接コミュニケーションすることができる。左あるいは右の視野だけに画像を見せ、反対側には見せないといったことができるのだ。左右でまったく別の人物と話しているようなものだ。

この実験では、被験者に左視野（右半球とつながっている）に吹雪の写真を見せ、それと関連する写真を指差すように指示した。だから被験者はきわめて合理的な選択としてシャベルを指差したのである。それから右視野（左半球とつながっている）にニワトリの爪を見せ、なぜシャベルを指差しているのか尋ねた。左半球にはその理由はまったくわからなかったはずだ。だが被験者は「わからない」とは答えず、ストーリーをでっちあげた。ある分離脳患者はこう言った。「ああ、簡単な話だ。ニワトリのツメのまわりにはもちろんニワトリがいる。そのフンを掃除するにはシャベルが必要だからだ」⑮

説明しようとする抑えがたい欲求は、株式市場の取引が終了し、ジャーナリストがコメントする際にも常に観察される。「ダウ平均は今日、○×というニュースを受けて九五ポイント上昇した」といった具合に。しかし調べてみると、そのニュースは相場が上昇した後に発表されたものだったことが明らかになったりする。

そんな最低限のチェックすらめったに行なわれない。ジャーナリストが「今日相場が上昇した理由は一〇〇個ほど考えられ、そのどれが原因だったのか、あるいはいくつかの組み合わせだったのか、だれにもわからない」などと言うことはまずない。分離脳患者がおよそ知らないはずのシャベルを指差している理由を聞かれたときのように、ジャーナリストも手元の情報からもっともらしいストーリーをでっちあげるのだ。

説明しようという欲求はたいていはプラスに働く。それこそ現実を理解しようとする、人間のあらゆる努力を支える推進力と言ってもいい。問題はわれわれが混乱した不確実な状態（「なぜ私の指がシャベルの写真を指差しているのかさっぱりわからない」）から、明白で自信たっぷりの心理状態（「ああ、簡単な話だ」）へと、あまりにも速く移行し、そのあいだに少し時間をとって考えようとしないことだ（「これが理由かもしれないが、他にも考えられる説明はある」）。

二〇一一年にノルウェーの首都オスロで巨大な自動車爆弾が爆発し、八人が死亡、二〇〇人以上が負傷した際、最初の反応はショックだった。ここは世界一平和で繁栄した都市の一つ、オスロじゃないか。インターネットやケーブルニュースでは憶測が飛び交った。イスラム過激派に違いない。できるだけ大勢の殺害をもくろむ自動車爆弾で、しかも車は首相が働く建物の外に停められていた。イスラム過激派に違いない。ロンドン、マドリッド、バリ島の爆弾テロと同じだ。九・一一とも同じだ。誰もがそれを支持するような情報がないかとグーグルを検索した。そして見つけた。ノルウェーはNATO軍に参画してアフガニスタンに派兵していた。ノルウェーのイスラム系住民のコミュニティは社会に溶け込めていなかった。事件の前の週には過激なイスラム指導者が扇動罪で告発されていた。

爆発からほどなくして、さらにショッキングな犯罪が起きたという知らせが入った。与党の労働党が若者のために開催したサマーキャンプで無差別銃撃があり、数十人が亡くなったというのだ。すべて辻褄が合った。二つの事件はイスラムのテロ組織による計画的犯行だ。疑問の余地はない。テロリストがノルウェーで育った人物か、それともアルカイダと関係があるかは今後の調べで明らかになるだろうが、犯行グループがイスラム過激派であるのは明らかだ。

だがフタを開けてみると、単独犯行であった。犯人の名前はアンネシュ・ブレイビク、イスラム教徒ではなかった。むしろイスラム教徒を憎んでいた。ブレイビクの攻撃は、多文化政策を推進することでノルウェー国民を裏切った政府に向けられたものだった。ブレイビクの逮捕後、イスラム教徒の犯行だと拙速な判断をした人々への批判が高まった。日頃から何かと言うとイスラム教徒を目の敵《かたき》にしていた者が含まれていたことを考えれば、当然と言える。しかし事件当時の情報が限られていたこと、またそれまでの一〇年のテロによる大量殺戮の歴史を振り返ると、イスラム系テロリストを疑うのは理にかなっていた。科学者の世界では「妥当な仮説」と言われる類《たぐい》のものだ。しかし科学者の妥当な仮説の扱い方はまるで違う。

ふつうの人と同じように、科学者にも直観はある。勘や洞察のひらめき、つまり証明はできないが何かが正しいという感覚は、これまで数えきれないほどの画期的発明に結びついてきた。システム1とシステム2の相互作用はとらえがたく、また創造性に富む。しかし科学者は慎重になるように訓練を受けている。お気に入りの仮説を「真実」と断じる誘惑がどれほど強くても、別の仮説にもきちんと耳を傾けなければならないことをわきまえている。さらに自分の直観が誤りである可能性を真剣に検討しなければならない。事実、科学の世界では、仮説が真実であることの一番の証拠は、その仮説が誤りであることを証明するはずの実験が失敗に終わった結果として得られる、というケースが往々にしてある。科学者は「どんな事実が見つかれば、私は自分が間違っていたことを認めるだろうか」という問いに答えられなければならない。答えられなければ、自分の考えにとらわれすぎているサインである。

カギとなるのは疑念である。科学者もふつうの人と同じように、自分は真実を知っているという感覚にとらわれる。しかしそうした感覚を脇に押しやり、適度な疑念を抱く必要があることを理解している。この疑念はより優れた研究から優れたエビデンス（証拠）が得られた場合には解消していく（しかし決してゼロにはならない）。

このような科学的慎重さは、人間の本能とは矛盾する。オスロ事件後に飛び交った憶測からも明らかなように、われわれは本能的に最初に頭に浮かんだ妥当な説明に飛びつき、それを支持するようなエビデンスを信頼性も確かめずに嬉々としてかき集める。心理学者はこれを「確証バイアス」と呼ぶ。われわれは最初に思いついた説明を否定するようなエビデンスを探そうとせず、他者からそのようなエビデンスを突き付けられると、むきになって懐疑的な姿勢をとり、それを馬鹿にしたり完全否定するための理由をわずかなものでも見つけようとする。[16] 自らのすばらしい治療法は、どうせ死んでしまう「不治の病」の者を除けば誰でも治してしまう、とうそぶいていたガレノスの自信を思い出してほしい。「患者が治れば、治療が効いたというエビデンスになる。患者が死亡すれば、それは何も意味しない」

　このような姿勢は、複雑な世界を正確に理解するのには役立たないが、秩序を求める脳の欲求を満たすにはこの上なく都合がいい。なぜなら一分の隙もない説明を生み出すからだ。すべてが明快で、一貫性があり、結論が出ている。そして「すべて辻褄が合う」という感覚は、われわれに真実をわかっているという自信を与える。ダニエル・カーネマンはこう指摘する。「誰かがある事実を不確かだと認めた場合は、真剣に受け止めたほうがいい。一方、誰かがある事実についてかなり自信があると主張する場合も、その人物が頭の中で辻褄が合うストーリーを組み立てたというだけであり、必ずしもそれが真実とは限らない(17)」

すり替える

　高名な専門医がアーチー・コクランの腋窩にメスを入れたとき、目に映ったのはガン細胞でいっぱいの組織だった。本当にそうだろうか。そうだと考えるのが理にかなっていた。患者の腋窩にはしこりがあり、手の甲にはガンがあった。しかもコクランは何年も前にX線を浴びるような研究に従事していたことがあった。最初に診察を受けた医師が専門医に診てもらうよう勧めたのもそのためだ。すべて辻褄が合った。これはガンだ。疑う余地はない。病理学者の結果報告を待つまでもなく、さっさとコクランの筋肉を切除し、余命は長くないと伝えるべきだ。

　懐疑心旺盛なアーチー・コクランが反論しなかったのも、専門医と同じように、そのストーリーを直観的に正しいと感じたからだ。だがもう一つ、別の心理プロセスも働いていたのだろう。専門用語で「属性代用」と言われるものだが、私は「すり替え」と呼びたい。われわれは難しい問題に直面すると、それをひそかに簡単なものにすり替えてしまう。「草むらをうごめく影を心配したほうがいいだろうか」というのは難しい問題だ。データがなければ答えられない。そこで簡単な問いにすり替えてしまう。「ライオンが草むらから人間を攻撃する場面を簡単に思い出せるだろうか」と。二つめの質問は最初の質問の代用品で、その答えが「イエス」ならば最初の問いの答えも「イエス」となる。

このように利用可能性ヒューリスティックの本質は（カーネマンの言う他のヒューリスティックと同じように）、すり替えである。そして利用可能性ヒューリスティックが通常そうであるように、すり替えもシステム1による無意識の活動である。[18]

もちろんわれわれは常に自らの心理の策謀のなすがままになっているわけではない。誰かに気候変動は本当に起きているのかと聞かれたら、次のように考えるだろう。「私は気候学の勉強をしたことがないし、この分野の文献も読んだことがない。自分の知っていることのみに基づいて答えれば、的外れなことを言うだろう。この問題についてよく知っているのは気候学者だ。だから『気候変動は本当に起きているのか』という問いを『気候学者の多くは気候変動が本当に起きていると考えているのか』にすり替えよう」。同じように素人が高名なガン専門医に末期ガンだと告げられたら、意識的に質問をすり替え、医者が言ったことは真実だと素直に受け入れるだろう。

とはいえアーチー・コクランは素人ではなかった。自らも優秀な医師であった。しかも病理学者の検査結果が出ていないことも聞いていた。医者の多くが自信過剰で、「神コンプレックス」があるがゆえに、ときに恐ろしい誤りを犯すことも誰よりもよく知っていた。それにもかかわらず、専門医が言ったことを真実であり、最終判断だと即座に受け入れた。おそらくコクランも無意識のうちに「私はガンなのか」という問いを、「この人は私がガンかどうか知っているだろうか」という問いにすり替えたのだろう。答えは「もちろん知っているはずだ。著名なガンの専門医じゃないか。彼はその目でガンに侵された体を見たのだ。彼こそ私がガンを患《わずら》っているかどうか判断できる人物だ」と。それでコクランは専門医の判断を受け入れたのだ。

われわれは結論に飛びつきがちであると私が言ったところで、誰も特に驚きはしないだろう。人間と多少の関わりのある人なら、誰でも知っていることだ。だがそれ自体が示唆に富むと言える。拙速に判断せず、確固たる結論を導き出す前に考えてみるべきだというのはみなわかっていない、わかっている。それにもかかわらず、何か問題に直面したとき、一見合理的な回答が頭に浮かぶと、システム2をさっさとバイパスして「答えは一〇セント」と断定する。アーチー・コクランのような懐疑主義者でさえ例外ではない。

現実世界に対するこの無意識的な、ほとんどなんの努力も要らない思考モードをデフォルト設定と呼んでもいいが、正確ではない。「デフォルト」と言うと別のモードに変えられるという含みがある。だが、われわれにそれはできない。好むと好まざるとにかかわらず、にぎやかな意識の背後ではシステム1が休むことなく動き続けている。

わかりやすい比喩として挙げられるのは視覚だ。朝目覚めると、まず鼻先が目に映り、続いて他の光景や音が脳に流れ込んできて、システム1が動きはじめる。この視点は主観的で、われわれ一人ひとりに固有のものだ。あなたの鼻先越しに世界を見られるのは、あなただけだ。これを「鼻先越しの視点」と呼ぶことにしよう。

即断か熟考か

鼻先越しに見える光景が不完全だからと言って、まるきりバカにしたものではない。

世の中には直観と分析（「即断」と「熟考」）を二項対立のように描き、そのどちらかを選ぶべきだと説く本も多い。私はどちらかと言えば即断するより熟考するタイプだが、「即断vs熟考」というのも誤った二項対立である。どちらか一方を選ぶのではなく、状況に合わせて両者をどう組み合わせていくかが重要なのだ。この結論はどちらか一方を選べという単純な主張と比べると地味かもしれないが、両方の立場を研究してきた人々が明らかにしたように、真実だという利点がある。

ちょうどダニエル・カーネマンとエイモス・トベルスキーがシステム1の弱点を解明していたころ、ゲーリー・クラインという別の心理学者が消防隊長など特別な職業に就く人々の意思決定を研究し、即断が驚くほど有効であることを明らかにした。ある消防隊長は、よくある台所の火事の対応に当たったときのエピソードをクラインに語っている。隊長は部下に居間に入り、そこからホースで火に水をかけるよう命じた。火は一瞬弱まったが、すぐに猛烈な勢いで再び燃え上がった。隊長は当惑した。もう一つ、気づいたのは、台所の火の大きさにしては居間の温度が高すぎることだ。しかもなぜこんなに静かなのだろう。これほどの熱を発する火事なら、もっと大きな音がするはずだ。隊長はなんとなく嫌な予感に襲われ、部下に家から退避するよう命じた。隊員が家の前の道に出たとたん、居間の床が崩落した。本当の火元は台所ではなく、地下室だったからだ。隊長にはなぜ恐ろしい危険が迫っていることがわかったのか。当人はクラインに、自分にはＥＳＰ（超感覚的知覚）があるのだと語ったが、それは自分でもなぜ危険を察知できたかわからないので、でっち上げたストーリーだろう。なぜかはわからないが、とにかくわかった――これこそ即断の特徴である。

即断の効用についてこれだけ異なる結論に達したカーネマンとクラインは、お互い断固として譲らず、果てしない論争に終始しても不思議はなかった。だが優れた科学者の常として、二人は協力してこの謎を解明することにした。「重要な論点のほとんどにおいて、われわれの見解は一致している」と二〇〇九年の共同論文に書いている。(19)

消防隊長の正確な直観は、霊感の作用でも何でもない。パターン認識である。われわれは訓練や経験を積むことで、大量の、それもきわめて詳細なパターンを記憶に刻み込むことができる。チェスのトッププレーヤーが、五万～一〇万パターンものチェス盤上の駒の配置を記憶しているのがその例だ。(20)

台所の火事からありえないほど熱が生じているなど、何かパターンにそぐわないことが起こると、経験豊富なエキスパートは即座にそれを認識する。だがトーストの焦げた部分や教会の壁のシミが聖母マリアに見えるという話でおなじみのように、パターン認識能力はありもしないものをあるという、偽陽性のリスクと表裏一体だ。これはわれわれの鼻先越しの視点というものが、いかに明快で説得力のある誤った判断を導き出すかというほんの一例に過ぎない。つまり直観はすばらしい成果につながることもあれば、とんでもない失敗につながることもある。

直観が勘違いと優れた洞察のどちらを導きだすかは、それにまつわる有効な手がかりがたくさんあり、それを将来使うために無意識に記憶させておけるかによって決まる。カーネマンとクラインはこう書いている。

「たとえば、火事で建物が崩壊しそうか、あるいは子供がまもなく感染症の明らかな症状を示しそうか、といったことについては事前に兆候があるはずだ。一方、特定の株価がどう推移するかを予測するのに役立つような公開データが入手できるようなことはまずない。そのようなデータがあれば、株価はすでにそれを織り込んでいるはずだ。こうしたことから経験豊富な消防隊長の建物の堅牢さに対する判断や、看護師の子供の病状に関する直観のほうが、株の営業マンの判断より信頼できると考えられる」(21)

手がかりを入手できるかは、機会と努力で決まる。ときには簡単に手がかりが手に入ることもある。「子供が犬と猫を見分けるのに、何千件も事例を学ぶ必要はない」。しかし習得するのがはるかに難しいパターンもある。たとえばチェスの駒の配置を五万〜一〇万個覚えるには一万時間の練習が必要とされる。「このような学習をしていなければ、直観が当たるのは偶然か魔法が作用したときだけだ。もちろんわれわれは魔法など信じないが」とカーネマンとクラインは結んでいる。[22]

しかし、一つ難しいことがある。カーネマンとクラインも指摘しているように、直観を助けるような有効な手がかりが十分あるか否かを見きわめるのは通常難しいのだ。またたとえ明らかに手がかりがありそうなときでも、慎重を期すべきだ。チェスの世界チャンピオンで、史上最高のプレーヤーと言われるノルウェーの天才マグヌス・カールセンはこう語っている。「自分がなぜその手を打つのか、説明できないことも多い。ただそれが正しいということがわかるし、そういう直観はたいてい正しい。一つの駒の配置を一時間も吟味したら、堂々巡りになって有効な手は思いつかないだろう。たいてい打つべき手は一〇秒でわかる。それ以降の持ち時間は確認に使っている」。[23]カールセンは自分の直観を尊重しており、それ自体とても正しいことだが、同時に「確認」に長い時間を費やす。ときには直観が誤ることもあり、意識的に考えることで最終的な判断の質が高まることを知っているからだ。

これはすばらしい習慣だ。鼻先越しの視点はすばらしい結果をもたらすこともあるが、ひどい失敗につながることもある。だから大きな決断を下す前に考える時間があれば、ぜひそうすべきだ。そして一見真実に思えることも、あとで誤りと判明することもあるという事実を受け入れよう。

こんなフォーチュンクッキーにでも入っていそうな陳腐なアドバイスに異論を唱えるのは難しいだろう。しかし鼻先越しの錯覚はあまりにももっともらしく、このアドバイスも素通りして直観を信じてしまうことが往々にしてある。《ウォールストリート・ジャーナル》のコラムニストで、かつてロナルド・レーガン元大統領のスピーチライターも務めたペギー・ヌーナンが、二〇一二年の大統領選前夜に示した予測はその一例だ。ミット・ロムニーが勝つだろう、とヌーナンは書いたのだ。この判断の根拠は、ロムニーの政治集会に大勢の支持者が集まったことだった。「候補者はとても満足気で、支持者に感謝しているようだ」とヌーナンは述べている。しかもこうした集会の一つに参加した人が「参加者の熱気と盛り上がりはすごかった」と語ったという。こういうことを足し合わせると「私の直観は正しそうだ」とヌーナンは結論づけた。ヌーナンの直観をバカにするのはたやすい。しかし選挙あるいは他の出来事について、「そういう感じがする」というだけの理由で結果を見誤ったことのない人などいるだろうか。「私の直観は正しそうだ」と口にこそ出さなくても、その思考法はヌーナンと変わらない。(24)

鼻先越しの視点はことほど左様に強力だ。あまりにも説得力があるがゆえに、医学界は何千年にもわたって自らの信念を疑おうとせず、数えきれないほどの患者に不要な苦しみを強いてきた。ようやく医学の進歩が始まったのは、医師たちが鼻先越しの光景だけを頼りにしていては、本当に有効な治療法を見きわめることはできないという事実を受け入れてからだ。こと予測については、二一世紀になっても一九世紀の医学とあまり変わらない状況が蔓延している。未来についてさまざまな見立て、主張、断言が飛び交っている。自信も報酬もたっぷりの著名人もいる。しかし検証はもちろん、科学と呼べそうなことは何も行なわれていないので、わかっていることは驚くほど限られている。そしてわれわれはその代償を支払っている。質の悪い予測は質の悪い医療のような明らかに有害な結果をもたらすことは少ないが、それはわれわれを質の悪い判断に導き、そこからは金銭的損失、機会の逸失、不要な苦しみ、ときには戦争や死といったさまざまな弊害が生じる。

幸い、医学界はいまやこうした問題の特効薬を知っている。ほんの一服の疑念を持つことだ。

ようやく自らを疑うことを学んだ医師たちは、無作為化比較試験を使ってどの治療法が有効か科学的に検証するようになった。予測の世界に厳格な評価を持ち込むのは、それより簡単に思えるかもしれない。予測を集め、その正確さを判断し、結果を集計する。それだけのことだ。すぐにトーマス・フリードマンが本当はどれほど優秀かわかるだろう。

だがことはそれほど単純ではない。スティーブ・バルマーがマイクロソフトCEOだった二〇〇七年にこんな予測をしている。

「iPhoneがいずれ注目に値するほどの市場シェアをとることなどありえない。可能性ゼロだ」

バルマーのこの予測は有名だ。「バルマー」あるいは「最悪の予測　ハイテク」をグーグルで（バルマーならビングを使ってほしいと思うかもしれない）検索すれば、一九七七年に当時のDEC社長が言った「自宅にコンピュータを欲しがる人など出てくるはずがない」などと並んで、この発言が〝恥ずべき予測の殿堂〟入りしているのがわかるだろう。バルマーの予測はとんでもない誤りに思えることから、それも当然かもしれない。二〇一三年に「史上最悪のハイテク予測一〇選」の筆者は「iPhoneはアメリカのスマートフォン市場でシェア四二％、世界全体では一三・一％のシェアを握っている」と書いている。[1] まちがいなく「注目に値するほど」のシェアと言える。バルマーが二〇一三年にマイクロソフトを去ることを発表したときには、別のジャーナリストがこう書いている。「いまやアップルはiPhoneだけで、マイクロソフト全体を上回る売り上げを稼いでいる」[2]

だがバルマーの予測を慎重に分析してみよう。キーワードは「注目に値するような市場シェア」だ。では「注目に値する」とはどの程度か。バルマーは明確に言っていない。そしてどの市場を問題にしていたのか。北米か。世界か。そして何の市場か。スマートフォンか、それとも携帯電話全体か。これだけ答えのない質問が集まると、大きな問題となる。予測の正確さを高めるのに何が有効か、有効でないかを突きとめる最初のステップは、予測が正確かどうか判断することであり、その内容を憶測で判断するわけにはいかない。内容ははっきりわかっていなければならない。予測が正確か否かについて曖昧さは許されないが、バルマーの予測は曖昧である。たしかに間違っている気がする。たしかに間違っていると、説得力を持って主張することもできる。だが合理的疑念をさしはさむ余地もないほど誤っていると断定できるだろうか。

読者のみなさんがこうした議論をむやみに法律家的で、ビル・クリントン元大統領の悪名高い発言（「その答えは『is』という単語が何を意味するかで変わる」）を彷彿とさせると思われるのも無理はない。[3] 一字一句読み解いていくとそうでもないが、バルマーの言っていることは一見明快だ。だが二〇〇七年四月の《USAトゥデー》とのインタビューでバルマーが何を語ったのか、前後の文脈とともに改めて見直してみよう。

「iPhoneがいずれ注目に値するほどの市場シェアをとることなどありえない。可能性ゼロだ。五〇〇ドルの補助金付きで売られている商品だ。たくさん儲かるかもしれない。しかし販売されている一三億台の携帯電話のうち、私なら当社のソフトウエアがそのうちの六〇%、七〇%、あるいは八〇%に入っていてほしい。アップルはせいぜい二〜三%だろう」

ここからいくつかのことがわかる。まずバルマーが念頭に置いているのは明らかに世界の携帯電話市場であり、彼の予測をアメリカあるいは世界のスマートフォン市場でのシェアを基準に評価するのは間違いだ。私がガートナーITコンサルティンググループのデータを使って計算したところ、二〇一三年第3四半期の世界の携帯電話市場におけるiPhoneのシェアは約六%だった[4]。バルマーが予測していた「二〜三%」よりは高いが、よく引用される短縮されたバージョンとは異なり、この発言はそれほどお話にならないほど見当違いではない。またバルマーは、iPhoneはアップルの失敗作とは言っていないことにも注目したい。むしろ「たくさん儲かるかもしれない」と言っている。だがまだ曖昧さはある。「注目に値する」と思われるには、世界の携帯電話市場で二〜三%よりどれだけ多くのシェアを獲得すればいいのか。バルマーはそれについては語っていない。またアップルは「たくさん儲かるかもしれない」と言ったとき、いったいどれだけの金額を想定していたのか。それも語っていない。

それではスティーブ・バルマーの予測は、いったいどれだけ誤っていたのか。バルマーの口調は居丈高《いたけだか》で軽蔑的だった。《USAトゥデー》のインタビューでは、アップルをバカにしている印象を与えた。しかし彼の言葉は口調よりは歯切れが悪く、その予測は誤っていたと確信を持って言い切るにはあまりに曖昧だ。恥ずべき予測の殿堂入りするほど、徹底的に誤っていたとは言い難い。

最初は磨き立ての窓のように一点の曇りもないように思われた予測が、よくよく眺めると、正しいのか誤っているのか判断できないほどぼんやりとしている、というのは別に珍しいことではない。二〇一〇年一一月に、米連邦準備制度理事会（FRB）議長であったベン・バーナンキに送られた公開書簡を考えてみよう。ハーバード大学の経済史家のニーアル・ファーガソン、外交問題評議会のアミティ・シュレーズをはじめ多くの経済学者や評論家が署名したこの書簡は、FRBが「量的緩和」と言われる大規模な資産購入をやめるべきだと訴えていた。「通貨の価値低下とインフレのリスクを伴う」というのがその理由だ。

だがこのアドバイスは無視され、量的緩和は続いた。だがそれから何年も、アメリカドルの価値が下がることもなく、インフレ率が上昇することもなかった。投資家でコメンテータのバリー・リソルツは二〇一三年に、書簡に署名した人々は結局「とんでもなく間違っていた」と書いた(5)。それに賛同した人も多かった。しかしそれに対してははっきりとした反論があった。「もう少し待てよ。まだ起きていないが、これからきっとそうなる」と。リソルツら批判勢力に言わせれば、二〇一〇年の議論を振り返れば、書簡の筆者らが量的緩和が続けば二〜三年以内に通貨の価値低下やインフレが起こると見ていたことは明らかだということになるのかもしれない。そうかもしれないが、書簡にはそう書かれてはいなかった。書簡は時間軸には一切触れていない。リソルツが批判するのを二〇一四年、二〇一五年、あるいは二〇一六年まで待っても何も変わらない。どれほど時間が経過しようと、「ちょっと待てよ。これからだ」と言うのは可能である(6)。

またドルがどれだけ下落すれば、あるいはインフレ率がどれだけ上昇すれば「通貨の価値低下とインフレ」と見なすことができるのか。さらにまずいことに、書簡はドルの下落とインフレ率の上昇の「リスクがある」と言っている。かならずそれが起きるかどうかは定かではない、と言っているのだ。だからこの予測の字面だけを見れば、通貨の価値下落とインフレは起こるかもしれないし、起こらないかもしれないと言っているに過ぎない。つまり通貨価値の下落とインフレが起こらなくても、予測は必ずしも誤っていたことにはならないわけだ。もちろん書簡の筆者らが送ろうとしていたメッセージはこんなものではないだろうし、また当時この声明を読んだ人々が感じたものでもない。しかしそこに書かれているのはそういうことだ。

これら二つは、われわれがしょっちゅう出くわす予測の典型である。いずれも優秀な人々が重大な問題に真剣に向きあった結果である。そして一見、その意味するところははっきりしている。時間が経てば、それらが正確だったかどうかは明らかになりそうだが、実際にはそうではない。さまざまな理由から、こうした予測が一切疑問の余地がないほど正しいか誤っているかを見きわめることは不可能だ。真実はつかみにくいものである、というのが真実だ。

予測を評価するのは一般に思われるよりずっと難しい。私は苦い経験を通じてそれを学んだ。長期にわたる、なんともいらだちの募る経験を通じて。

「ホロコーストが起こるだろう」

一九八〇年代初頭、知識人の多くは人類の未来に暗雲が立ち込めていると感じていた。「われわれが自らに正直になるなら、大量に蓄えた核兵器を廃棄しなければ、ホロコーストが起こるかもしれないではなく起こるだろうと認めざるを得ない。今日でなければ明日、今年でなければ来年にも」[7]。ジョナサン・シェルは『地球の運命』にこう書き、大きな反響を呼んだ。軍拡競争に反対する何百万人もの人々が、西側諸国の大都市でデモを繰り広げた。一九八二年六月にはニューヨーク・シティで、推計七〇万人が参加したアメリカ史上最大級のデモ行進があった。

一九八四年、カーネギー基金とマッカーサー基金からの資金協力を受けて、アメリカ科学アカデミーの研究部門であるアメリカ学術研究会議（NRC）が、ほかならぬ「核戦争の防止」を目的に著名人を集めた委員会を設立した。委員会には、物理学者のチャールズ・タウンズ、経済学者のケネス・アロー、そして特定の学問分野の枠には収まりきらないハーバート・サイモンという三人のノーベル賞学者をはじめ、数理心理学者のエイモス・トベルスキーなど錚々《そうそう》たる知識人が集められた。そこに圧倒的に地味なメンバーとして加わったのが、当時三〇歳の政治心理学者で、カリフォルニア大学バークレー校で准教授に昇進したばかりの私である。私がこの委員会の末席に加えられたのは、輝かしい学術的成果を挙げていたためではなく、一風変わった研究テーマのおかげで、それがたまたま委員会の目的と密接に関わっていたのである。

委員会は徹底的な調査を実施した。情報分析官、軍関係者、政府高官、軍縮専門家からソビエト専門家まで、さまざまな分野の専門家を招き、問題を議論した。彼らも非常に優秀だった。豊富な情報を持ち、知的で緻密だった。そして世界で何が起きているのか、これからどこへ向かうのかをわかっているというかなりの自負があった。

少なくとも基本的事実については合意があった。長きにわたってソ連の指導者だったレオニード・ブレジネフが一九八二年に死去し、その座を引き継いだ虚弱な老人もまたすぐに死去したことから、コンスタンチン・チェルネンコが指導者となったが、彼もまたすぐに死去すると見られていた。その後どうなるかについては、意見の一致と不一致があった。リベラル派も保守派も、次のソ連の指導者も頑迷な共産党員であろうと予測していた。しかしその理由については見方が分かれていた。リベラル派の専門家は、ロナルド・レーガン大統領の強硬路線を受けてクレムリンの強硬派も態度を硬化させており、それはネオスターリン主義者の弱体化と超大国間の関係悪化につながると確信していた。一方保守派は、ソ連は全体主義を再生産していく仕組みをほぼ完成させており、それゆえに新たな指導者もそれまでの指導者と変わらず、ソ連は今後も周辺国の反乱を支援したり侵略したりして世界平和を脅《おびや》かしつづけるだろうと考えていた。どちらも自らの見解に自信を持っていた。

専門家らのチェルネンコに対する見立ては正しく、彼は一九八五年三月に死去した。しかしその後、歴史の流れは大きな曲がり角に差しかかり、カール・マルクスもかつて語ったように、そうした状況では知識人はまるで役に立たなかった。

チェルネンコが死去した数時間後に共産党政治局は、五四歳のエネルギッシュでカリスマ的なミハイル・ゴルバチョフをソ連共産党の次期書記長に指名した。ゴルバチョフはソ連の方向性を迅速かつ急激に変えた。グラスノスチ（情報公開）とペレストロイカ（改革）を掲げ、自由化を進めたのだ。さらにはアメリカとの関係正常化を目指し、軍拡の流れを一変させた。ロナルド・レーガンは当初慎重に、その後は積極的にそれに応じ、ほんの数年で世界は核戦争におびえる時代から、米ソの指導者を含めて多くの人が核兵器が一掃される輝かしい未来を予見する新時代へと移行した。

このような事態を見通した専門家はほとんどいなかった。それにもかかわらずほどなくして、このような事態をまるで予想していなかった人の多くが、なぜこのような事態になったか、またこれからどうなるか自分にははっきりわかっているという自信を持つようになった。リベラル派から見れば、こうした事態は完全に理にかなったものだった。ソビエト経済は崩壊しつつあり、ソ連首脳陣の中にはアメリカとの無益な闘争にうんざりした一派が形成された。ゴルバチョフは書記長に就任する前日、妻のライサに「こんな生き方を続けてはいけない」と語っている。(8) だからなるべくしてこうなったのだ。過去をきちんと振り返れば、特に意外でもない。そしてもちろんレーガンの手柄などではない。むしろレーガンが「悪の帝国」呼ばわりしたことで、クレムリンの守旧派が勢いづき、この必然の結末が遅れたぐらいだ。一方の保守派にとっても、こうなった理由は明らかだった。レーガンが軍拡競争のハードルを高めたことでソ連は虚勢を張らざるをえなくなり、それに今回ゴルバチョフが終止符を打ったのだ。過去をきちんと振り返れば、すべて予測可能であった。

　私の中の皮肉屋な部分は、結局何が起ころうと専門家はこうして自分たちの予測が外れたのをとるに足らないことと片付け、あらかじめ事態の到来を予見していたかのような歴史の軌道を描くのだろうと見るようになった。世界はこのうえなく重要な出来事について、とんでもないサプライズを経験した。それでも自らにみじんも疑念を抱かないのであれば、他のことで抱くはずがない。

　私はこれら専門家の知性や誠実さを疑問視しているわけではない。すばらしい科学賞を受けたり、私がまだ小学生だったころから政府の中枢にいた人たちだ。しかし知性と誠実さだけでは足りない。国家安全保障問題のプロたちは、近代科学成立以前の有名な医師たちによく似ていた。どちらにもあふれんばかりの知性と誠実さ《ベスト&ブライテスト》があった。しかし鼻先越しの錯覚には、誰もが騙されることがある。誰よりも優秀で聡明な人々も例外ではない。むしろ彼らほど、そうしたリスクは高いのかもしれない。

予測を評価する

この経験をきっかけに、私は専門家の予測について考えるようになった。一九八八年の昼食の席で、当時カリフォルニア大学バークレー校で同僚だったダニエル・カーネマンがある仮説を語った（のちにそれは正しいことが証明された）。知性と知識は予測の正確さを高めるが、その効果は限られているというのだ。博士号や何十年にもわたる経験で武装した人の予測の正確さは、《ニューヨーク・タイムズ》の熱心な読者を若干上回るぐらいかもしれない。もちろんそれはカーネマンの推測に過ぎず、たとえカーネマンでも推測は推測だ。それまで政治専門家の予測の正確さをまともに検証した者は誰もいなかったが、この問題について考えれば考えるほど、その理由も明白になってきた。

たとえば時間軸の問題だ。言うまでもなく、期限を区切らない予測などというのは非常識だ。しかしベン・バーナンキへの公開書簡の例もあるように、そんな予測は珍しくない。少なくとも一般的には、不誠実だからそうするわけではない。ざっくりとしたものかもしれないが、お互いの頭の中にある暗黙の共通認識に頼ろうとしているのだ。だから時間軸を含まない予測も、それが行なわれた時点ではそれほど非常識には思われない。しかし時間が過ぎ、記憶が薄れると、当初は誰にとっても明らかに思われた暗黙の時間軸がそれほど明らかではなくなっていく。その結果、予測が本当に言わんとしていたのはどういうことか、という不毛な議論になることが多い。その出来事は今年起こると予測していたのか、あるいは来年か？　この一〇年か、あるいは次の一〇年か。時間軸が明確でなければ、このような議論で誰もが納得するような結論が出ることはない。誰かの社会的評価がかかっていればなおさらだ。

この問題だけでも、われわれが日々目にする予測の多くが検証不可能になってしまう。予測のカギとなる言葉についても同じように明確に定義されず、暗黙の理解に委ねられることが多い。スティーブ・バルマーの予測で言う「注目に値するような市場シェア」などがその例だ。このような曖昧な言葉遣いは例外というより、こちらが標準なぐらいだ。これも予測の検証を難しくする。

ただし、これらは予測を評価するうえでの障害のうち比較的小さいものに過ぎない。確率のほうがはるかに大きな問題だ。

予測の中にはジョナサン・シェルの核戦争に関するそれのように、ある出来事が起こる、あるいは起こらないとはっきり言い切っているものもあり、そうしたものは簡単に評価できる。シェルは核兵器を廃棄しなければ「ホロコーストが（中略）起こるだろう」と書いた。結局、二つの超大国のうちどちらも核兵器は破棄せず、それでもシェルの本が出版された年もその翌年も核戦争は起きなかった。となると、シェルの発言を文字通り読むなら、それは明らかな誤りになる。

だがシェルの発言が、核戦争が起こる「可能性がきわめて高い」だったらどうか。その場合、結論はそれほどはっきりしなくなる。シェルはリスクをかなり大げさに言ったのかもしれないし、あるいはシェルの指摘は正確で、人類が史上最も無謀なロシアン・ルーレットで滅びずに済んだのは単に幸運だっただけかもしれない。この議論を完全に決着させるには、歴史を何百回も繰り返しリプレイするしかない。そのほとんどにおいて文明が放射線に汚染された瓦礫《がれき》と化していれば、シェルが正しかったことがわかる。現実にはそんなことはできないので、結論はわからない。

だがわれわれが全能者で、実際にそのような実験をできると仮定しよう。何百回も歴史をリプレイしたところ、六三％で核戦争になった。それならシェルは正しかったのか？　そうかもしれない。だが確信を持って断定することはできない。なぜならシェルの「可能性がきわめて高い」というのが正確にはどういう意味なのか、わからないからだ。

言葉尻をとらえた揚げ足取りのように思えるかもしれないが、実ははるかに重大な意味がある。ここに注目したのがシャーマン・ケントだ。

ケントは諜報の世界では伝説的人物だ。歴史学で博士号を取得し、イェール大学で教えたのち、一九四一年に設立されたばかりの情報調査局（COI）の研究分析部門に入った。COIはその後、戦略事務局（OSS）となり、OSSがのちに中央情報局（CIA）となった。ケントは一九六七年にCIAを引退するまでに、アメリカの情報機関における情報解析（諜報員や監視活動で得られた情報を入念に分析し、その意味や次に起こりそうな事態を明らかにする作業）のあり方を根本的に変えた。

その業績を語るうえで、カギとなる言葉が「判断」だ。「答えがわからないときにするのが判断だ」とケントは書いている。[9] ケントが繰り返し強調してきたように、次に何が起こるかが本当にわかることはまずない。つまり予測とは何かが起こる可能性を判断することであり、それこそケントとその同僚がCIAの国家評価室（一九七九年に現在の国家情報会議に改組された）でずっと行なってきたことだ。国家評価室とはあまり知られていないがきわめて影響力の大きな組織で、CIAに集まるあらゆる情報を統合し、アメリカ政府の中枢にいる人々が次の一手を考えるうえで役立ちそうなありとあらゆることを予測する任務を帯びていた。

ケントらは完璧とは程遠かった。最も評判が悪いのは一九六二年に出した、ソ連はキューバに攻撃用ミサイルを配備するほど愚かではないとする判断で、すでにそのときソ連は配備を済ませていた。だがたいてい国家評価室の出す判断は高く評価された。ケントが分析の厳格さにきわめて高い要求基準を設けていたからだ。国家情報評価書（NIE）を書くのは、大きな責任を伴う作業だ。一言一句が重要で、ケントはそれを入念に吟味した。だがケントのプロフェッショナリズムをもってしても、評価書がときに誤解を招くのは防げなかった。

一九四〇年代末、ユーゴスラビアの共産党政権がソ連とたもとを分かったことから、ソ連が侵攻する懸念が高まった。そんななか一九五一年三月にNIE二九‐五一が発行された。「クレムリンの行動を見きわめるのは不可能だが、［東欧における］軍備やプロパガンダの準備が進んでいる度合いを見れば、一九五一年にユーゴスラビアへの攻撃が行なわれるかなりの蓋然性《がいぜんせい》があると考えるべきである」と報告書は結論づけている。たいていの基準に照らせば、明快で意味のある文章だ。それを否定する者はなく、政府高官はみな報告書に目を通した。しかし数日後、ケントは国務省高官と話していたとき、何気なくこう聞かれた。「ところで『かなりの蓋然性』という表現は、どういう意味で使っているんだい？　どれくらいの確率を念頭に置いているんだ」。ケントは、自分は状況を悲観していると答えた。おそらく65対35で攻撃があると思っている、と。それを聞いて国務省高官は驚愕した。自分も同僚も「かなりの蓋然性」をもっと低いものととらえていたのだ。[10]

このやりとりが気になったケントは、評価チームのもとへ戻った。全員がＮＩＥに「かなりの蓋然性」と書くことに同意していたので、それをどういう意味だととらえているのか、一人ずつ聞いていった。一人の分析官は80対20、つまりソ連の侵攻が起こる確率が起こらない確率の四倍だと答えた。一方、もう一人は20対80、つまり最初の人物とは正反対だと思っていた。他のメンバーの答えは、この二人のあいだのどこかだった。

ケントは愕然とした。有益な情報を伝えているはずの一文が実はこれほど曖昧で、ほとんど無益だったとは。ことによると無益よりまずいかもしれない。危険な誤解を生んでいたのだから。またこれまでチームが出してきた他の評価についてはどうなのか。「五カ月かけて作成したＮＩＥの内容について全員合意しているようだったが、実は何の合意もなかったのか。ＮＩＥには『かなりの蓋然性』をはじめ、作成者と読者のどちらにとってもまったく意味の異なる表現がやまほどあるのではないか。このような文章を通じて、われわれは本当は何を言わんとしていたのだろうか」とケントは一九六四年のエッセイに書いている。[11]

ケントの懸念はまっとうなものだった。一九六一年にＣＩＡがカストロ政権を倒すため、在米亡命キューバ人によるピッグス湾上陸作戦を計画したとき、ジョン・Ｆ・ケネディ大統領は軍に率直な評価を求めた。統合参謀本部議長は計画が成功する可能性は「十分ある」と結論づけた。「十分ある」という文言を書いた人物はその後、1対3で成功する確率のほうが低いと考えていたと語っている。だがケネディは「可能性は十分ある」という表現が具体的に何を意味するか説明を受けておらず、ある意味当然のこととしてもっと肯定的にとらえた。もちろん統合参謀本部議長が「3対1で作戦は失敗すると見ている」と報告していたところで、ケネディは作戦を決行していたかもしれないが、無残な失敗に終わったこの作戦を承認する前にもう少し慎重に検討していただろう。(12)

シャーマン・ケントはこの問題の解決策を提案した。第一に「可能性がある」という表現は、分析官が重要な事象について判断をしなければならないが合理的確率を示すのが難しい場合には、使用を禁止する。何かが「可能性がある」というと、それが起こる可能性はゼロから一〇〇％になる。もちろんこ

確実性	可能性の度合い
100%	確実
93%（±6%）	ほぼ確実
75%（±12%）	可能性が高い
50%（±10%）	五分五分
30%（±10%）	可能性が低い
7%（±5%）	ほぼ確実にない
0%	ない

表1

んな評価では役に立たないので、分析官は可能なかぎり評価の幅を絞り込まなければならない。そして混乱を避けるために、用語はケントが示した表1のような数字を意味するものとする。(13)

つまりNIEがある事象について「可能性が高い」と言った場合、それが発生する可能性は63〜87%ということになる。ケントの提唱した仕組みはシンプルで、混乱が起こる余地を大幅に減らすはずだった。

だがこの仕組みが採用されることはなかった。だれもが理屈のうえでは明確さや精密さは好ましいと言うものの、実際に明確で精密な予測をする段になると、数字を使うことにあまり積極的ではなかった。それまでずっと曖昧な言葉を使ってきた者のなかには、数字を使うのが不自然で居心地が悪いという声もあった。しかし変化を拒む理由としては、説得力がない。自らの美意識に反する、という者もいた。言葉には詩的な美しさがあり、明確な確率の数値を語るのは品がない気がする。まるで競馬の賭け屋のようだ、と。ケントは納得しなかった。「詩人などになるよりは賭け屋のほうがましだ」という返答は伝説となっている。(14)

ただ当時も今も、具体的数値で確率の判断を示すことについては、もっと正当な反論もある。それが主観的判断であるにもかかわらず、情報の受け手には客観的事実ととられてしまう可能性がないか、ということだ。確かにその危険はある。しかしその答えは、数値を一切使わないことではない。情報の受け手に、数値も言葉と同じように判断、つまりは筆者の意見を示しているだけであり、それ以上のものではないと伝えることだ。同じように、数値をはっきり示すと「予測した者がこの数値が正しいとはっきりわかっていること」を示唆するという主張もある。しかし数値を示すことにそのような意図はなく、そう解釈するべきではない。もう一つ理解しておくべきは、「かなりの蓋然性」といった言葉も数値とまったく同じメッセージを伝えており、数値のほうが明快で、誤解のリスクが少ないというだけのことだ。また数値で示すことにはもう一つ、メリットがある。曖昧な言葉を使えば曖昧な考えでも容易に伝えられるが、「かなりの蓋然性」といった言葉を数値に転換することを求められると、予測を立てる人は自らの考えを慎重に見直さざるを得なくなる。メタ認知と呼ばれる心理プロセスだ。これを実践するほど、予測を立てる人は不確実性の微妙な違いを見分けられるようになる。画家が練習を積むほど、同じ灰色でも微妙な濃淡があるのを見分けられるようになるのと同じだ。

しかし数値を採用するのには、説明責任に関わるもっと根本的な問題があり、私はそれを「逆の可能性」にまつわる誤解と呼んでいる。

たとえば気象予報士が雨の確率は七〇％と言ったのに雨が降らなかった場合、間違ったのだろうか。必ずしもそうとは言えない。この予測は暗黙のうちに雨が降らない確率が三〇％と言っているからだ。だから雨が降らなかった場合、予報は外れたのかもしれないし、的中したのかもしれない。たった一つの予報だけをもとに判断することはできない。それを確認する唯一の方法は、この日を何百回もリプレイすることだけだ。そのうち七〇％で雨が降り、三〇％で降らなければ、予報は完璧だ。だがもちろんわれわれはそんな全能者ではないし、同じ日をリプレイすることもできない。だから評価することもできない。

だが世間は評価する。しかもその方法は一貫している。確率が五〇％より高いと言われたほうを評価の対象とするのだ。予報が雨の確率を七〇％としていて実際に雨が降れば、予報は正しかったと思う。雨が降らなければ、予報は外れたと思う。この単純な誤解があまりに目立つ。知識人ですら例外ではない。二〇一二年に最高裁判所が「オバマケア（オバマ政権が推進した医療保険制度改革）」の合憲性についての判断をようやく下すことになったとき、その結果について賭けを主催していた予測市場のオッズは、法案が違憲とされる確率を七五％としていた。だが最高裁が法案を合憲と判断すると、《ニューヨーク・タイムズ》の優秀な記者デビッド・レオンハルトは「市場、すなわち群衆の知恵が誤っていた」と書いた⑮。

この初歩的な誤解の蔓延が、おそろしい弊害を生む。情報機関がある事象の起こる確率を六五％と言ったとき、それが発生しなければ物笑いの種になる。予測自体が三五％の確率で事象が起こらないと言っているわけなので、かなり大きなリスクと言えよう。

どうしておけば安全だろう。曖昧な言葉を使いつづければいい。「可能性は十分ある」「かなりの蓋然性がある」といった表現をしておけば、どちらに転んでも予測した者は安泰だ。事象が発生すれば、「可能性が十分ある」は後付けで五〇％よりはるかに高い数字だったことにすればいい。これで予測は的中したことになる。事象が起こらなかった場合、可能性は五〇％よりずっと低かったことにすれば、またしても予測は的中したことになる。このような歪《ゆが》んだインセンティブがあることを考えれば、明確な数値よりぼんやりとした言葉が好まれるのは当然と言える。

ケントにはこうした政治的壁を乗り越えることができなかったが、その後も数値を使うべきという主張を裏づける事例は増える一方だった。「あり得る」「かもしれない」「可能性がある」といった可能性を示す言葉の解釈は、人によって大きく異なることを示す研究結果が次々と示された。それでもなお情報機関は抵抗した。サダム・フセインが大量破壊兵器を保有していたか否かといった問題をめぐる混乱と、その結果として行なわれた情報機関の抜本的改革の末に、ようやく可能性を数字で示すことが受け入れられるようになった。CIAの分析官がオバマ大統領に、パキスタンの施設にいる怪しい男がウサマ・ビンラディンである確率は「七〇％」あるいは「九〇％」と伝えたのは、すでに鬼籍に入っていたシャーマン・ケントにとりささやかな勝利と言えるだろう。他の分野では数字を用いるのがもっと一般的になった。天気予報では「にわか雨の確率が少しある」の代わりに「にわか雨の確率は三〇％」と言うようになった。だが残念ながらメディアを中心に曖昧な表現が依然として横行しており、それが何も伝えていないことに誰も気づかないほどだ。軽く聞き流されてしまう。

ハーバード大学の経済史家でコメンテーターとしても人気があるニーアル・ファーガソンは二〇一二年一月のインタビューでこう語っている。

「欧州債務危機は未解決であり、重大な局面がかなり迫っているかもしれないと私は考えている。ギリシャの債務不履行はほんの数日後に迫っているかもしれない」

ファーガソンは正しかったのだろうか。「債務不履行」は一般的に、債務の返済を完全にい。

放棄することと理解されているが、ギリシャはそれから数日、数カ月、あるいは数年後もそれはしなかった。一方「債務不履行」の専門的定義に照らすと、ファーガソンの発言からほどなくしてギリシャはまさにそれをした。ファーガソンはどちらの定義に基づいて語っていたのか。それが明らかではないので、一見ファーガソンは正しそうだが確かなことは言えない。

ではここでギリシャがどちらの債務不履行もしなかったとしよう。その場合ファーガソンが誤ったと言えるのか。答えはノーだ。ファーガソンはギリシャの債務不履行は数日後に迫っているかもしれない、いや、かもしれないと言ったのであり、かもしれない、いは空虚な言葉だ。ある事象が起こり得るという意味だが、その確率については何も語っていない。どんなことだって起こるかもしれない。明日地球はエイリアンの攻撃を受けるかもしれない、と私は自信を持って予測できる。攻撃を受けなかったとしても、私は間違ってはいない。「起こるかもしれない」という言葉には常に目に見えない「注」の文字がついており、欄外を見れば「起こらないかもしれない」と注意書きがしてある。しかしインタビュワーはファーガソンの予測に注意書きがあるのに気づかず、さらに詳しい説明は求めなかった(16)。

われわれが本気で予測を測定し、改善しようとするなら、こういうことでは困る。予測は定義の明確な言葉を使い、時間軸をはっきりさせる必要がある。確率は数字で示さなければならない。それにもう一つ重要なことがある。たくさんの予測が必要なのだ。

歴史をリプレイすることができない以上、一つの確率論的予測の成否を判断することはで

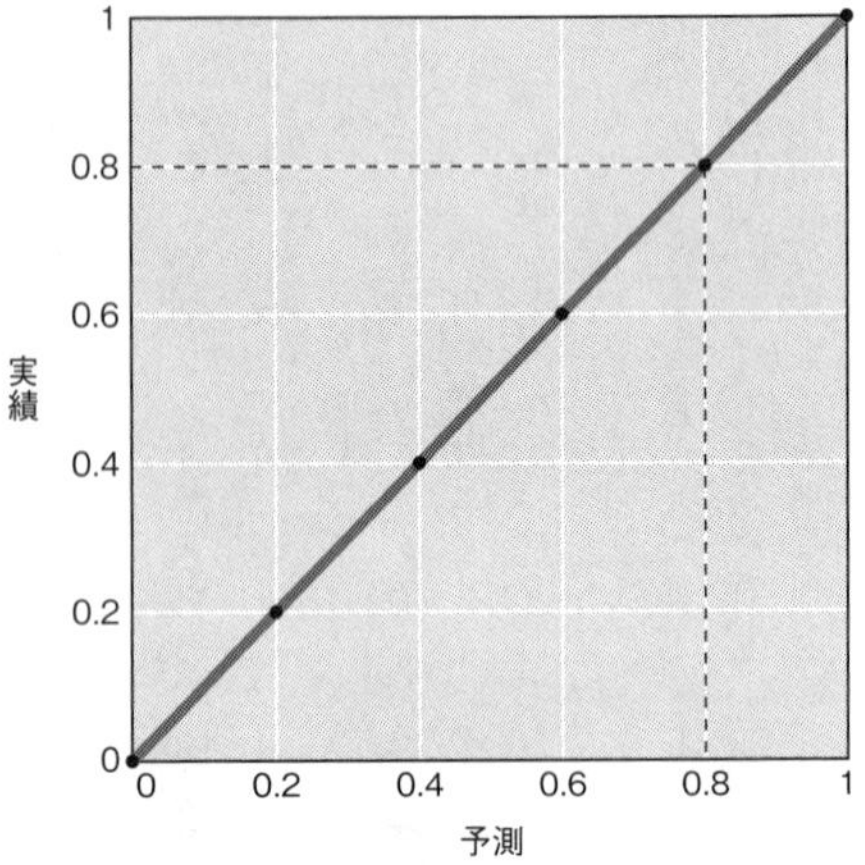

図1　完璧な正確さ

きない。だがたくさんの確率論的予測があれば、話は違ってくる。気象予報士が明日の降雨確率は七〇%と言った場合、その成否を判断することはできないが、この予報士が明日も明後日も、さらには何カ月にもわたって予測を続ければ、それをデータとしてまとめて実績を評価することができる。予報士の読みが完璧なら「降雨確率七〇%」と言った日には七〇%の確率で雨が降るはずで、三〇%と言った日には三〇%の確率で降るはずだ。この度合を「正確さ」と言う。その結果はシンプルな表に示すことができる。正確さが完璧なら、結果は図1のような直線となる。

　気象予報士の曲線が直線よりずっと上にあるなら自信過少だ。予報士が二〇%の確率といった事象は、実際には五〇%の確率で発生する（図2上）。一方、曲線が直線のずっと下にあるなら自信過剰だ。この予報士が八

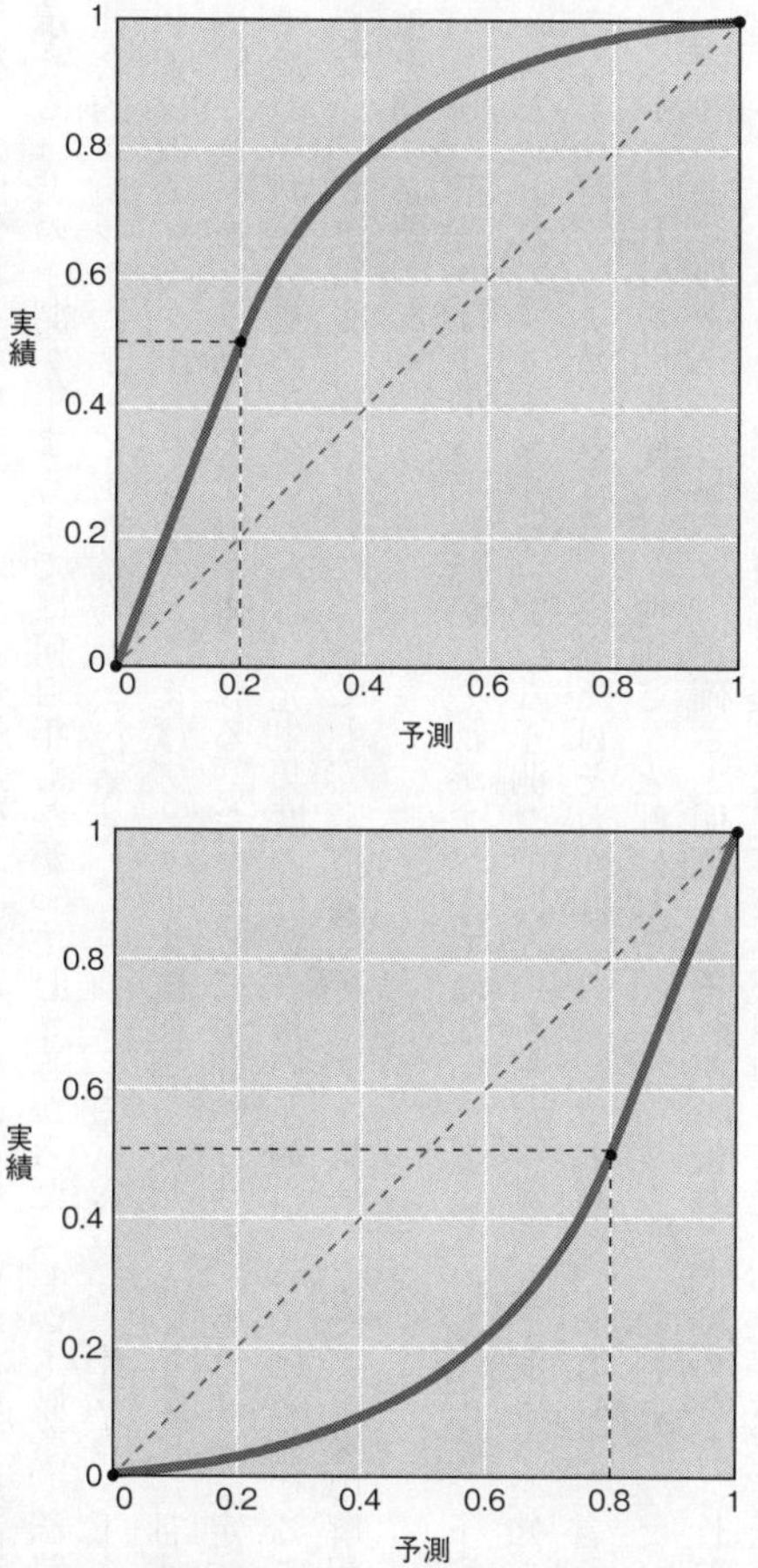

図2　正確さを欠く2つのケース：
自信過少（直線より上）と自信過剰（直線より下）

〇％の確率で起こるという事象は、実際には五〇％の確率でしか起こらない（図2下）。

この方法は気象予報ではうまくいく。なぜなら気象は日々変わり、それにともなって予報も次々と出されるからだ。しかし大統領選のような事象ではうまくいかない。統計データが示せるほどの予測が集まるまでに何百年もかかってしまうからだ（しかも戦争、伝染病など社会的ショックによって実態がつかみにくくならないことが条件だ）。やり方を工夫すれば状況は改善するかもしれない。たとえばアメリカ大統領選では州ごとの結果に注目すれば、一回の選挙あたり五〇の予測が得られる。ただそれでも問題は残る。整合性を測定するのに大量の予測が必要になることから、発生頻度の低い事象の予測については評価することができない。また頻度の高い事象についても、辛抱強くデータを集め、またデータの解釈には慎重を期す必要がある。

予測の正確さは非常に重要だが、それがすべてではない。というのも「正確な予測」イコールわれわれのイメージする「完璧な予測」ではないからだ。完璧な予測とは全知の神のようなものだ。「これが起こる」と言えばそれが起こり、「これは起こらない」と言えば起こらない。これは専門用語では「明確さ」と呼ばれる。

図3の二つのグラフを見ると、正確さと明確さがそれぞれ優れた判断の異なる性質をとらえていることがわかる。上の図は正確さは完璧だが、明確さに乏しいケースだ。正確さが一〇〇％というのは、予測が事象の起こる確率を四〇％と言えば実際に四〇％の確率で起こり、六〇％の確率で起こると言えば実際に六〇％の確率で起こることを意味する。しかし四〇〜

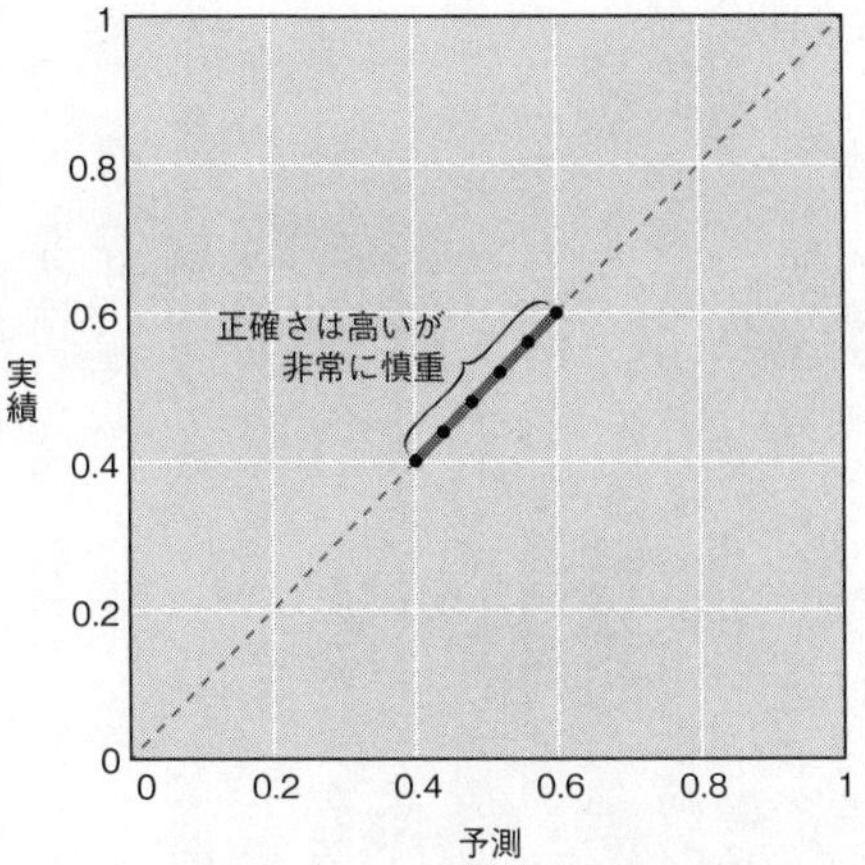

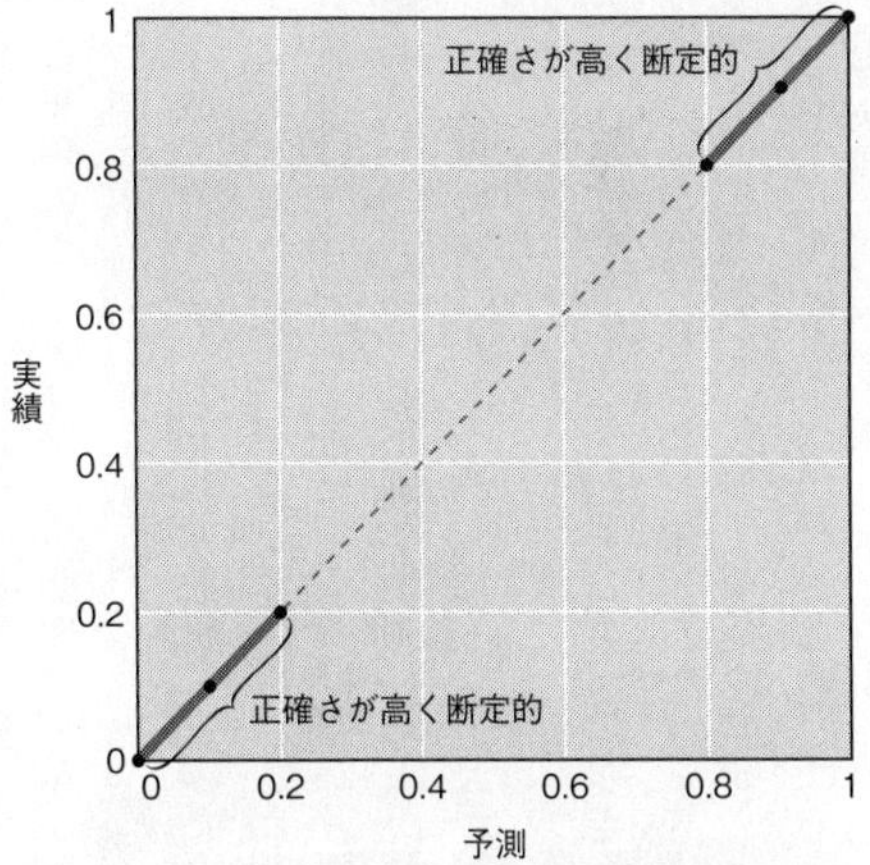

図3　正確さは高いが臆病（上）、正確さが高く勇敢（下）

六〇%という「どちらに転ぶかわからない」ゾーンにとどまっているため、明確さに欠ける。一方、下の図はすばらしい正確さと明確さを兼ね備えている。ここでも正確さはすばらしい。事象が起こる確率は予測どおりだ。予測が四〇%と言えば、四〇%の確率で起こる。ただここでは予測ははるかに断定的で、起こりそうな事象については高い可能性を、起こらない事象には低い可能性を付与している。

正確さと明確さを組み合わせると、優れた予測に対するわれわれの感覚にぴったりの評価システムができあがる。ある人が「Xが起こる確率は七〇%」と言い、実際にXが起これば、かなり高い評価を受ける。だが「Xが起こる確率は九〇%」と言った人のほうが評価はさらに高くなる。そして大胆にも「Xが起こる確率は一〇〇%」と正確に予測した人が最高の評価を得る。ただし傲慢な者は報いを受ける。「Xは確実だ」と予測した人は、Xが起こらなかった場合は大きく減点される。

減点の幅をどうするかは議論の余地があるが、賭けをするときと同じように考えるのが合理的だろう。たとえば私とあなたが賭けをするとしよう。私がヤンキースがドジャースに勝つ確率は八〇%と主張し、それに一〇〇ドル賭けるとすると、あなたに提示するオッズは四対一だ。あなたがそれを受けて一〇〇ドル賭けると、ヤンキースが勝った場合はあなたが私に一〇〇ドル払い、ヤンキースが負けた場合は私があなたに四〇〇ドルを払うことになる。だが私がヤンキースが勝利する確率を九〇%と言った場合、オッズは九対一に跳ね上がる。九五%の確率で勝つと言えば、オッズは一九対一だ。これは過激な賭けになる。あなたが一〇〇ドルで賭けを受けたら、ヤンキースが負けた場合私は一九〇〇ドル払わなければならなくなる。予測の評価システムもこのような痛みを伴うものであるべきだ。

この計算方法は一九五〇年にグレン・W・ブライアーが考案したことから、結果は「ブライアー・スコア」と呼ばれる。ブライアー・スコアは予測と実際に起きたことの乖離《かいり》を測る。だからゴルフのスコアと同じで、低いほど成績が良い。完璧な予測はスコアゼロ。五分五分というリスク回避的な予測、あるいは当てずっぽうはスコア〇・五。このうえなく真実とかけ離れたお粗末な予測（たとえばある事象が起こる確率を毎回一〇〇％と予測したものの、一度も起こらなかった場合）は二・〇という最悪のスコアになる。[17]

ここまで来ればたいしたものだ。予測のための設問には明確に定義された言葉を使い、時間軸をはっきりとさせる。予測は具体的数値で確率を示すこととし、サンプルをたくさん集め、数式を使ってスコアを算定する。これ以上不可能というほど曖昧さを排除した。これでわれわれは新たな知の地平へと歩みだすはずだ。

数式の意味

ことはそれほど単純ではない。そもそもこうした取り組みの目的は、予測の正確性を評価し、何が予測に役立つか、役立たないかを見きわめることだったのを思い出してほしい。そのためにはブライアー・スコアの意味を解釈する必要があり、それにはさらに二つの要素が必要だ。ベンチマーク（比較対象）と比較可能性である。

あなたのブライアー・スコアが〇・二だとしよう。全知の神（ゼロ）にはほど遠いが、チンパンジーのような当てずっぽう（〇・五）よりははるかに良いので、まあ人間にふさわしいレベルと言ってよいだろう。とはいえ、この数字から読み取れる情報はこれだけではない。ブライアー・スコアの意味は、予測の対象によって変わる。

たとえば〇・二というブライアー・スコアがかなりお粗末な結果となる状況を思い浮かべるのは簡単だ。アリゾナ州フェニックスの天気を考えてみよう。毎年六月のフェニックスは非常に暑く晴天が続く。「常に『暑くて晴天』の確率を一〇〇%とする」といった単純なルールに従えば、ブライアー・スコアはおのずとゼロとなり、〇・二というスコアは屈辱以外の何物でもなくなる。ここで予測能力をきちんと評価するには、何も考えずに「これまでと変わらず」と言いつづける場合より予測者の成績が良いかどうかを見なければならない。

これは過小評価されがちな点だ。たとえば二〇一二年のアメリカ大統領選で、ネイト・シルバー、プリンストン大学のサム・ワンをはじめとする選挙予想のプロたちは、全米五〇州の選挙結果を正しく予測したと高く評価された。しかし五〇州について単純に「前回と変わらず」、つまり二〇〇八年に民主党あるいは共和党の候補を選んだ州は二〇一二年も同じ候補を選ぶと予測すれば、五〇州のうち四八州で正解できたという事実を指摘した者はほとんどいなかった。こう考えると「彼は全五〇州の結果を当てた！」という当時よく聞かれた興奮気味の称賛の声は、いささか騒ぎすぎであったように思える。幸い、選挙予想を手掛ける人はみなプロだ。予測の正確さを高めるのは、小さなことの積み重ねであることをよくわかっている。

もう一つ、重要なベンチマークとなるのが他の予測者だ。一番予測の正確さが高いのは誰か。コンセンサス予想を上回る結果を出せるのは誰か。どうやってそれを成し遂げているのか。こうした問いに答えるにはブライアー・スコアを比較する必要があり、それには公平な競争環境を用意する必要がある。フェニックスの天気を予想するのは、気候が変わりやすいことで有名なミズーリ州スプリングフィールドの天気を予想するのと比べると明らかに簡単なので、フェニックスとスプリングフィールドの気象予報士のブライアー・スコアを比較するのは公平ではない。スプリングフィールドの気象予報でブライアー・スコア〇・二というのは、世界一流の気象予報士の証かもしれない。わかりやすい事実だが、その意味するところは重要だ。新聞から過去の予測を集めてきても公平な比較にはならないということだ。トーナメントを除けば、現実世界でまったく同じ時期のまったく同じ出来事について予測がされることはまずない。

こうした要素をすべて積み上げれば、われわれの準備は整ったと言える。アーチー・コクランをはじめとするエビデンスにもとづく医学を作り上げたパイオニアにならい、われわれも慎重に計画した実験を実施しなければならない。予測をする被験者を大勢集め、時間軸が明確で曖昧な言葉を使わない多数の設問を与えよう。予測の条件として、可能性の多寡《たか》を数字で表すことを求めよう。そして時間が経つのを待つ。研究者がやるべきことをやれば、明確な結果が得られる。得られたデータを分析すれば、「予測の正確さはどれぐらいか」「最も優秀なのは誰か」「優秀者とそれ以外を分ける要因は何か」といった重要な問いの答えが見つかるはずだ。

専門家による政治予測

これこそまさに私が一九八〇年代半ばから取り組み始めたことだが、早々に問題に突き当たった。必死の懇願にもかかわらず、格別有名な専門家が一人も参加してくれなかったのだ。それでも二八四人の紛れもない専門家を集めることができた。いずれも政治と経済のトレンドや事象の分析で生計を立てている正真正銘のプロである。大学やシンクタンクに勤めている学者もいれば、アメリカ政府機関、世界銀行や国際通貨基金（ＩＭＦ）などの国際機関、あるいはメディアで働いている者もいた。少数の非常に有名な者もいたが、大部分は業界内では知られた存在で、駆け出しでまだ無名の者も少しいた。ただ私は実験の完全な匿名性を約束しなければならなかった。トーマス・フリードマン級の有名人ではなくても、なんの仕事上の見返りもないのに自らの評判を危険にさらすのにはみな及び腰だったからだ。また匿名性を保証することで、参加者は恥をかく心配なしに自分の考える最高の予測をできる。衆人環視のもとで競わせることの効果の検証は、今後の研究に委ねたい。

最初に質問したのは、専門家たちの属性だ。年齢（平均年齢は四三歳）、この分野での職務経験年数（平均は一二・二年）、学歴（ほぼ全員が大学院以上で、半数が博士号を取得していた）。さらに思想的傾向や政治問題の解決方法についての好みを聞いた。

予測のための設問は、期間は一年先、五年先、一〇年先まで幅広く、政治や経済、国内問題から国際問題まで、時事問題から多様なテーマを選んだ。メディアや政府機関などで専門家が取り扱うありとあらゆるテーマについて尋ねたので、それぞれの専門家はときには自分の得意分野について予測することもあったが、ほとんどは専門外の分野に関する予測を求められた。そうすることで各テーマの専門家と、優秀で情報量は多いアマチュアの予測の正確さを比較できた。被験者となった専門家は合計二万八〇〇〇件近い予測をした。

設問に答えてもらうだけでも何年もかかった。それから待ちの期間に入った。これは大学に無期限の雇用を保証されている教員にとっても、なかなか忍耐を試される経験だった。私が実験を始めたころには、ミハイル・ゴルバチョフとソビエト共産党政治局が世界の運命を左右する主要プレーヤーだったが、結果を論文にまとめるころにはソビエト連邦は過去の地図の中だけの存在となり、ゴルバチョフは宅配ピザチェーンのコマーシャルに出演していた。最終結果を発表したのは実験を開始してから二一年後の二〇〇五年で、この間六度のアメリカ大統領選があり、私が予測について考えるきっかけとなったアメリカ学術研究会議（NRC）の委員会が発足してから三度の戦争があった。私が発表した学術論文の正式な表題は「専門家の政治予測――どれだけ正確か、どうすればそれがわかるのか」だが、長すぎるので、ここからはこの研究プロジェクト全体を「専門家の政治予測」と呼ぶことにしよう。

そして結果は……

本書を読むまで「専門家の政治予測」のオチを知らなかった人も、すでにわかっているだろう。平均的な専門家の予測の精度は、チンパンジーが投げるダーツとだいたい同じぐらいである。ただ統計学を学ぶ学生がまず教わるように、平均とは厄介なものである。統計学に関する定番ジョークに、統計学者は足をオーブンに、頭を冷蔵庫に入れて眠るというのがある。そうすると平均が心地よい温度になるから、と。

専門家の政治予測の結果を見ると、被験者は統計的に明らかに異なる特徴を持つ二つのグループに分かれた。一つめのグループはデタラメな推測よりも結果が悪く、長期予測ではチンパンジーにも敗れた。二つめのグループはチンパンジーには勝ったが差はそれほど大きくはなく、やはり自らの能力に対して謙虚になるべきと思われる理由がいくつもあった。たとえば「常に前回と同じ結果を予測する」あるいは「常に直前と同じ変化率が続くものとして予測する」といった単純なアルゴリズムと比べても、彼らの予測結果はわずかに良い程度だった。とはいえ、控えめなものとはいえ、この二つめのグループには多少の予測力があると言えた。

ではなぜ二つめのグループは一つめのグループより良い結果を出せたのか。博士号を持っていたとか、機密情報を利用できたといったことではない。「何を考えたか」、つまりリベラルか保守派か、楽観主義者か悲観主義者かといったことも関係ない。決定的な要因は彼らが「どう考えたか」だ。

一つめのグループは自らの「思想信条」を中心にモノを考える傾向があった。ただ、どのような思想信条が正しいか、正しくないかについて、彼らのあいだに意見の一致はなかった。環境悲観論者（「ありとあらゆる資源が枯渇しつつある」）もいれば、資源はふんだんにあると主張する者（「ありとあらゆるものにはコストの低い代替品が見つかるはずだ」）もいた。社会主義者（国家による経済統制を支持する者）もいれば、自由市場原理主義者（規制は最小限にとどめるべきだと主張する者）もいた。思想的にはバラバラであったが、モノの考え方が思想本位であるという点において彼らは一致していた。

複雑な問題をお気に入りの因果関係の雛型《ひながた》に押し込もうとし、それにそぐわないものは関係のない雑音として切り捨てた。煮え切らない回答を毛嫌いし、その分析結果は旗幟《きし》鮮明《せんめい》（すぎるほど）で、「そのうえ」「しかも」といった言葉を連発して、自らの主張が正しく他の主張が誤っている理由を並べ立てた。その結果、彼らは極端に自信にあふれ、さまざまな事象について「起こり得ない」「確実」などと言い切る傾向が高かった。自らの結論を固く信じ、予測が明らかに誤っていることがわかっても、なかなか考えを変えようとしなかった。「まあ、もう少し待てよ」というのがそんなときの決まり文句だった。

もう一方のグループはもう少し現実的な専門家の集まりで、直面した問題に応じてさまざまな分析ツールを駆使した。できるだけ多くの情報源から、できるだけ多くの情報を集めようとした。モノを考えるときには頭の中のギアを頻繁に切り替えるので、彼らの発言には「しかし」「だが」「とはいえ」「それに対して」といった転換語が目立った。確実性ではなく、可能性や確率に言及した。また「私は間違っていた」と認めるのは誰にとっても難しいものだが、このグループの専門家は最初のグループよりも素直に誤りを認め、考えを変えた。

何十年も前に哲学者のアイザイア・バーリンが書いた、非常に高く評価されているもののあまり知られていない論文がある。ここでバーリンはさまざまな時代の偉大な文筆家の思考パターンを比較しており、自らの分析結果を説明するため、二五〇〇年前のギリシャの戦士で詩人でもあったアルキロコスの言葉を引いている。

「キツネがたくさんのことを知っているのに対し、ハリネズミはたった一つ重要なことを知っている」。アルキロコスがキツネとハリネズミのどちらに肩入れしていたのかは明らかではないが、バーリンはキツネを支持した。私はどちらかに味方するつもりはないが、この比喩は私の研究データの本質をとらえているようで気に入った。私は特定の思想信条に固執する専門家を「ハリネズミ」、より折衷《せっちゅう》的な専門家を「キツネ」と名付けた。

キツネがハリネズミに勝った。しかもハリネズミが大胆にも九〇％、一〇〇％の確率を予測するのに対し、六〇％、七〇％といった安全策を取るといった臆病な手段で勝利したわけではない。キツネは正確さと明確さの両面でハリネズミに勝っていた。キツネには本物の先を読む力があったが、ハリネズミにはなかった。

なぜハリネズミの予測は、デタラメな推測よりも若干とはいえ劣っていたのか。この問いに答えるため、典型的なハリネズミの例を紹介しよう。[18]

ラリー・カドロウはCNBCの経済番組の司会者で、評論家としてもさまざまなメディアに登場している。ただ経済学者としてキャリアのスタートを切ったのはレーガン政権で、同政権の経済政策の理論的支柱であった経済学者アーサー・ラッファーとともに活動した。カドロウはサプライサイド経済学を信奉していた。ジョージ・W・ブッシュ大統領がサプライサイド経済学の処方箋に従って大規模な減税に踏み切ると、カドロウは好況の到来を確信し、「ブッシュ景気」と名付けた。

だが現実はそうはならなかった。経済成長と雇用は確かに拡大したが、長期的な平均値と比べるとやや見劣りし、特に大幅な増税とともにスタートしたクリントン前政権と比べると冴えなかった。しかしカドロウは自らの考えに固執し、評論家が気づいていなくても「ブッシュ景気」は予測どおり起きている、と何年にもわたって主張しつづけ、それを「常に看過《かんか》されているきわめて重要な事実」と呼んだ。すでに金融危機の最初の兆しが表れてから何カ月も経った二〇〇七年一二月、経済が危うさを増し、多くの専門家が景気後退が始まるのではないか、あるいはすでに始まったのではないかと懸念していたにもかかわらず、カドロウは楽観的だった。「景気後退など起きていない。むしろブッシュ景気はまさに七年めに突入しようとしているところだ」と書いている。[19]

全米経済研究所はその後二〇〇七年一二月を、二〇〇七年から二〇〇九年にいたる大不況が正式に始まった月と認めた。それから月を追うごとに経済は悪化し、懸念が強まっていったが、カドロウは意見を変えなかった。景気後退は起きていないし、これからも起きない、と主張した。二〇〇八年四月にホワイトハウスが同じ見解を示したときには、「いずれジョージ・W・ブッシュ大統領は我が国最高の経済予測能力の持ち主と言われるようになるかもしれない」と持ち上げた[20]。春が過ぎ夏に入るとアメリカ経済は一段と悪化したが、カドロウはそれを否定した。「われわれは現実の不況ではなく、心理的不況に陥っているだけだ」と[21]。九月一五日にリーマン・ブラザーズが破産を申請し、ウォール街が大混乱に陥り、世界金融システムが停止し、世界中の人々が真っ逆さまに落ちていく飛行機の乗客さながらに目を見開いてひじ掛けを握りしめるようになるまで、ひたすらそう言い続けたのである。

なぜカドロウはこれほど間違いつづけることになったのか。ハリネズミ型の専門家が予測を立てるときにはわれわれと同じように、まず鼻先越しの視点から世界を見る。これは自然なことだ。しかしハリネズミは「ゆずれない信条」を持っており、次に何が起こるか判断するときには常にそれを使おうとする。ゆずれない信条は、ハリネズミが常にかけているメガネのようなものだ。常にそのメガネを通じて世界を見る。しかもこれはふつうのメガネではない。L・フランク・ボームの『オズの魔法使い』に出てくるエメラルドの都で、訪れる者がみなかけなければならないメガネのように、レンズが緑がかっている。ときには現実世界の光景のなかで、ともすれば見落としがちな何かを際立たせるなど、役に立つこともある。裸眼では見落としてしまいそうなテーブルクロスのうっすらとした緑色のシミ、あるいは流れている水の淡い緑色の輝きなどだ。しかし緑がかったメガネは現実を歪めることのほうが多い。どこを見ても、何もかもが緑色に見える。しかしほとんどの場合、現実の色は違う。エメラルドの都ですら、本当はエメラルド色ではなかった。強制的に緑がかったメガネをかけさせられるので、誰もがそう思っていただけだ。

このようにハリネズミの思想信条は、予測の正確さを高めるのにはつながらない。むしろそれを歪める。しかも多くの情報を集めても役には立たない。すべてが同じ色のかかったメガネを通じて見られるからだ。それでハリネズミの自信は高まるかもしれないが、正確さは高まらない。これは非常にまずい組み合わせだ。予測の結果にどんな影響が出るかと言えば、「専門家の政治予測」調査に参加したハリネズミ型の専門家の予測の正確さは、自らのよく知っている分野（専門分野）ほど低くなる傾向が見られた。アメリカ経済はラリー・カドロウの専門だったが、二〇〇八年にその状況が次第に深刻化していくなかでも、カドロウには他の人々に見えていたものが見えなかった。彼にはすべてが緑色に見えたのだ。

とはいえ先を読み誤ったことで、カドロウのキャリアが傷ついたわけではない。二〇〇九年一月、アメリカ経済が大恐慌以来の深刻な危機に陥っているさなかに、CNBCではカドロウの新番組《ザ・カドロウ・レポート》がスタートした。これも「専門家の政治予測」の結果と一致している。つまり知名度と正確さには逆相関が見られたのだ。有名な専門家ほど、その予測の正確さは低かった。

これは編集者やプロデューサーあるいは一般大衆が、わざわざ能力の低い予測者を選んでいるためではない。彼らはハリネズミを選んでいるだけで、残念ながらハリネズミの予測能力は低いということだ。ハリネズミは思想信条をエネルギー源に、シンプルで隙のない明快なストーリーを語るので、聴衆は思わず引き込まれる。メディアの世界で訓練を受けた者なら誰でも知っているように、ここでは「KISSの法則（Keep It Simple, Stupid の略、「簡単に言えよ、このバカ」の意味）」が絶対だ。

さらに良いことに、ハリネズミ型は自信たっぷりだ。単一の視点に依拠し、他の視点やそこから生じる面倒な疑念や警告サインは一切考慮せず、「しかも」「そのうえ」と自分が正しい理由を積み上げていく。その結果、専門家の政治予測が示したように、ハリネズミは何かが絶対に起こる、あるいは起こらないと断定する傾向がある。聴衆はこれに満足する。ふつうの人は不確実性を好まない。「かもしれない」という表現は、まぎれもなく不確実性の表れだ。ハリネズミの単純明快さと自信は先を読む力に悪影響を及ぼすが、聞き手に安心感を与えるので、彼らのキャリアにはプラスに働く。

キツネ型はメディアではそれほど成功しない。ハリネズミ型ほど自信はなく、何かが「確実」あるいは「不可能」と言うことを避け、「かもしれない」といったぼんやりとした表現を選ぶ傾向がある。しかも彼らは一つの問題をさまざまな視点から見るので、その説明は「しかし」や「一方」という転換語が多く難解だ。このようにさまざまな視点を組み合わせるのは、テレビ向きではない。だが予測には役立つ、というより、不可欠な姿勢だ。

トンボの目

一九〇六年、イギリスの伝説的な科学者であるフランシス・ゴルトン卿は、農畜産物の品評会を訪れ、何百人という村人が一頭の雄牛について「血抜きをした後の重さ」を当てようとする様子を見守っていた。村人の予測の平均、つまり彼らの集団的判断は一一九七ポンド（一ポンドは約四五四グラム、五四三キログラム）で、正解の一一九八ポンドとは一ポンドしか差がなかった。

これはのちにジェームズ・スロウィッキーのベストセラー『「みんなの意見」は案外正しい』で有名になった、「群衆の英知」と呼ばれる現象が確認された初期のケースと言える。大勢の判断を集めると、常にその集団の平均的なメンバーよりも正確なものになり、ときにはゴルトン卿が目にした重量予測のように驚くほど正確な結果が出る場合がある、というのがそれだ。ただ集団的判断は、いかなる個人のそれより正確というわけではない。どんな集団にも、判断の正確さにおいて全体を上回る個人が存在する可能性が高い。ただ個人の予想が的中するのは、たいてい当人の能力というより運のおかげである。チンパンジーでも大量にダーツを投げればときには中心に命中することもある。実験を何度か繰り返せば、これがはっきりする。実験をするたびに、常に集団的判断よりも正確な判断をする個人はいるが、毎回その顔ぶれは違う。集合知を常に上回れるような能力の持ち主はまずいない。

これを「集合の奇跡」などと崇めたてるむきもあるが、奇跡の種明かしは簡単である。重要なのは、有益な情報は通常、大勢の人に分散されているということだ。一人めはほんの一片の情報、二人めはもう少し重要な情報、三人めはいくつもの情報を持っているといった具合に。ゴルトンが眺めていた雄牛の重量当てに参加していた人々は、それぞれの持っている情報を数字に変えていたのだ。肉屋が提供した数字には、長年にわたる訓練と経験から得られた情報が盛り込まれていた。頻繁に肉屋で買い物する男性も、多少の情報を追加した。三人めは去年の品評会でも雄牛の体重当てに参加し、その結果を覚えていた人かもしれない。そんな具合に、何百人もの有益な情報が積み重なると、そのうちの一人が持っていた情報をはるかに凌駕するような情報が集団には集まる。

もちろん中にはデタラメや勘違いもあり、有益な手がかりに匹敵する量の誤った手がかりが集まっていたかもしれない。しかしこれら二種類の手がかりの集合には、明らかな違いがある。有益な情報は特定の回答、つまり一一九八ポンドの周辺に集まるが、誤った情報はばらけるのだ。後者の中には正解より上のものと下のものがあり、相殺される。こうして有益な情報は積み上がり、誤った情報は相殺されていくので、最終的には驚くほど正確な見積もりに到達する。

集合知の質は、何を集めるかで決まる。何の知識もない人の判断を大量に集めても、あまり価値は高くない。少しでも知識がある人の判断を集めるほうがよく、それが十分な量集まれば驚くべき結果につながることもある。ただ最も効果的なのは、異なる分野についてそれぞれよく知っている人の判断を大量に集めることだ。そうすることで集団としての情報量ははるかに大きくなる。

情報の集合を集めること、すなわち集合の集合を作ることもすばらしい結果につながる。きちんと計画された世論調査というものは、有権者の意向についてたくさんの情報を集めるが、そうした調査を組み合わせた「世論調査の調査」はたくさんの情報の集合を一つの大きな集合にまとめることを意味する。ネイト・シルバー、サム・ワンをはじめとする統計学者が二〇一二年のアメリカ大統領選で行なったのはまさにそういうことだ。この「世論調査」はさらに他の情報源と統合することもできる。

学術的コンソーシアムによる「ポリーボート」というプロジェクトでは、選挙の事前調査、政治専門家の委員会による判断、政治科学者の開発した定量モデルなどさまざまな情報源を集めて大統領選挙の結果を予測する。一九九〇年代から予測を開始し、世論調査の結果や専門家の意見が変わったりするなかでも、最終的な勝者を予測し、それを最後まで堅持するなど優れた実績を挙げている。

ここでキツネタイプがどのように予測を立てるか見てみよう。単一の分析方法に依拠せず、さまざまな方法を使ううえに、情報も単一ではなく多数の情報源から集めようとする。そうして集めた情報から単一の結論を導き出す。要するに情報の集合を作っているのだ。単独で予測を立てているかもしれないが、実際にやっていることはゴルトンが目にした群衆と変わらない。異なる視点とそこに含まれる情報を統合している。違いはたった一人の頭の中でそれをやっていることだ。

とはいえ、このように頭の中で情報を統合するのが難しい場合もある。次のような数字当てゲームを考えてみよう。参加者はそれぞれゼロ〜一〇〇までの数字を選ぶ。全参加者の回答の平均値の三分の二に一番近い数字を挙げた者が勝者となる。簡単なルールだ。優勝者にはロンドン・ニューヨーク間のビジネスクラスのペア航空券が贈られる。

このコンテストは《フィナンシャル・タイムズ》が一九九七年に、行動経済学のパイオニアであるリチャード・セイラーに要請されて実施したものだ。私が一九九七年時点で《フィナンシャル・タイムズ》の読者だったら、どうすれば優勝してペア航空券を手に入れることができただろうか。まず誰もがゼロ〜一〇〇までの数を自由に予測できるとすれば、予測は無作為に分散するだろう。そうなると予測の平均は五〇になるはずだ。その三分の二なら三三だ。この時点ですでに私は自分にかなり満足している。これで正解だという自信がある。だが「ファイナルアンサー！」と宣言する前に、ふと他の参加者のことを考えてみる。すると彼らも同じ思考プロセスをたどったはずだと思いつく。ならば全員三三という答えにたどり着いたはずで、そうなると参加者の回答の平均は五〇ではなく三三になる。その三分の二なら二二だ。私が最初に出した結論は誤りだった。二二こそが正解だ。

ここまで来ると、自分がかなり賢い人間に思えてきた。だが、ちょっと待て！ 他の参加者も私と同じように、他の参加者の動きを考え、二二という答えを出したかもしれない。そうなると参加者の回答の平均は二二になり、その三分の二は約一五だ。すると正解は……。これがどういう結末になるか、想像がつくだろうか。参加者はお互いの存在を認識しており、しかもお互いに認識しあっていることを認識しているので、数字はこれ以上小さくなれないところまで小さくなっていく。すなわちゼロだ。これが私のファイナルアンサーである。これで私の優勝は間違いなしだ。この論理には一分の隙もない。おまけに高度な教育を受けてきたのでゲーム理論を知っており、このゼロがナッシュ均衡と呼ばれるものであることまでかわかっている。はい、一件落着。残る問題はペア航空券を使って誰と一緒にロンドンに行くかだ。

だが驚くなかれ。私は間違っていた。

実際のコンテストでも、多くの人がゼロという答えにたどり着いたが、それは正解ではなく、惜しくもなかった。全参加者の予想の平均は一八・九一だったので、優勝は一三を予想した人だった。なぜ私はこれほど見当違いな答えを出したのか。問題は論理ではなかった。論理はまっとうだった。失敗したのは、一つの視点、つまり論理という視点からしか問題を見なかったためだ。

他の参加者はどんな人々か。全員がこれほど緻密にモノを考え、正しい論理を考えつき、ゼロという最終回答にたどり着くまで徹底的にやり抜くタイプだろうか。《スター・トレック》に登場するバルカン人なら、間違いなくやるだろう。だが参加者はみな地球人であった。《フィナンシャル・タイムズ》の読者なら一般大衆より多少頭がいいかもしれないし、パズルも得意かもしれないが、そろいもそろって完全に合理的ということはあり得ない。なかには頭がなまくらで、他の参加者も自分たちと同じように真剣に問題を考えていることに気づかなかった者もいただろう。彼らの最終回答は三三だったはずだ。正しい論理を思いつき、二二という回答にたどり着いたが、そこで考えるのをやめてしまった者もいるかもしれない。それこそ現実に起きたことだった。回答の中で三三と二二が最も多かった。このような異なる視点からモノを考え、それを自分の判断に反映させなかったために、私は結果を読み誤ったのである。

私に欠けていたのは、二つの視点からこの問題を見ようとする姿勢だった。論理と心理の二つの視点から見て、その結果を組み合わせるべきだった。組み合わせるべき視点は二つとは限らない。セイラーの提唱した数字当てゲームでは、三つめの視点も容易に考えられるし、それを使えば判断の質はさらに高まるだろう。一つめの視点は合理的なバルカン人のそれである。二つめはときには合理的なこともあるが、やや怠《なま》け癖のある地球人。三つめの視点は、最初の二つの視点が存在することに気づき、自ら予想を立てるうえでそれらを統合した参加者である。《スター・トレック》のオリジナルのテレビシリーズのキャラクターの中では、ミスター・スポックこそが冷静なバルカン人であり、船医のマッコイはせっかちな地球人、カーク艦長は二人を合体させたような人物だった。数字当てゲームではスポックはゼロ、マッコイは三三（あるいは二二）と答え、カーク艦長がその両方を考慮しただろう。だからこれを「カーク艦長的視点」と呼ぶことにしよう。

コンテストの参加者にカーク艦長タイプが少ししかいなければ、彼らの回答が平均値に大きな影響を与えることはないかもしれない。だがたくさんいれば、彼らの高度な思考能力は重要な違いをもたらしたはずだ。われわれが判断を下すとき、この三つめの視点を取り入れることができれば、たとえわずかでもその正確さを改善できるだろう。容易なことではない。多くの視点を組み合わせるほど複雑になり、最終的判断を一〇、一一、あるいは一二にすべきかといった細かな見きわめが求められる。ただこれから超予測者の例で見ていくとおり、ときにはこのような細かな差異を見分ける能力が、単に優れた判断力と傑出した判断力を分けることもある。

しかも視点の数を三～四に限定する理由もない。数字当てゲームでは現実的にこの程度が限界かもしれないが、他の場面では四つめ、五つめ、あるいは六つめの視点を取り入れることでさらに判断を研ぎ澄ませられる場合もある。理論的には数に限界はない。このプロセスに最適な比喩は、トンボの視野だ。

人間と同じようにトンボにも目は二つあるが、その構造はまったく異なっている。それぞれの目はとても大きなふくらみのある球体で、その表面は小さなレンズでおおわれている。その数は種によって異なるが片目だけで三万個のレンズを持つものもあり、それぞれが隣のレンズとは少しずつ違う位置を占め、固有の視点をもたらす。トンボの脳にはこの何千、何万という個別の視点からもたらされる情報が流れ込み、そこで視野として合成される。こうしてできあがる非常に優れた視野によって、トンボはほぼ全方位を同時に、それも鮮明かつ正確に見られるために、高速で飛んでくる虫を捕まえることができる。

トンボのような大きな目のキツネというのはおよそ美しくない喩《たと》えだが、キツネの先読み力が緑がかったメガネのハリネズミより優れている重要な理由を表している。キツネタイプは複数の視点を統合するのだ。

残念ながら、われわれにとってこの統合というのは容易ではない。鼻先越しの視点は、自らの目に映る現実は客観的で正確なものであり、他の視点を取り入れる必要などないと主張する。そしてわれわれはあまりにもあっさりとそれを受け入れてしまう。別の視点から検討することが必要なのが明らかであっても、それをしない。

これがいやというほどはっきりわかるのが、ポーカーテーブルである。弱いプレーヤーでさえ、理屈のうえでは相手の目から情勢を見るのが不可欠であることはわかっている。相手が二〇ドル、ベット（賭け金）を上げると言う。そこから相手の思惑について、また相手の手札について、何を読みとるべきか。一つひとつのベットが、相手プレーヤーのカード、あるいは相手があなたに持っていると思わせたいカードについての手がかりとなり、それを読み解くには相手の立場になって考えてみるしかない。相手の視点に立つのが上手な者は、大金を稼げる。そう聞くと、真剣にポーカーをやろうとする者は早くそれに習熟しようとし、できなければあきらめて別の趣味を見つけようとすると思うかもしれない。だがそうならないことがきわめて多い。

プロのポーカープレーヤーとしてワールドシリーズの優勝経験もあり、大学院で心理学の博士課程にも在籍したことのあるアニー・デュークは「わかりやすい例があるのよ」と説明する。「ポーカープレーヤーなら誰でも、フォールド（降りる）、コール（乗る）、レイズ（掛け金を上げる）という選択肢があるのはわかっている。そしてエキスパート級ではないプレーヤーは、相手プレーヤーがレイズすると、自動的に相手の手札が強いと思い込むの。まるで賭け金と手札の強さに相関関係でもあるかのようにね」。だがそれは誤りだ。

デュークはポーカーを教えるとき、生徒にトンボのようなモノの見方を教えるため、実際のゲームの場面を体験させる。札が配られた。あなたは自分のカードを気に入ったとする。最初のラウンドで少し賭けることにした。すると対戦相手であるデュークがすぐに大幅なレイズをした。その場合、あなたはデュークの手札についてどう思うか？　これまで何千人もの生徒を教えてきたが、誰もがきまって「本当に強いカードを持っているのだと思う」と答える。

そこで今度は同じ状況で、自分とデュークの立場を逆転させてほしい、と言う。カードが配られた。あなたの手札は強いどころではない、絶対負けないはずだ。そこでデュークが賭けると言う。あなたはどう出るか。レイズするか。すると生徒はみな「まさか、そんなことはしない」と答える。レイズしたら強いカードを持っていると悟られ、デュークが賭けを降りてしまうかもしれないじゃないか、と。相手を怖がらせたくはない。何ラウンドも賭けを繰り返すあいだ、ずっととどまってもらい、賭け金の総額をできるだけ膨らましておいてから最後にかっさらいたい。だからレイズはせず、コールだけにする。

続いてデュークは同じような仮想ゲームを、今度は負ける可能性はあるものの、それでもかなり強いカードでプレイさせる。今度はレイズするか、と聞くと、しないという答えが返ってくる。ではもう少し弱いが、それでも勝てそうな手ならどうか。それでもレイズはしない。

「みんなどんなにすばらしいカードがそろっていても、私が降りてしまっては困るからと、絶対にレイズしようとはしないの」。そこでデュークは生徒たちに尋ねる。自分に強いカードがそろっていてもレイズしないのに、なぜ相手がレイズしたら強い手を持っていると思うのか、と。「この演習をしてみて、みんなようやく自分がどれほど敵の視点でテーブルを見られていないかわかるのよ」とデュークは言う。

　デュークの教え子がみなバケーションに来ている退職者で、初めてポーカーをやってみるという人なら、素人はモノを知らないという話で済む。だが「私の生徒はかなりポーカーの経験があり、ポーカーが大好きだしそこそこ上手だと思っているので、一〇〇〇ドルも払って私のセミナーに来るような人々よ。それなのにこんな基本的な概念すら理解していないなんて」とデュークは言う[22]。

　自分自身と距離を置き、現実をまったく別の角度から見るというのは本当に難しい。しかしキツネタイプはそれをやってみようとする傾向がある。性格なのか、習慣なのか、あるいは意識的努力の賜物《たまもの》なのかはわからないが、他の視点から考えてみるという困難な作業に取り組もうとする。

　ただ「世の中には二種類の人がいる。二種類の人がいると思う人と、そう思わない人だ」という定番ジョークがあるが、私は後者だ。「キツネ型とハリネズミ型」というのは二項対立ではなく、なめらかに変化するスペクトルの両極である。「専門家の政治予測」では分析をさらに発展させ、「ハイブリッド型」というものを提唱した。「ハリネズミ的キツネ」は多少ハリネズミの極に寄ったキツネであり、「キツネ的ハリネズミ」は多少のキツネ的要素を持ったハリネズミである。ただ分類を四つに増やしてみたところで、あらゆる人の思考スタイルを完全にとらえることはできない。われわれは状況の違いに応じて思考スタイルを変えられるし、実際に変える。たとえば職場では冷静かつ打算的に思考する一方、買い物中は直観的かつ衝動的に思考するといった具合に。またわれわれの思考習慣も不変ではない。ときには自分でも気づかないうちに変化することもある。それと同時に意識的に努力することで、一つの思考モードから別のモードへとギアチェンジすることもできる。[23]

人間性の奥深さを捉えられるモデルなど存在しない。モデルは物事を単純化するためにあり、だからこそ最高のモデルにも欠陥がある。だがモデルは必要なものでもある。われわれの頭の中にはさまざまなモデルが詰まっている。それなしには何もできない。またモデルの中にはかなり現実に近似していて有効なものもある。統計学者のジョージ・ボックスは「あらゆるモデルは誤っている。だが中には有益なものもある」と指摘する。キツネ型とハリネズミ型のモデルはゴールではなく、出発点だ。

ダーツを投げるチンパンジーというジョークのオチは忘れよう。重要なのは「専門家の政治予測」プロジェクトによって、わずかながら本当に予測力というものが存在し、その最も重要な構成要素はモノの考え方であると確認されたことだ。次のステップは、この発見をどのように発展させていくかだ。

「われわれはイラクは国連の決議と制限に背き、大量破壊兵器計画を継続してきたと判断する。イラク政府は生物化学兵器のみならず、国連の制限を超える射程のミサイルも保有している。この状態を放置すれば、この一〇年以内におそらく核兵器を保有することになるだろう[1]」

淡々とした書きぶりではあるものの、二〇〇二年一〇月に公開された報告書の冒頭文に国民の目は釘づけになった。テロリストが九・一一の惨劇を引き起こしたのはその一三カ月前で、アメリカはすでにウサマ・ビンラディンをかくまうタリバンを壊滅させるべくアフガニスタンに侵攻していた。続いてジョージ・W・ブッシュ政権の関心が向かったのはサダム・フセイン率いるイラクだ。イラクはアルカイダとつながりがある、九・一一にも加担していた、中東諸国とその石油産出を脅《おびや》かす存在である、国連に要求されていた大量破壊兵器の破壊を実施しておらず、むしろその保有量を増やしており、日増しに危険な存在になっている。サダム・フセインはヨーロッパを、さらにはアメリカまで攻撃する能力を手に入れたか、まもなく手に入れるであろう、とホワイトハウスは主張した。

批判的な勢力は、政権はイラク侵攻の意思をとっくに固めていて、生々しい言葉（コンドリーザ・ライス国務長官の「決定的証拠がキノコ雲に変わるのは誰も望んでいない」といった発言など）で脅威を誇張して戦争への支持を集めようとしていると反論した。[2] そんななかで公表されたのが「国家情報評価書（NIE）二〇〇二‐一六HC」である。

NIEは中央情報局（CIA）、国家安全保障局（NSA）、国防情報局（DIA）のほか一三の情報機関の合意した見解だ。これらの機関は総称して「インテリジェンス・コミュニティ（IC）」と呼ばれる。

正確な数字は機密情報だが、ざっくりとした推計ではICの年間予算は五〇〇億ドル以上、雇用者数は一〇万人とされる。このうち二万人が情報分析官で、その職務は情報を集めることではなく、集まった情報の意味を理解し、国家安全保障への意味合いを判断することだ。[3] このおそろしく複雑で金のかかる経験豊富な諜報装置が、二〇〇二年一〇月にイラクの大量破壊兵器に関するブッシュ政権の基本的見解は正しいと結論づけたのだ。

多くの人にとり、これは説得力があった。情報機関の役割は権力に真実を伝えることであり、たまたまそのとき権力の座にある政治家の聞きたいことを代弁することではない。NIEによって問題は決着したように思われた。いまやサダム・フセインが大量破壊兵器計画を積極的に推進して殺人兵器を製造し、脅威が高まっているのは事実となった。この事実にどう対応するかはまた別の問題だが、事実そのものを否定できるのは政治的駆け引きで目のくらんでいる者だけだ。トーマス・フリードマンのようなブッシュ政権を「ブッシーズ」とバカにしていた辛辣な批判勢力ですら、サダム・フセインが何かをどこかに隠していると確信した。

今日《こんにち》、われわれはこうした「事実」が誤りであったことを知っている。二〇〇三年にイラクに侵攻したアメリカ軍は、イラク国内で大量破壊兵器を探し回ったが、結局何も見つからなかった。これは現代史に残る、おそらく最悪といっても過言ではない諜報活動の失敗である。ＩＣのメンツは丸つぶれだった。メディアは激しく非難し、公的な調査が実施され、さらには情報機関幹部が聴聞会に呼ばれ、しかめ面に冷や汗を浮かべて議会委員の厳しい追及に答えるといったおきまりの儀式が繰り広げられた。

いったい何を誤ったのか。一つの説は、ＩＣがホワイトハウスの圧力に屈したというものだ。情報機関は政治利用された、と。しかし公式調査はそれを否定した。ロバート・ジャービスも同意見で、私にとってはこちらのほうが説得力がある。ジャービスは四〇年にわたり、情報機関について洞察力に富む超党派の研究を続けてきた実績があるからだ。ジャービスは著書『なぜ情報活動は失敗するのか』（*Why Intelligence Fails*、未邦訳）の中で、ＩＣがなぜ一九七九年のイラン革命を予見できなかったか（ジャービスはＣＩＡの依頼で事後調査を行なったが、その結果は数十年にわたり機密情報とされてきた）、そしてなぜサダム・フセインの大量破壊兵器について誤った警告を発したか、という二つの問題を徹底的に分析した。後者についてジャービスは、ＩＣの出した結論は嘘偽りのないものだったと結論づけている。そして理にかなっていた、と。

「だが結論は理にかなっていなかったじゃないか」と思われるかもしれない。「間違いだったろう」と。その反応はよく理解できるが、それも間違っている。思い出してほしい。問題は「ＩＣの判断が正しかったか」ではない。「ＩＣの判断は理にかなっていたか」だ。この問いに答えるには、当時この判断を下した人の立場になってみる必要がある。つまり当時彼らに入手可能であった情報だけを見て判断する必要があるのだ。そしてその証拠が実質的に地球上の主要な情報機関すべてが自信の度合いの差こそあれ、サダム・フセインが何かを隠しているという疑念を抱く──それもフセインが隠しているものを実際に見たからではなく、フセインが何かを隠しているようなそぶりを見せた、という理由に基づいて──のに十分なものだった。アメリカの侵攻を招き、自らの失墜につながるリスクを冒してまで、フセインが国連の武器査察官を避けようとする理由として他に何が考えられるのか。

しかし心理的なタイムトラベルほど難しいことはあまりない。歴史家にとってさえ、その後起きたことについての自らの知識に影響されずに、過去の人物の立場になりきるのはとても大変だ。だから「ＩＣの判断は理にかなっていたか」という問いに答えるのは難しい。一方「ＩＣの判断は正しかったか」に答えるのは簡単だ。第2章で指摘したように、このような状況ではわれわれはすり替えの誘惑にかられる。難しい質問を簡単なものにすり替え、回答し、それで難しい質問に答えたと思い込むのだ。

「それは優れた判断であったか」を「それは正しい結果をもたらしたか」にすり替えるのはよくあることで、またたちが悪い。優れたポーカープレーヤーは、これをビギナーに特有の愚かな間違いと見る。ビギナーは次のカードが勝利をもたらす可能性を過大評価し、大金を賭け、運に恵まれて勝利することもある。しかし勝利したからといって、愚かしい賭けが後から賢い賭けに変わるわけではない。反対にプロが、勝利する確率はきわめて高いと正しく分析し、大金を賭け、不運にも負けることはあるかもしれないが、だからといってその賭けが愚かだったわけではない。優れたポーカープレーヤー、投資家、企業経営者はみなこれをわかっている。わかっていなければ経験から誤った教訓を引き出し、その結果次第に判断の質が低下し、自らの分野で優れた成果を出しつづけることができなくなる。

このようにロバート・ジャービスも指摘したとおり、ICの結論は合理的であると同時に誤っていたというのは矛盾ではない。ただし（そしてここが重要なのだが）ジャービスはICを無罪放免としたわけではない。ICの分析について「誤りがあったというだけでなく、なかには修正可能なものもあった。分析の質はもっと高められたし、またそうすべきであった」と述べている。それによって状況は変わっていただろうか。ある意味では、変わらなかったかもしれない。「その結果、情報機関の評価は根本的に誤った結論につながらず、もっとあやふやなものになっていただろう」。つまりサダム・フセインは大量破壊兵器を持っているというICの判断は変わらなかったかもしれないが、その判断への確信はずっと弱まっていたかもしれない。

ずいぶんと手ぬるい批判に聞こえるかもしれない。この違いのもたらした結果は重大であった。ICの出した結論がそれほど自信に満ちたものでなければ、事態はまったく違っていいたかもしれない。連邦議員の中に侵攻を支持する条件として、フセインの大量破壊兵器保有に「合理的な疑いを差し挟む余地がないこと」を挙げていた者がいれば、フセインが大量破壊兵器を製造している確率が六〇〜七〇%という評価では納得しなかっただろう。連邦議会の武力使用を認める決議は可決されなかったかもしれず、アメリカはイラクに侵攻しなかったかもしれない。数千人の命と数兆ドルの資金のかかった判断というのは、それほどあるものではない(4)。

だが「NIE二〇〇二－一六HC」は六〇〜七〇%とは言わなかった。「イラクは（大量破壊兵器計画を）継続してきた」「イラク政府は保有している」と書いたのである。このような文面には、意外性の入り込む余地は一切ない。「太陽は東から昇り西へ沈む」というのと同じだ。二〇〇二年一二月一二日のホワイトハウスでのブリーフィングで、ジョージ・テネットCIA長官は「スラムダンク（確実）」という表現を使った。のちにこの表現が文脈から切り離されて一人歩きした、と抗弁したが、それは重要ではない。というのも「スラムダンク」という表現にはICの態度が凝縮されていたからだ。

これは異例のことだった。情報分析には常に不確実性（それも少なからぬ量の）がつきまとうからだ。分析官はそれを心得ている。それにもかかわらずイラクの大量破壊兵器については、ICは傲慢さのワナにはまった。その結果、判断を誤っただけではない。誤っているはずがないと言いきるという過ちを犯した。事後調査では、ICは自らが誤っているかもしれないという考えすらまともに検討しなかったことも明らかになった。

「支配的見解に対して異を唱える『レッドチーム』もなければ、敢《あ》えて批判的立場から分析する者もおらず、競合する可能性を提示する文書もなかった。何より衝撃的なのは、いま真実と見られていることに近い見解を示した者が一人もいなかったことだ」とジャービスは書いている。大統領による調査報告も辛辣にこう指摘している。「サダム・フセインが禁じられた武器開発計画をやめたのを見きわめられなかったのと、その可能性を検討もしなかったのは、まったく別の問題だ(5)」

ICは巨大な官僚組織であり、大失敗の衝撃に反応するにも時間がかかる。ジャービスは情報機関が一九七九年のイラン革命を予見できなかった問題(当時としては最悪の地政学的失敗)について事後報告を提出したあと、どうなったか私に語ってくれた。「(CIAの)政治分析室長に面会したところ『われわれから何も連絡がないことで、あなたは自らの懸念がすべて妥当なものだったと確信を深めているかもしれない。でもあなたとはきちんとした会合を設け、提示された懸念についてしっかり分析し、議論するつもりだ』と言われた。それっきりだ。会合はついぞ開かれることはなかった」。ただ大量破壊兵器問題の衝撃は、そのときとは違った。官僚組織は根底から揺らいだ。「彼らはこの衝撃を真摯に受け止めた」とジャービスは語る(6)。

二〇〇六年には情報先端研究計画局(IARPA)が発足した。その任務は、インテリジェンス・コミュニティをより優秀で有効なものにするのに役立ちそうな先端的研究に資金を出すことである。IARPAはその名前からもうかがえるように、軍事関連の研究によって現代社会に大きな影響を及ぼしてきたことで知られる「国防高等研究計画局（DARPA）」をモデルにしている。DARPAの活動はインターネットの発明にも貢献したほどだ。二〇〇八年にはアメリカの一六の情報機関のネットワークの頂点に位置する国家情報長官室が、アメリカ学術研究会議（NRC）にある委員会の設置を要請した。その任務は優れた判断に関する研究成果を統合し、ICがそれを有効活用するのを支援することだ。アメリカ政府の基準に照らせば、大胆な（あるいは無謀な）行動と言えた。官僚組織が世界有数の権威ある学術機関に、「官僚組織は愚かである」という結論に到達しかねない客観的報告書の作成を依頼するというのは、きわめて異例のことである。

委員会には幅広い学問分野の著名な科学者が選任され、心理学者のバルーク・フィッシュホフが委員長となった。私もその一員に選ばれたのは、二〇〇五年に刊行された著書『専門家の政治予測』の「あなたはダーツを投げるチンパンジーに勝てるか」という問いかけによって議論を巻き起こしたからだろう。二年後に委員会が提出した報告書は、一〇〇％アーチー・コクラン的だった。「検証するまで信じるな」というのがそのメッセージだ。報告書にはこう書かれている。

「ICは分析手法として、十分に立証された行動原則に反するもの、あるいは直観的魅力のほかに有効性を示す根拠のないものに頼るべきではない。できるだけ現実的な状況下で、現行の、あるいは提案されている分析手法を厳格に検証すべきである。このように分析にあたってエビデンスにもとづくアプローチをとることで、ICが国家の敵よりも賢く、機敏になるために必要な継続的学習が推進されるだろう」[7]

単純な発想ではあるが、医学界でも長きにわたってそうであったように、見過ごされることが多い。たとえばCIAは分析官に、元分析官のリチャード・ホイヤーが作成したマニュアルを配布するが、そこでは分析官の思考を歪める可能性のある偏見など、心理学から得られた有益な知見が説明されている。よくできた文書である。分析官に基本的な心理学の知識を与えれば、認知的ワナに陥るのを防ぎ、より優れた判断を下すのに役立つという発想は理にかなっている。だがそれは真実だろうか。それは誰にもわからない。検証されたことがないからだ。この教材は直観的な説得力があるので、検証の必要はないと考える分析官もいる。どこかで聞いたような話ではないか。

五〇〇億ドルがかかった「情報分析官の予測はどれほど正確なのか」という質問すら、答えることはできない。もちろん、そんなことはわかっているという者もいるだろう。情報機関の高官は、ICの予測の八〇〜九〇%は正しいと主張するかもしれない。しかしそれは単なる憶測に過ぎない。自らの治療が患者の八〇〜九〇%には有効だと確信していた一九世紀の医師らと同じように、彼らの憶測は正しいかもしれないし、ほぼ正しいかもしれないし、あるいはとんでもなく間違っているかもしれない。正確性を測る基準がない以上、情報分析官に自らの正確性について責任を問う有意味な手立てはない。

ここで「有意味な」という言葉を使ったことに注目してほしい。質の悪い予測のために国家情報長官が議会に引きずり出されるのは、正確性の責任を問うためだ。議会は無知で気まぐれで、政治的スタンドプレー以外に何の足しにもならないかもしれないが、それでもここで行なわれているのは責任の追及である。

対照的に有意味な責任追及は、何かが失敗したときに単に腹を立てるだけで終わらない。正確性を体系的に追跡していく。その判断に至るまでに提示されたすべての理由をさかのぼっていく。しかしインテリジェンス・コミュニティの予測については、組織的評価がされてこなかった。

そこにあるのはプロセスに対する責任だけである。情報分析官は、調査、検討、判断を下す際に何をするべきか教わっており、そうした基準に対して責任を問われる。「代替的な仮説を検討したのか」「予測と矛盾するようなエビデンスを探したか」といった具合に。

これも合理的なやり方ではあるが、予測を立てるうえで重要なのは「予測に必要なチェックリスト」の項目を一つずつ潰していくことではない。何が起こるかを読むことだ。正確性ではなくプロセスに責任を持たせるのは、医者に手を洗い、患者を診察し、すべての兆候を検討することを求めつつ、治療が効いているか否かを確認しないのと同じである。

このようなルールで動いているのはインテリジェンス・コミュニティだけではない。世の中でどれほど多くの組織が、正確性の確認など歯牙にもかけずに予測を立てたり、買ったりしているかは驚くほどである。ただイラクの大量破壊兵器問題での大失態、NRCの報告書、さらには一部の熱心な政府職員の努力のおかげで、ICはこの問題に手を打つことにした。もう少し正確に言うと、手を打つことにしたのはIARPAだ。

IARPAという政府機関は、インテリジェンス・コミュニティに関わりのない人にはほとんど知られていないが、それも故あってのことだ。

IARPAにはコートの中に短刀を隠し持ったスパイも、情報を解釈する分析官もいない。その任務はICの能力を改善する可能性のあるハイリスク・ハイリターンな研究を見つけ、支援することだ。この点においてIARPAはDARPAに似ているが、DARPAのほうが規模が大きく、歴史が長く、また胸の躍るような技術に資金を出すことも多いのではるかに知名度は高い。インテリジェンス絡みのプロジェクトにそれほどの派手さはないが、国家安全保障にとっての重要性は変わらない。

二〇一〇年夏、ジェイソン・マセニーとスティーブ・リーバーという二人のIARPA職員がバークレーにやって来た。バーバラ・メラーズと私は、いかにも観光客が喜びそうなサンフランシスコのホテルで彼らと会ったが、そこで聞いたニュースは窓の外の眺めに負けないほどすばらしいものだった。IARPAはNRCの報告書に記載された主要な提案を実行してみることにしたのだという（絶対たなざらしになる、と私が自信を持って予測していた提案だ）。情報分析官が日々行なっているような予測を立てるのに最適な方法を編み出せるのは誰か、IARPAがスポンサーとなって大規模なトーナメントを実施するというのである。

チュニジア大統領は来月逃亡し、豪華な亡命生活に入るか？　今後六カ月間でH5N1型インフルエンザの蔓延によって中国で一〇人以上死亡するか？　今後一二カ月間で一ユーロは一・二〇ドル以下に下落するか？　など、IARPAが求めていたのは、難易度のストライクゾーンにはまるような問題、つまり《ニューヨーク・タイムズ》をしっかり読んでいる読者なら誰でも回答できてしまうほど易しくはなく、かといって地球上の誰一人答えられないほど難しいものではないといった問題だ。

IARPAはこのようなストライクゾーンが、予測能力の高い人材を探すとともに、予測能力を高める新たな訓練方法を検証するのに最適だと考えた。IARPAが提案したトーナメントのつくりは、私が「専門家の政治予測」プロジェクトで実施したそれとはかなり違ったものになりそうだった。たとえば彼らの設問のうち最も予測期間の長いものでも、私が出した最も予測期間の短いものより短かった。正確な予測がほぼ不可能であることがわかっているような課題を出すことで、無駄にコストをかけるのは避けたかったのだ。人間の視覚システムではどうやっても一〇〇メートル先に掲げられたスネレン視力表の一番下の文字を読むことなどできず、今から死ぬまで目の筋肉を鍛えてもそれは変えられない。専門家の政治予測をはじめとするさまざまな研究が証明してきたように、人間の認知システムでは数年先の個人や国の変化を見通すことは絶対にできない。どれほどしゃにむに研究をしても、そんな超予測力の持ち主は見つからない。

IARPAの計画はトップクラスの研究者に資金を出し、ストライクゾーンの設問について正確な確率を見積もるトーナメントに参加させるというものだった。[8] 研究チームはお互いに競いあうのに加えて、独立した対照群とも競う。研究チームは対照群の総合的な予測（つまりは「群衆の英知」）に勝たなければならない。それもかなり困難と思われる大差をつけて。ＩＡＲＰＡはトーナメントの一年めには基準（対照群）に対し二〇％、そして最終年となる四年めには五〇％の差をつけることを求めていた。

とはいえ、これはＩＡＲＰＡのもくろみのほんの一端に過ぎない。各チームはアーチー・コクラン流の実験、すなわちチーム内の対照群を使いながら本当にうまくいく方法を検討することが認められた。たとえば研究チームが、被験者に基本的トレーニングを受けさせることで予測の正確さが高まるかもしれないと考えたとする。だが全被験者に一斉にトレーニングをしたらどうなるか。予測の正確さが上がったら、トレーニングが効いたせいかもしれないが、単に設問がやさしかった、あるいは運に恵まれただけかもしれない。逆に正確さが落ちたら、トレーニングが無意味だったのかもしれないし、あるいはトレーニングをしていなければ結果はさらに悪化していたかもしれない。正解はまったくわからない。どこかで聞いた問題ではないか？　そう、医学の歴史を通じて医師らが直面してきたものと同じである。アーチー・コクランがその解決策を見いだした。自分が知らないことを知っているフリをするのはやめ、実験するのだ。無作為に選んだグループだけにトレーニングを施し、別のグループにはしない。それ以外の条件は一定にし、結果を比較する。訓練を受けたグループの正確さが上がっていて、受けていないグループが変わらなければ、訓練は有効だったということだ。

研究チームは思いつくかぎりのやり方を実践することができたが、それには予測を立ててくれるたくさんの被験者が必要だった。私のチームはブログや仕事上のネットワークを通じて宣伝に努めた。「世界の未来を予測してみたくはないか？　そのチャンスがここにある。しかも自宅を離れることなく、毎日わずかな時間を使って政治・経済関連の問題を考え、最高と思われる予測を立ててくれるだけでいい」と。努力は報われ、一年めには数千人のボランティアが名乗りを上げ、そのうち約三二〇〇人が一連の心理測定テストに合格し、予測を開始した。われわれは自らのチームと研究プログラムを「優れた判断力プロジェクト（GJP）」と名付けた。

このような規模のプロジェクトには、毎年数百万ドルの費用がかかる。だがIARPAの試みが役所にしてはかなり大胆であったのは、費用のためではない。いずれにせよインテリジェンス・コミュニティは年間五〇〇億ドルという、多くの国のGDPを超える予算を使っているのだ。そのそびえたつ札束の山と比べれば、IARPAのトーナメントなど蟻塚のようなものだ。この試みが大胆であったのは、とんでもない結果が出る可能性があったためだ。

たとえばこんな結果が出たらどうか。二〇〇人ほどの素人に、地政学的出来事を予測させたとする。彼らがどれくらいの頻度で予測を更新するか、最終的な予測がどれぐらい正確だったかを調べ、その情報をもとに四〇～五〇人のトップグループを選ぶ。それからすべての被験者にたくさんの予測を立ててもらう。今度は全被験者の予測の平均（「群衆の英知」）を計算するが、このときトップグループの四〇人の予測に多少の重みづけをする。こうして得られた予測に、最後のひねりを加える。「極端化」、つまり確率を一〇〇％かゼロに近づけ

るのである。たとえば予測が七〇%と出たら八五%に増やし、三〇%なら一五%に抑えるのである。(9)

この方法で得られた予測が、ありとあらゆる集団あるいは手法に大差で勝ったとする。政府機関で働く、機密情報も利用できるプロの情報分析官にすら勝ったとする(もちろんどれぐらいの差をつけたかは機密情報になるが)。

地政学的出来事の予測に人生をささげてきたインテリジェンス・コミュニティのプロフェッショナルにとって、これがどれほど衝撃的なことか想像してみてほしい。数百人の素人と単純なアルゴリズムの組み合わせに敗れる、ということの衝撃を。

実際、まさにこれが起きたのである。今説明した方法は、われわれがIARPAのトーナメントで勝ったときに使ったものだ。特別革新的なものではない。最後の極端化するというひねりも、かなり単純な発想に基づいている。大勢の判断を組み合わせて「群衆の英知」を計算するというのは、この人々のあいだにバラバラに存在していた有益な情報を統合することに他ならない。ただこの集団のなかで一人として、この情報をすべて知っていた者はいない。一人めはそのほんの一部、二人めはそれより多少多いぐらい、といった具合に。その一人ひとりに集団内に存在している全情報を与えたらどうなるか。自信が高まり、予測は一〇〇%かゼロに近づくだろう。それから「群衆の英知」を計算すれば、同じようにもっと極端な数字になるはずだ。もちろん全員に有益な情報を与えるというのは不可能なので、それができた状況をシミュレートするために結果を極端化したのである。

ＩＡＲＰＡのおかげで、いまでは数百人の素人と単純な数式によって、数十億ドルの予算に支えられたプロ集団と互角に戦えるだけでなく、勝利できることが明らかになった。[10]

しかもＩＡＲＰＡがこのプロジェクトに取り組むことにした結果、明らかになった衝撃的な事実はこれだけではない。アルゴリズムの力など一切借りなくても、ＩＣに勝利できる一般人の存在が確認されたらどうか。それがどれほど恐るべき事態か想像してみてほしい。

薄くなりはじめた髪に白髪交じりの顎ひげをたくわえ、眼鏡をかけたダグ・ローチはおよそ誰かの脅威になるような人物には見えない。ＩＢＭの元コンピュータ・プログラマで、いかにもそれらしい風貌だが、すでに退職している。カリフォルニア州サンタバーバラの閑静な住宅街で、美しい水彩画を描く芸術家の妻と暮らしている。フェイスブックで使うアバターはアヒルだ。趣味はお気に入りの赤いマツダ・ロードスターのコンバーチブルでカリフォルニアの太陽の下、風を頬に受けながらドライブすることだが、それだけではたいした暇つぶしにならない。

国際問題に専門的知識はないが、世の中で起きていることに対する健全な好奇心はある。《ニューヨーク・タイムズ》を購読しており、地図上のカザフスタンの位置も言い当てることができる。そこでＧＪＰにボランティアとして参加することにした。一日一回一時間程度、ダグの自宅のダイニングテーブルは予測センターとなる。そこでノートパソコンを開き、ニュースを読み、世界の行方を占う。

一年めにダグは「セルビアは二〇一一年一二月三一日までに正式にＥＵ加盟候補国となる

か」「ロンドン金値《きんね》決め価格は二〇一一年九月三〇日までに一オンスあたり一八五〇ドルを超えるか」といった設問一〇四個に回答した。それだけでも大変な量の予測だが、実際にはもっと大変な作業だった。

私が実施した「専門家の政治予測」調査では、専門家は一つの設問あたり一回しか回答させず、それをあとで採点した。対照的にIARPAのトーナメントでは、被験者は予測をリアルタイムに更新していくことが奨励されていた。たとえばある設問の期限が六カ月後に設定された場合、被験者は最初の予測として期限までにその出来事が起こる確率を六〇%と予測したとする。その翌日、何か記事を読んだ結果、確信を深めて予測を七五%に引き上げる、といったことが可能なのだ。採点するうえでは、この二つはそれぞれ別の予測として扱われる。それから一週間、被験者が予測を変えなければ、予測はこの七日間七五%にとどまる。その時点で何か新たな情報を得て、予測を七〇%に下げると、次に変更するまでそれがこの人物の予測となる。

このプロセスが六カ月後に設問が完了するまで続く。その時点で被験者の予測はすべて合《がっ》算《さん》され、この設問に対する最終的なブライアー・スコアが算出される。たった一つの設問に対して、これだけのことが行なわれるのだ。四年間のトーナメント期間を通じて、GJPに参加した数千人の被験者は国際問題について約五〇〇の設問を出され、合計で優に一〇〇万個を超える予測を立てた。個人レベルで見ても、すぐに大変な数になる。ダグ・ローチは一年めだけで一〇〇〇個近い予測を立てた。

量だけでなく、ダグの予測の正確さも目を見張るものだった。一年めが終わった時点で、ダグの通算ブライアー・スコアは〇・二二となり、GJPに参加した二八〇〇人の被験者のなかで第五位となった。すでに説明したとおり、ブライアー・スコアとは予測と現実の乖離を測る指標であり、現実を完全に読み誤ったら二・〇、当てずっぽうで答えれば〇・五、予測が的中すればゼロとなる。だから与えられた設問の難しさを考えれば、〇・二二というのはどう見てもすばらしい結果である。

二〇一一年一月九日に出された次の設問を考えてみよう。「イタリアは二〇一一年一二月三一日までに債務再編あるいは債務不履行をするか」。いまでは正解が「しない」であることがわかっている。これで〇・二二のスコアをとるには、設問が有効であった一一カ月にわたり、およそ六八％の確信を持って「しない」と言いつづけなければならない。この時期のユーロ圏が相次ぐ金融パニックに襲われていたことを思えば、なかなかできることではない。ダグが合計で〇・二二を取るには、ほかのすべての設問についても平均してこれぐらいの正確さが求められる。

二年めには超予測者のグループに入ったダグは、さらに良い結果を出した。最終のブライアー・スコアは〇・一四となり、二八〇〇人のGJPボランティアのトップに立った。同じ設問の結果に応じて先物契約を売買するトレーダーの予測市場に対しても、四〇％の差をつけて勝っている。極端化アルゴリズムにすら勝利したのは、ダグ一人だ。しかも対照群の「群衆の英知」に勝っただけでなく、六〇％以上の差を付けた。つまりIARPAが数百万ドルを投じて、予測の正確さ向上に関するありとあらゆる知見を動員して達成しようとしていた四年後の到達指標を、たった一人でクリアしてしまったのである。

人間に適用しうるあらゆる指標に照らして、ダグ・ローチの結果は驚異的だった。神のような全知全能を意味するゼロというブライアー・スコアと比べればダグの結果などたいしたことはないと言うのは、絶頂期にあったタイガー・ウッズをホールインワンが取れないのはおかしいとあざ笑うのに等しい。

こうしてダグ・ローチは脅威となった。この分野での学歴や職務経験はなく、機密情報へのアクセスもない。受け取っている唯一の報酬は、毎シーズンの終了後にボランティア全員に配られる二五〇ドル分のアマゾンのギフト券だけだ。ダグ・ローチは切手収集やゴルフ、飛行機のプラモデルづくりにいそしむかわりに予測を立ててみただけの退職者である。それにもかかわらず、機密文書を読むことができ、CIAから本部の執務スペースと給料をもらっているベテラン情報分析官ですらまるで歯が立たないほどの成績を収めた。そうなるとアメリカ政府は地政学的予測に毎年数十億ドルを投じる代わりに、ダグにギフト券を与えて予測を立てさせればいいじゃないか、と思う人が出てきてもおかしくない。

もちろんダグ・ローチがただ一人の、たぐいまれな才能に恵まれた賢人であったなら、現状に対するそれほどの脅威にはならない。一人の人間ができる予測の量などたかが知れている。だがダグ一人が特別だったわけではない。ネブラスカ州に住む農務省の元職員、ビル・フラックについてはすでに触れた。二八〇〇人のボランティアのうち、一年めに抜群の成績を収めた者は他に五八人おり、彼らが超予測者の第一陣となった。一年めが終了した時点で、彼らの集団としてのブライアー・スコアは〇・二五だった。それに対して彼らを除くボランティア全体のスコアは〇・三七で、両者の差は年を追うごとに広がっていき、トーナメントの四年めには超予測者のグループは一般人の成績を六〇％以上上回った。

超予測者のグループの優秀さを示すもう一つの指標は、どれだけ先を見通せるかだ。トーナメントの四年間を通じて、超予測者が三〇〇日先を予測した結果は、一般人が一〇〇日先を予測した結果よりも正確だった。言葉を換えれば、一般人が超予測者と同じぐらい先を見通したければ、予測力を三倍に高める必要があるということだ。

これだけのパフォーマンスの違いというのは、どれだけ重要なものなのか。ここで恣意的ではあるが、一般人の予測のブライアー・スコアを視力〇・二相当としてみよう。眼科医がこの人物に眼鏡を与えた結果、視力が〇・五になったとする。これは六〇％の改善だ。それはどれほどの大事なのか。およそ目が良いとは言えないが、図4のスネレン視力表を見てほしい。視力が〇・二から〇・五に変われば、二列め以降五列めまではっきり見えるようになり、飛んでくる野球ボールをキャッチする、町中で友人を見つける、契約書の細かい文字を読む、車の正面衝突を避けるといった能力がかなり改善するはずだ。すなわちこれは人生を変えるような変化である。

ここで改めて思い出してもらいたいのは、ここで言う超予測者とは、空いた時間に手に入る情報だけを頼りに世界の出来事を予測しているアマチュアであることだ。それにもかかわ

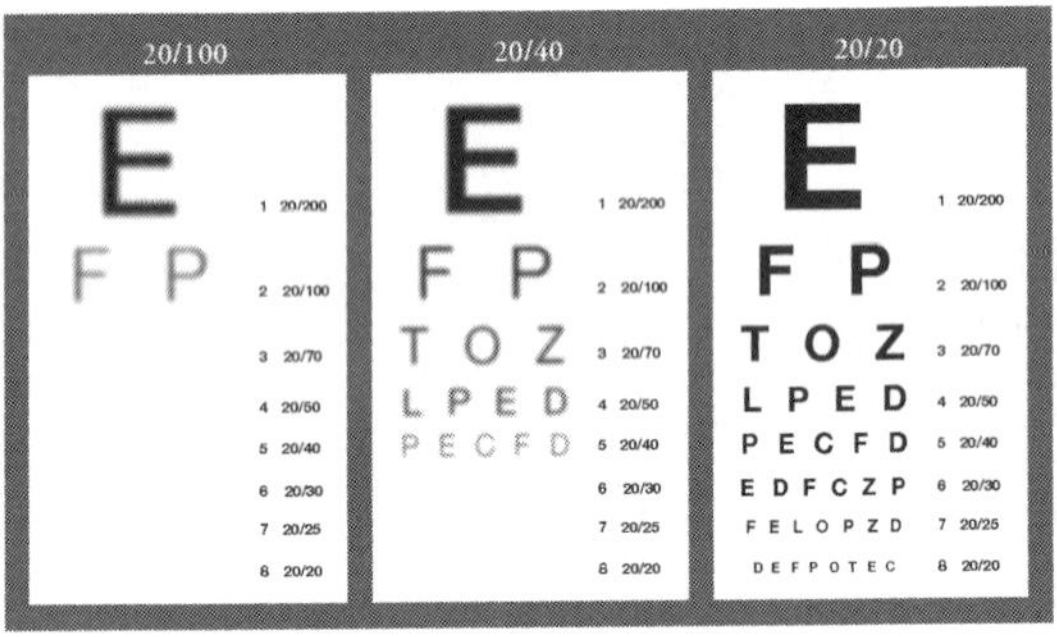

図4

らず、その予測能力はあまりに高く、プロでさえ自らの地位、給料、年金を正当化できるだけの差をつけて勝つことはおろか、肩を並べることすら難しい。もちろん超予測者と情報分析官を直接比較できたら最高だが、そのような試みは厳重に阻まれるだろう。ただ二〇一三年一一月には、《ワシントンポスト》の編集者、デビッド・イグナティウスが「プロジェクトのある参加者の発言」として、超予測者は「傍受通信をはじめとする機密情報を利用できるインテリジェンス・コミュニティの分析官の平均を約三〇%上回るパフォーマンスを示した」と報じた[11]。

このような事態が起こりうることは、IARPAがこのトーナメントに資金を出すと決定したときからわかっていたことで、この決定が異例だという理由もここにある。予測能力の検証は、組織の利益に明らかにかなうことかもしれないが、組織に属する人々にはまた別の利益、具体的に言えば居心地のよい現状を維持し、さらに強固にしていきたいという思惑がある。有名で高い報酬を食《は》む評論家が、公開の場で自らの予測の正確さを検証されて評判に傷がつくリスクを避けようとするのと同じように、組織内のエリートも自らの判断力が試されるような予測トーナメントに挑戦しようとは思わないだろう。CEOのコーナーオフィスに座っている者なら、郵便物集配室のスタッフのほうが会社の先行きを自分より正確に予測できるなどという話は聞きたくないだろうし、他人にそれを聞かれるのはなお嫌だろう。

だがIARPAがしたのは、まさにそういうことだ。インテリジェンス・コミュニティの利益をそこで働く人々の利益、少なくとも官僚機構に波風を立てたくないという業界人の利益に優先させたのだ。

重力に抗《あらが》う――どれだけ持ちこたえられるか？

このように長々と文章を書く目的は、読者のみなさんを納得させるためだが、超予測力を持つ人々が存在することについて、まだみなさんは納得していないだろう。

私が二八〇〇人のボランティアに、これから私が投げるコインで表が出るか裏が出るか予測してほしい、と頼んだとしよう。彼らが予測を立てると、私はコインを投げ、結果を記録する。それを一〇四回繰り返す（トーナメントの一年めに出題された予測の設問と同じ数だ）。その結果は、典型的なベルカーブになるはずだ（図5）。

ボランティアの大多数は、ほぼ五〇％の確率で正解を言い当て、ベルカーブの中央に入るはずだ。だがごく少数、それとはかなり違う結果になる者もいるだろう。ほとんど不正解

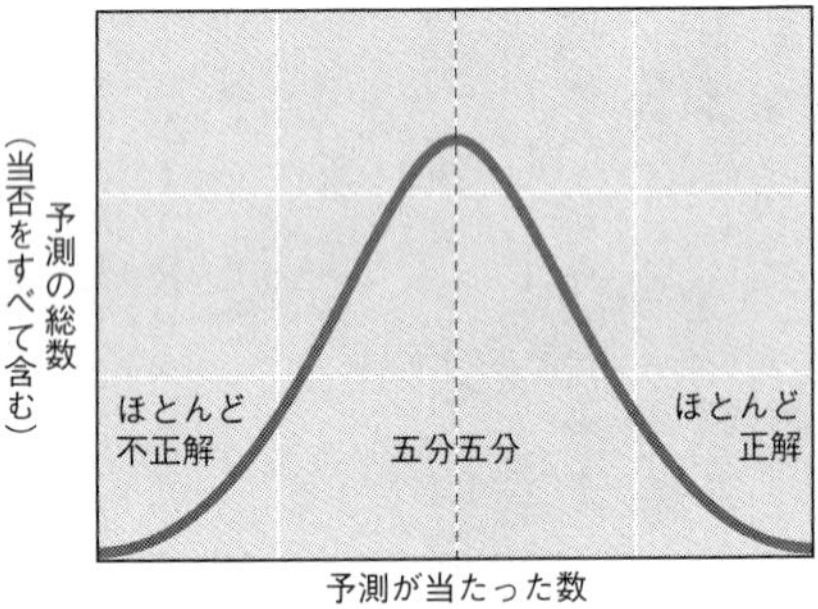

図5　コイン投げゲーム

（カーブの左端）、あるいはほとんど正解（カーブの右端）になる者が出てくるはずだ。この極端な結果は、それを出した人の能力について何を示しているのだろうか。超能力でも信じていない限り、答えは「何も示していない」だ。ここには何の能力も関係ない。コイン投げの結果を正解したからと言って、コイン投げ予測能力の証明にはならない。それはコインを一回投げようが、一〇〇回投げようが変わらない。すべて運で決まる。当然一〇四回のうち七〇％で正解するには相当な運が必要で、被験者が一人であればそうなる可能性はきわめて低い。だが二八〇〇人の被験者がいれば、可能性はかなり高くなる。

　別に難しい話ではないが、無作為性というのは誤解されやすい。直観的に捉えられるものではない。鼻先越しの視点では、無作為性は見えない。主観を一歩離れると初めて見える。

　心理学者のエレン・ランガーは複数の実験を通じて、われわれがいかに無作為性というものをわかっていないか示した。ある実験ではイェール大学の学生にコインを三〇回投げる場面を見せ、表と裏のどちらが出るか予想させた。学生には実際に表と裏のどちらが出たかは見せず、正解か不正解かだけを告げた。とはいえ結果には細工がされていた。すべての学生は全体のうち一五回は正解、一五回は不正解と言われるが、一部の学生は最初のうち連続して正解と言われ、一部の学生は連続して不正解と言われる。それからランガーは学生に、実験を継続したらどれくらいの正答率になると思うか尋ねる。出だしで正解を連発した学生は自分の能力を高めに評価し、またうまくやれると思う。ランガーはこれを「能力の錯覚」と呼ぶが、それは「予測力の錯覚」でもある。この実験の設定をよく考えてほしい。被験者は一流大学の学生であり、無作為性の象徴ともいえる活動によって自らの知性が評価されることを理解している。ランガーも書いているとおり、彼らは「とことん合理的」に対応するはずだ。それにもかかわらず、最初に遭遇するパターンに欺かれ、自分には完全に無作為な結果を予測する能力があると思い込んでしまう(12)。

イェール大学の研究室のみならず、この手の錯覚はよく見られる。テレビのビジネスニュースを見れば、ゲスト出演者が予測を見事に的中させた実績が披露される場面をよく目にする。「ペドロ・ジフは二〇〇八年の株式市場の暴落を予測しました！」といった具合に。その狙いはゲストの信頼性を高め、次の予測を聞きたいと視聴者に思わせることだ。ただ、たとえこうした発言がゲストの予測の内容を正確に伝えているとしても(そうではないケースも多いが)、それはゲストの予測の正確さについて何も語ってはいない。視聴者がシステム

2を使って少し考えてみればわかることだ。チンパンジーでさえダーツを山ほど投げれば、的の真ん中に当たることもある。常に株式市場の暴落は近いと警告を発していれば、次の暴落を「予測」するのは簡単だ。それにもかかわらず、このような空虚な主張を真《ま》に受ける人は多い。

このような誤った主張のバリエーションと言えるのが、並外れた成功を収めている人を挙げ、それがいかに珍しい快挙であるか示し、だからこそその成功は運だけでは説明できないと結論づけるものだ。ウォール街の記事でよく見かける。誰かが六～七年連続して市場を上回る運用成績を上げると、ジャーナリストはその優れた投資家の人となりを紹介し、そのような結果を運だけで達成するのはあり得ないことを示し、それこそ優れた能力の証明であると高らかに宣言する。そのどこが間違っているのかというと、どれだけ多くの人がこの偉大な投資家と同じことを試みているか無視しているところだ。それが何千人という単位であれば、誰かがそのような運に恵まれる確率は跳ね上がる。宝くじの当選者を考えてみよう。一枚のくじが巨額の賞金を当てる可能性はとんでもなく低く、通常は数百万分の一だ。だからと言って宝くじの当選者は、当選券を買うのがうまいとは誰も言わない。なぜなら何百万枚もの宝くじが販売されており、その結果どこかの誰かが当選する可能性はきわめて高いことがわかっているからだ。

書店に売れ残っているビジネス書をパラパラとめくれば、同じような誤解が目につく。企業あるいは経営者が次々と成功を収め、莫大なカネを稼ぐと、雑誌はこぞってヨイショ記事を載せる。次に何が起こるか。きまってその成功の秘密を解き明かし、その企業や経営者とそっくり同じことをすれば読者も同じように成功できると説く本が出版される。どの話も真実かもしれないし、おとぎ話かもしれない。見きわめるのは不可能だ。こうした本で重要とされる資質や行動が本当に優れた結果の原因であったことを示す確たる証拠が示されることはめったにないし、他の人が同じものを再現すれば同じような優れた結果を得られることを示す証拠などまずない。またその優れた結果をもたらすうえで、主人公であるヒーローの能力とは無関係の要因、つまり運が味方した可能性を認めているケースはほぼない。[13]

私自身がこの不幸なジャンルに加わらないためにはっきり言っておくと、ここまで述べてきたエビデンスで超予測者に「超」が付くことを立証したつもりはなく、もちろん読者がサンタバーバラに隠居し、赤いコンバーチブルを乗り回せばダグ・ローチのような精度の高い予測ができると言うつもりもない。ではわれわれはダグのような人々について、どう解釈すべきだろうか。彼らは超予測力があるのか、それとも超ラッキーなだけなのか。

この問いにはまだ答えなくていい。これも予測力を評価しようとする際に、蚊のようにうるさく付きまとう誤った二項対立だ。人生におけるたいていのことには程度の差こそあれ、能力と運の両方が関わっている。ときにはほぼすべてが運で能力はほんの少しというケースもあれば、ほぼすべてが能力で多少運が絡んでいるケースもあり、またそれ以外にも何千通りもの組み合わせがある。こうした複雑さゆえに、どの程度が能力で、どの程度が運のおかげなのかを見定めるのは難しい。これはグローバル金融ストラテジストのマイケル・モーブッシンが著書『偶然と必然の方程式――仕事に役立つデータサイエンス入門』（日経BP刊、原題は *The Success Equation*）で詳しく分析している。ただモーブッシンも指摘するように、スポーツ選手、CEO、株式アナリストや超予測者に等しくあてはまる見事な一般測がある。「平均への回帰」だ。

統計学の概念の中には、理解するのも簡単だが忘れるのも早いものがある。平均への回帰もその一つだ。男性の平均身長が五フィート八インチ（約一七三センチ）だとしよう。そしてある男性が六フィート（約一八三センチ）で、彼には成人した息子がいるとする。あなたのシステム1はまず直観的に、息子も六フィートではないかと思うかもしれない。そうかもしれないが、可能性は低い。その理由を理解するには、システム2を駆使したまじめな検討が必要だ。

あらゆる人の身長がわかっており、父親と息子の身長の相関を算出できると仮定しよう。見てのとおり、この二つには強いが不完全な関係があり（相関係数は約〇・五）、図6の中のデータポイントの中央を走る斜線で示される。ここから言えるのは、父親の身長が六フィートの場合、われわれは父親の身長と母集団の平均の双方に基づく折衷《せっちゅう》案的予測をすべきということだ。そうなると息子の身長についての最も有力な予測は五フィート一〇インチとなる。息子の予想される身長は母集団の平均と父親の身長の中間をとって、二インチだけ平均に回帰したのだ。[14]

ただすでに指摘したように、平均への回帰はわかりやすいと同時に忘れられやすい。あな

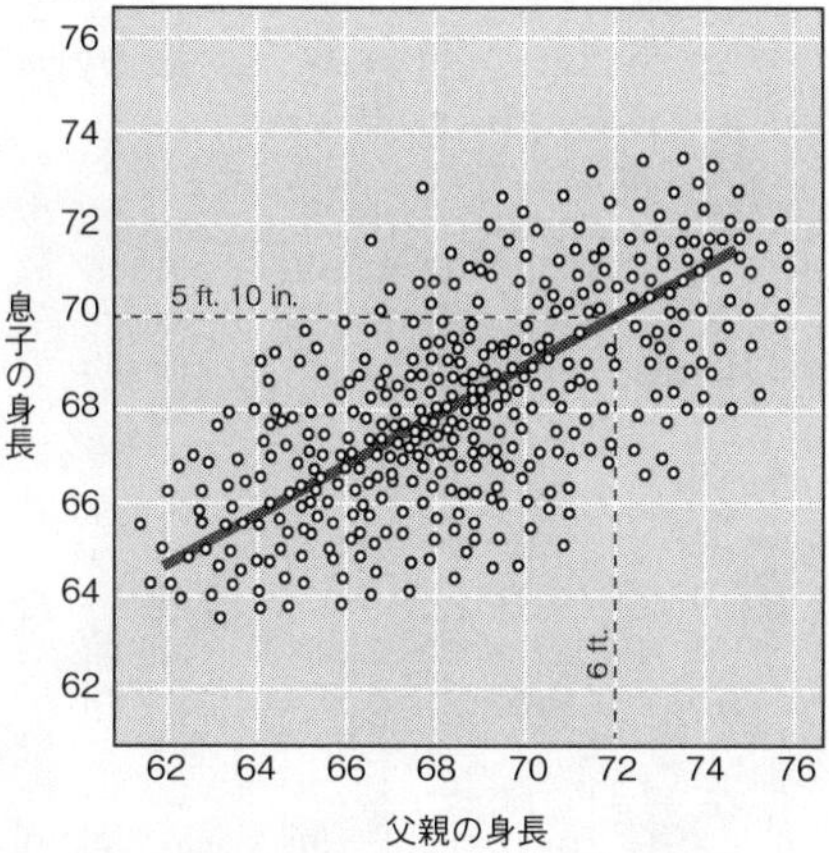

図6　2つの変数の相関係数を 0.5 と想定した場合の、父親の身長に基づく息子の身長のベストな予測（単位：インチ）

たが慢性的な腰の痛みに悩まされているとしよう。ただ毎日同じ具合ではない。問題ない日もあれば、多少の痛みを感じる日、かなり痛む日、とても酷《ひど》い日もある。あなたがホメオパシーなど確固たる科学的エビデンスのない治療法に救いを求めるのは、もちろん痛みの酷い日だろう。翌日起きると、具合が良くなっている。治療が効いたのだ！　プラセボ（偽薬）効果も役に立つのかもしれないが、平均への回帰を考慮すれば、おそらく何の治療も受けなくても翌日には良くなっていたのだろう。だが立ち止まって慎重に考えてみなければこの事実には思い至らず、鼻先越しの結論に落ち着いてしまう。このささやかな過ちこそ、多くの人が信じるべきではないことを信じてしまう理由である。

平均への回帰は頭に入れておいたほうが

いい。有益なツールとなるはずだ。例の二八〇〇人のボランティアに、再び一〇四回のコイン投げの結果を予測してもらうとしよう。結果の分布はまたしてもベルカーブになるはずで、ほとんどの人が正解率五〇％のあたりに位置し、ほとんど不正解だった人とほとんど正解だった人が少数ずついるはずだ。では今回驚くほど良い結果を出すのは誰だろうか。おそらくその顔ぶれは前回とは違う。前回と今回の結果の相関係数はゼロに近いので、どの被験者の結果についても最有力の予測は正答率五〇％という平均値だ。つまり完全な平均への回帰である。

この点をはっきりさせるために、二回めの実験に参加するのは一回めの実験で驚くほど良い結果を出した人たちに限定するとしよう。平均への回帰を考えれば、その多くが二回めの結果は一回めより悪くなるはずだ。そして悪化の幅は前回ツキに恵まれた人ほど大きくなるだろう。前回正答率九〇％だった人は、五〇％への急落を予想すべきだ。もちろん今回も九〜一〇割正答する人が出てくるかもしれないが、他の人が急速に平均に回帰する様子を見れば、二回とも成績の良かった人々をコイン投げの天才と呼ぶのは躊躇するはずだ。彼らにもう一度実験をさせてみよう。いずれ運も尽きるはずだ。

このように平均への回帰は、パフォーマンスにおいて運が果たす役割を調べるのに欠かせないツールである。モーブッシンは能力がものを言う活動ほど平均への回帰には時間がかかり、偶然に左右される活動ほど回帰は速いと指摘する。(15)

わかりやすく説明するために、IARPAのトーナメントに参加したフランクとナンシー

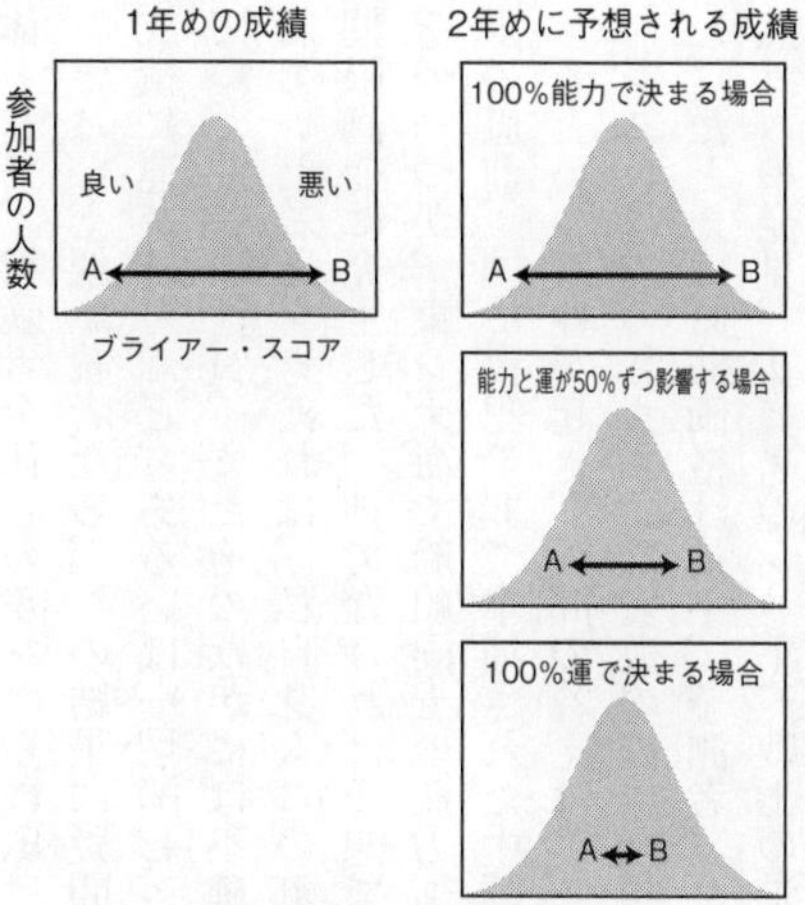

図7　成績に運がどれだけ影響するかで
2年めの平均への回帰の度合いが決まる

という二人の人物を考えてみよう。一年めのフランクの成績は惨憺たるものだったが、ナンシーは傑出していた。図7のベルカーブでは、フランクは下位一パーセント、ナンシーはトップ九九％に入っている。彼らの成績が完全に運だけによるものなら（コイン投げのように）、二年めにはフランクもナンシーも平均の五〇％に回帰すると予想される。成績が運と能力に均等に影響されるのであれば、回帰の幅は半分になると予想される。フランクは二五％近く（一％と五〇％の中間）に上昇し、ナンシーは七五％近く（五〇～九九％の中間）に下落する。成績が完全に能力だけで決まるのであれば、回帰は一切生じない。フランクは二年めも一年めと同様最悪で、ナンシーはまた目覚ましい成績をあげるだろう。

では超予測者は、年をまたいでどのような結果を出したのか。これがカギとなる問いだ。そして驚異的に優れた結果を出した、というのがその答えである。たとえばトーナメントの二年めと三年めには、平均への回帰と逆の動きが見られた。ダグ・ローチを含む超予測者全体として、被験者全体との差をさらに広げたのだ。

とはいえ鋭い読者なら、この結果に疑問を抱いたはずだ。というのも、これは超予測者の成績に運がほとんど、あるいは一切関わっていないことを示しているからだ。彼らが予測していた問いの性質、またそのなかには不確実性がどうしても減じられないようなものも含まれていたことを考えれば、私自身もこの可能性には強い疑念を抱いている。設問の中には、期限直前に発生した、神でなければ予想できないような出来事によって決着したものもある。その一つが、東シナ海で船舶同士の武力衝突によって死者が出るか、というものだ。回答期限の直前、国境侵犯の罪で拿捕《だほ》された中国漁船の船長が、逆上して韓国の海洋警察官を刺殺するという事件が起き、設問の答えは「イエス」と判明した。

システム内のさまざまな変数の複雑な相互作用によって情勢が激変するような設問もあった。たとえば原油価格は長年、予測者泣かせのテーマだった[16]。アメリカでの新たな石油や天然ガスの発見、リビアのジハード戦士の動き、シリコンバレーのバッテリー技術など、価格に影響を与えうる要因の数は膨大であり、各要因に影響を与える要因を数えはじめたらきりがない。エドワード・ローレンツが示したようにこうした因果関係は非線形であり、一匹の蝶がはばたくだけで結果に劇的な変化が生じることもある。

こうしてわれわれは謎に直面する。偶然が大きく影響するのであれば、なぜ超予測者全体の成績に有意な平均への回帰が見られないのか。何かそれを相殺するようなプロセスが働き、超予測者の成績を押し上げているに違いない。それが何であったかを想像するのは難しくない。一年めが終了し、超予測者の第一陣が決まった時点で、われわれは彼らに朗報を伝え、「超予測者」の称号を与え、仲間の超予測者に引き合わせた。彼らのスコアは平均に回帰するどころか、さらに改善した。ここから「超予測者」と認められ、互いに知的刺激を与えられる仲間とチームになったことが、そうでなければ起こっていたはずの平均への回帰を打ち消すほど彼らのパフォーマンスを向上させたことがうかがえる。三年めと四年めには、われわれは新たな超予測者を選定し、エリートチームの仲間入りをさせた。この結果、より直接的な比較ができるようになった。新たにエリートチームに加わった人々も、平均への回帰仮説に背き、翌年には前年と同等かそれ以上の結果を出した。

だがウォール街の住人ならよく知っているように、人間が統計という重力に抗《あらが》いつづけるのには限界がある。超予測者が集団として一貫して優れた成績をあげつづけるからといって、その一部がときには不振に陥ることは避けられないという事実に目をつむってはならない。年をまたいだ個人の成績の相関係数は約〇・六五と、父親と息子の身長のそれと比べてやや高い程度だ。このためかなりの平均への回帰が見込まれる。実際、まさにそうした結果が確認された。毎年超予測者に選定された人の三〇%が、翌年にはトップ二%から落ちている。とはいえ、それでもかなりの一貫性があると言える。超予測者の七〇%は翌年も超予測者にとどまっているのだから。コイン投げの予測（年をまたいだ成績の相関係数はゼロ）で、同じような一貫性が生じる確率は一億分の一以下だが、超予測者（年をまたいだ成績の相関係数は〇・六五）の場合、その確率は約三分の一とはるかに高い[17]。

こうしたことから二つの重要な結論が読み取れる。まず特定の年にスーパースターとなったからといって、その予測能力を絶対確実なものと見なすべきではない。ダグ・ローチですら例外ではない。結果には運も絡むため、スーパースターでも年によっては不振に陥り、十人並みの成果しか残せないこともあると考えるのが妥当だ。スポーツの世界のスーパースターもときには輝きが薄れることがあるように。

ただもっと希望の持てる話として、基本的には超予測者は単に運に恵まれた人々ではないと結論づけることができる。彼らの成績のほとんどは能力によるものだ。

ここから重要な問いが生じる。なぜ超予測者はこれほど優秀なのか。

サンフォード（サンディ）・シルマンは二〇〇八年に多発性硬化症と診断された。死に至る病ではないが身体は衰弱し、疲れやすくなる。肩や腰が痛くなり、歩くのも難しくなった。キーボードを叩くことすら負担になり、二〇一一年には「まずいことになりそうだ」と思ったという。まもなく大気科学者の仕事を辞めざるをえなくなった。

このときサンディは五七歳。仕事を失えば生活にぽっかり穴が開くのはわかっていたので、自分なりのペースで何かに取り組みたいと思った。そんなとき予測トーナメントがボランティアを集めているという記事を読んだので、「優れた判断力プロジェクト（ＧＪＰ）」にボランティアとして登録し、予測を立てはじめた。「誰でも仕事を辞めると、途方に暮れて、自分に価値がないと感じたりするんだ」。音声入力ソフトを使って、サンディはメールで私にこう打ち明けた。「ＧＪＰはちょうどいい〝つなぎのプロジェクト〟に思えた。仕事ほどのプレッシャーや重要性はないが、それでも有意義で頭の刺激になりそうだった」

これが並みの頭ではなかった。サンディはブラウン大学で並行して数学と物理学の学士号をとり、続いてＭＩＴの大学院でテクノロジーと政策専攻で理学修士号を取得。さらにはハーバード大学院で応用数学を学び二つめの修士号を取得したのち、応用物理学の博士号を取った。その後ミシガン大学で大気を研究する科学者となり、「非メタン揮発性有機化合物、有機硝酸塩、酸化有機核種の直接排出増加が世界規模の対流圏の化学的性質に及ぼす影響」といった難解なタイトルの論文を発表、さまざまな賞を獲得した。

　しかもサンディの優秀さは数学と科学にとどまらない。ものすごい読書家で、対象は英語の本に限らない。学生や訪問研究員としてスイスで暮らしたことがあるのでフランス語も流暢《りゅうちょう》だ。ロシア人と結婚したのでレパートリーにはロシア語も加わった。イタリア語を読み書きできるのは「一二歳のときにイタリア語に興味を持ち、独学で始めたから」と言う。スペイン語も話せるが、イタリア語とあまりにも似ているので、別の言語としてカウントするほどではないと言う。

　残念ながら自らの健康状態に対するサンディの予測は当たっていた。二〇一二年には障害休暇に入った。だがミシガン大学の同僚には、いつもと変わらぬ穏やかで温かみのあるメッセージを送っている。「早めに第二の人生を始められるのだと考えることにするよ」

　幸い、サンディのほかの予測の多くも驚くほど正確であることがわかった。トーナメントの一年めは無作為な振り分けの結果、単独で予測を立てることになったが、ブライアー・スコアは〇・一九だった。これは首位タイの成績で、もっと周囲から刺激を受けられる条件下で実験に参加した約二八〇〇人を上回った。サンディは大喜びした。「素人くさいと思われるかもしれないが、もちろんとてもうれしいよ。最高の気分だ。ちょっとゾクゾクするね。

こんな気持ちになったのは、高校の数学コンテストで一位になったとき以来だ。まだ心は高校生のままなんだな」[1]。われわれが超予測者の第一陣のリストをまとめたとき、サンディの名はそのトップにあった。

サンディのずば抜けた予測力は、とびきり優秀な頭脳のおかげではないかと当然思えてくる。ほかの超予測者も同じだ。

研究開始から二年後、われわれは超予測者を集めてペンシルバニア大学ウォートン校のハンツマンホールの会議室でパーティを開いた。彼らのおしゃべりを聞いているだけで、一流メディアを中心に時事問題をしっかりと追っている才気煥発な人々だとすぐにわかった。みな読書家でもあった。ブルックリンの若い映画作家、ジョシュア・フランケルに余暇の読書にはどんな作品を選ぶのか尋ねたところ、トマス・ピンチョンをはじめとするインテリ好みの作家を次々に挙げた。そしてしばし考えたあと、最近はドイツ人のロケット科学者ヴェルナー・フォン・ブラウンの自伝と、ニューヨークの歴史に関する本をたくさん読んでいると付け加えた。ただ後者は半分仕事のためでもある、という。ちょうどニューヨークの都市計画で活躍したロバート・モーゼスと、反計画派の自由奔放な活動家ジェイン・ジェイコブズの伝説的な闘いを描くオペラをプロデュースしていたのだ。クイズ番組《ジェパディ！》では対戦したくない相手である。

超予測者が優れているのは、博識で知能が高いからだろうか。そうなると彼らは鼻が高いかもしれないが、われわれその他大勢は希望がなくなってしまう。知識は誰でも増やすことがてきるが、それには時間がかかる。あまり知的営みをしてこなかった者が、ずっと学びつづけてきた者に追いつける望みはない。知能のほうがさらにどうしようもない壁に思える。認識力を増強するクスリやコンピュータパズルの効果を信じる人もおり、いずれ彼らが正しかったと証明されるかもしれないが、成人の知能は比較的固定的だと思っている人のほうが多いだろう。受精卵ができる時点で優秀なDNAに恵まれるか、愛情豊かでお金持ちの家に生まれるという幸運に恵まれるかどうかで決まってしまう、と。

超予測者になれるかが、IQが高い者の団体「メンサ」も認める全人口の上位数%に入る天才かどうかで決まってしまうのなら、ほとんどの人がどう転んでも対象にはならない。それなら挑戦する意味があるだろうか。

知識と知能が先を読む力の決め手になるというのはもっともらしいが、先述のとおりアーチー・コクランがはっきり示したように、もっともらしいというだけでは不十分だ。仮説は検証しなければならない。GJPの共同リーダーだったバーバラ・メラーズと、予測を立てる前にうんざりするほどの心理テストをこなしてくれたボランティアのおかげで、われわれは検証のためのデータを手に入れることができた(2)。

「流動性知能」、すなわち地頭《じあたま》の良さを測るため、被験者には次のような問題に解答してもらった。図8の下段右の空欄に入る記号は何かを問うもので、行(横の並び。各行の形の中にはそれぞれ同じ、しかも各行ごとに違う記号が入る)と列(タテの並び。各列にはすべて異なる形が入る)のパターンを見きわめなければならない。正解は二行めの左から二つめだ(3)。

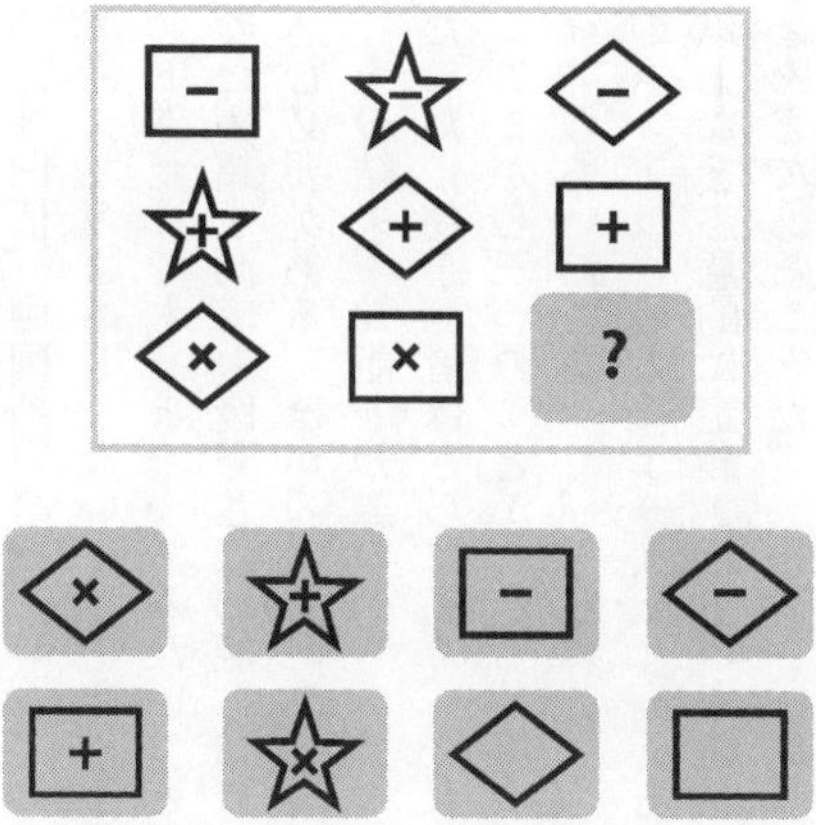

図８　流動性知性は帰納的な空間論理思考をもたらす

ただどれだけパターン認識能力が優れていても、現実世界で右も左もわからないようでは意味がない。そこでわれわれは「最高裁判事は何人いるか」といったアメリカに関する質問と「国連安全保障理事会の常任理事国はどこか」といったグローバルな質問を使って「結晶性知能」、つまり知識を測った。

結果を言う前にまず断っておきたいのは、一年めにＧＪＰに参加すると手を挙げた人のうち、こうした心理テストと出題された予測をすべてこなした二八〇〇人というのは、およそ無作為に抽出したサンプルとは言えないことだ。この点は重要である。無作為抽出で選ばれたサンプルは、母集団全体をきちんと代表する。この条件が欠けていると、ＧＪＰのボランティアはアメリカに限らずどんな母集団の代表ともみなすことはできない。

そもそも二八〇〇人のボランティアは、予測トーナメントが開催されるという話をブログか記事で読み、「よし、これからの一年、貴重な自由時間を割いてナイジェリアの政情やギリシャ国債、中国の軍事費やロシアの石油・天然ガス生産などの複雑な地政学的問題について考えてみようじゃないか。一年の半分以上を費すのもかまわない。報酬が二五〇ドルのギフト券だけでもぜひやってみたい」と考えたのだ。およそふつうの人々ではないだろう。このため超予測者の優秀さに知能と知識がどれだけ影響するか見きわめるには、もう一歩踏み込む必要がある。ほかのボランティアだけでなく、アメリカの一般国民と比較してみるのだ。

その結果、知能と知識のテストで一般ボランティアのスコアは一般人口の約七〇%より上だった。超予測者はさらに高く、一般人口の八〇%より上だった。

ここから三つのことがわかる。第一に、大きな差が見られるのは一般人口と一般ボランティアのあいだであって、一般ボランティアと超予測者のあいだではない。第二に、超予測者のスコアは一般人口より大幅に高いものの、いわゆる天才の領域（トップ一%やIQ一三五以上など恣意的に定義されるので概念としてやや問題がある）にははるかに及ばない人がほとんどであることだ。

このように知能と知識はプラスだが、それだけで予測力が決まるわけではない。つまり超予測力を手に入れるのに、ハーバードの博士号や五カ国語を操る能力は必須ではない。この結論に私が満足したのは、研究を始めるきっかけとなったダニエル・カーネマンの直観

（「ある領域に精通した専門家の予測は、《ニューヨーク・タイムズ》の熱心な読者とたいして変わらないだろう」）と一致していたためだ。読者もきっと満足だろう。本書をここまで読み進めたあなたなら、必要な能力はおそらく備わっている。

とはいえある程度の知能と知識を備えているだけでも不十分だ。トーナメントに参加した頭脳明晰で情報通のボランティアの多くが、予測の正確性では超予測者にはるかに及ばなかった。また歴史を振り返れば、とびきり優秀な人がおよそ正確とは言えない予測を立てた例がごまんとある。ケネディ大統領とジョンソン大統領のもとで国防長官を務めたロバート・マクナマラは「ベスト＆ブライテスト」と呼ばれた一人だ。しかし南ベトナムが共産主義に敗れれば東南アジア全体がそれに続き、アメリカの安全が脅《おびや》かされると信じた彼は、仲間とともにベトナム戦争にのめりこんでいった。彼らの確信はしっかりとした検討に基づいたものではなかった。それどころかこのきわめて重大な予測についてまともな検討がなされたのは、戦争を本格化させるという決断から何年も経った一九六七年である。(4)

マクナマラは自伝にこう書いている。「われわれの意思決定の土台には重大な誤りがあった。意思決定をするときもその後も、自らの仮説を批判的に検証しなかった」(5)

最終的に重要なのは地頭の良さではない。それをどのように使うかだ。

フェルミ推定

予測トーナメントでは出題されなかったタイプの問題を出そう。

「シカゴには何人のピアノの調律師がいるか」

グーグルに答えを聞こうなどとゆめゆめ考えてはならない。この頭の体操を考えたのは、原子爆弾の発明で中心的役割を果たしたイタリア系アメリカ人の物理学者エンリコ・フェルミで、まだインターネットが登場する何十年も前のことだ。答えを求められたフェルミの学生たちには、シカゴの電話帳も与えられなかった。手がかりはゼロ。それでもフェルミはそれなりに正確な予測を求めた。

フェルミの学生でなければ、たいていの人が眉をひそめたり、げんなりした顔をしたり、耳を掻いたり、ため息をついたりするだろう。そして「そうだな、きっと……」とつぶやいてしばし沈黙し、ある数字を口にする。どうやってその数字にたどり着いたのかと聞いても、肩をすくめて「このぐらいかなと思った」という以上の答えは返ってこない。まるでブラックボックスの中から出てきたように、どうやって導き出されたのか本人にもわからないのだ。

だがフェルミは、誰だってもっと正確な予測ができるはずだと考えた。ここでカギとなるのは、最初の質問を「これが成立するには、どんな条件が求められるか」という問いに分解することだ。ピアノ調律師のケースでは「この問いに答えるためには、どんな情報が必要か」と自問して最初の問いを分解していけばいい。

シカゴのピアノ調律師の数を計算するには、どんな情報が必要か。まず調律師の数は、シカゴに調律の仕事がどれだけあるか、そして一人の調律師が食べていくのにどれだけ仕事があればいいかで決まる。つまり次の四つがわかれば、質問の答えが出せるわけだ。

1　シカゴにあるピアノの台数。
2　ピアノは年何回調律する必要があるのか。
3　ピアノを一台調律するのにどれだけ時間がかかるのか。
4　平均的なピアノ調律師は年何時間働くのか。

最初の三つからシカゴにあるピアノの調律にかかる合計時間がわかるので、それを最後の問いの答えで割ればいい。そうすればシカゴのピアノ調律師の数がだいたいわかる。

とはいえ四つのうち、答えがわかるものは一つもない。答えられない質問が一つあったのを四つに分けただけで、意味がないじゃないかと思われるかもしれない。

だがそんなことはない。質問を分解することで「知りえること」と「知りえないこと」を区別できるとフェルミは考えた。つまり（ブラックボックスから数字を取り出すような）推測の要素はゼロにはならないが、推測のプロセスを明らかにすれば検証できるようになる。そこから得られる結果は、最初に質問を見たときにブラックボックスから飛び出す数字より正確な予測になるはずだ。

もちろんこの過程では「バカだと思われたくない」という本能的不安を克服しなければならない。フェルミ推定は「間違えるのを恐れるな」と説く。それに従い、四つの問いの答えを私なりに推定してみよう。

1　シカゴにあるピアノの台数。見当もつかない。だが最初の問いを四つに分解したように、この問いも答えるのに必要な要素に分解してみる。

①シカゴの人口はどれくらいか。これも正確にはわからないが、シカゴはニューヨークとロサンゼルスに次ぐアメリカ第三位の大都市だということは知っている。さらにロサンゼルスの人口は四〇〇〇万人程度なのも知っている。これは有益な情報だ。フェルミは自信が持てる範囲、すなわち九〇％の確率で正解が含まれていると思う範囲を絞り込めとアドバイスしている。私はシカゴの人口は一五〇〇万人以上三五〇〇万人以下だとかなり確信している。しかしこの範囲のうち正解はどこかはわからない。だからあいだをとって、シカゴの人口は二五〇〇万人と予想する。

②人口のうち、ピアノを持っている人の割合はいくらか。ほとんどの家庭にとりピアノは贅沢品だし、買う余裕があっても欲しいと思わない家庭も多い。だから一〇〇人に一人と考える。ほとんどあてずっぽうだが、これが精一杯の数字だ。

③学校、コンサートホール、バーなどピアノを所有している組織はどれぐらいあるか。これもわからない。だがたとえば音楽学校など大量に保有しているところもあるはずだ。ここもまたあてずっぽうで、個人で保有しているピアノの二倍、つまり一〇〇人あたり二台とする。

④ここまでの推測をもとに、簡単な計算からシカゴには合計五万台のピアノがあるという結論が出る。

2　ピアノの調律頻度はどれぐらいか。年一回ぐらいが妥当に思える。なぜかと言われてもわからない。これもまたあてずっぽうだ。

3　ピアノを一台調律するのにどれだけ時間がかかるのか。二時間。これもまたあてずっぽうだ。

4　平均的なピアノ調律師は一年に何時間働くのか。

この問いはさらに分解できる。

①アメリカ人の標準的な労働時間は週四〇時間で、年二週間の休暇がある。ピアノ調律師が例外だと考える理由はない。そこで四〇時間に五〇週をかけて年二〇〇〇時間となる。

②とはいえ調律を終えたら次の仕事までの移動があるので、労働時間からその分を差し引く必要がある。移動にかかる時間を二〇％と想定して、平均的な調律師の年間労働時間は一六〇〇時間という結論に達した。

ここまでの推測の結果を統合して結論を出そう。毎年調律しなければならないピアノが五万台、それぞれに二時間ずつかかると、年間一〇万時間の調律作業が必要だ。それを調律師の平均労働時間で割ると、シカゴの調律師の数は六二・五となる。

こうして私の予測は六三人となった。

どれぐらい正解に近いのか。これはフェルミ推定の代表的な問題で、これまでに大勢の人が挑戦してきた。[6] その一人が心理学者のダニエル・レヴィティンで、ここで紹介したのも彼のやり方である。レヴィティンが推定後にシカゴの電話帳で調べたところ、八三件の登録があった。しかし業者が複数の番号を登録しているなど重複も多く、正確な数はわからないが、レヴィティンの推定はかなり正解に近かったのではないか（これもまた私の推定だが）。

フェルミはその推定の確かさで知られていた。ほとんど、あるいはまったく情報がなくても、ここで述べたような簡単な計算によって驚くほど正確な数字にたどり着いたという。今でも大学の物理学部や工学部では「メリーランド大学で一学期に学生が消費するピザの総面積は何平方センチか推定せよ」といった風変わりなフェルミ推定がカリキュラムに含まれている。

私が超予測者の集まりでレヴィティンによるフェルミ推定の考え方を説明したところ、みな一斉にうなずいた。サンディ・シルマンは現役時代、大気のモデルを構築するうえでフェルミ推定が欠かせなかったため、「モノを考えるときには自然とそれを使うようになった」と言う。

これから見ていくとおり、それは先を読むうえで大きな強みとなる。(7)

病死か殺害か

二〇〇四年一〇月一二日、七五歳だったパレスチナ解放機構（PLO）指導者のヤセル・アラファトは激しい嘔吐と腹痛に襲われた。それから三週間、病状は悪化の一途をたどった。一〇月二九日にはフランスの病院に移送され、やがて昏睡状態に陥った。政治家になる以前の若かりしころには爆撃や銃撃の指揮をとり、イスラエルによる数々の暗殺計画を生き延びてきたが、二〇〇四年一一月一一日、かつてイスラエルの不死身の敵と見られていたアラファトは死んだ。死因は不明だったが、亡くなる以前から毒殺という見方が広がっていた。

二〇一二年七月、スイスのローザンヌ大学放射線物理学研究所が、アラファトの遺品を調べたところ、不自然に高濃度な「ポロニウム二一〇」が検出されたと発表した。不気味な話だ。ポロニウム二一〇は体内に摂取すると死に至る可能性もある放射性物質だ。二〇〇六年にはロンドン在住のロシアの元諜報員で、ウラジーミル・プーチン大統領を積極的に批判していたアレクサンドル・リトヴィネンコがポロニウム二一〇で毒殺されていた。

この年の八月、アラファトの未亡人が遺体を掘り起こし、スイスとフランスの二つの調査機関で検査することに同意した。そこでIARPAは予測トーナメントの参加者にこう問いかけた。「フランスかスイスの調査機関は、ヤセル・アラファトの遺体から通常より高濃度のポロニウムを検出するか」

一見難解な問題だった。イスラエルとパレスチナの対立という複雑な歴史を背景とする、人気ドラマ《CSI――科学捜査班》エルサレム版ともいうべき不可解な殺人事件だ。ふつうの人ならどんな対応をするだろう。おそらく質問を読んだときの直観からスタートするのではないか。

直観の強さは人によって違う。アラファトやイスラエルとパレスチナの積年の対立についてあまり知らない人には、ささやき程度かもしれない。しかしこの不安定な地域の政治に詳しく、一家言《いっかげん》ある人には「イスラエルは絶対にそんなことはしない！」あるいは「イスラエルがやったに決まっている」といった怒鳴り声が聞こえるかもしれない。この直観は鼻先越しの視点にほかならない。ブラックボックスの産物だ。いったいどのように生成されるかはわからないが、それを予測に転換するのは簡単だ。どれぐらい強くそう感じるのか。IARPAの質問に対し、「イスラエルは絶対にそんなことはしない！」と強く思うなら、確率は五％かゼロにしておけばいい。「イスラエルがやったに決まってる」と思うなら九五％か一〇〇％にすればいい。それほどはっきり言い切れないなら、五〇％に近いところにしておこう。テレビに出てくる評論家の予測はだいたいこんな具合に立てられる。

だがこれでは正確な予測はできない。鼻先越しの視点に誤りが含まれていても自分では気づけない。例の認知反射テストで「一〇セント！」と叫ぶようなものだ。

しかも、これらの答えは誤っている。どこがおかしいかわかるだろうか。

もう一度質問を読み返してみよう。「フランスかスイスの調査機関は、ヤセル・アラファァトの遺体から通常より高濃度のポロニウムを検出するか」「イスラエルは絶対にそんなことはしない！」も「もちろんイスラエルがやったに決まっている」も、質問の答えにはなっていない。どちらも「イスラエルはヤセル・アラファトに毒を盛ったか」という別の質問への答えだ。システム１が絵に描いたようなすり替えをして、実際に聞かれた答えにくい質問を答えやすい別な質問へと変えてしまったのだ。

この落とし穴は回避できる。カギを握るのがフェルミ推定だ。

ビル・フラックは中東からかけ離れたアメリカ中西部、ネブラスカ州カーニーに住んでいる。イスラエルとパレスチナの問題には控えめに言っても何の知識もなかったが、そんなものがなくてもこの質問に正しく向き合うことはできた。フェルミと同じように、ビルも「この問いの答えがイエスであるのに必要な条件は何か」「答えがノーであるのに必要な条件は何か」という具合に問題を分解していったのである。

その結果、分析の第一歩は政治とはまるで関係がないことがわかった。ポロニウムは減衰が早い。答えがイエスであるためには、科学者が何年も前に亡くなったアラファトの遺体からポロニウムを採取できなければならない。そんなことが可能だろうか。ＧＪＰのチームメートがアラファトの所持品を調べたスイスの調査チームの報告書のリンクを送ってきたので、ビルはそれを読んでポロニウム検出検査の仕組みを研究し、検出が可能であると納得した。それができて初めて分析の次のステージに進めるのだ。

続いてビルは、どうすればポロニウム陽性の結果が出るほどアラファトの遺体が汚染されることがあり得るのか、と自問した。当然「イスラエルがアラファトに毒を盛った」というのは一つの選択肢だ。だが慎重にこの問いを考えると可能性は他にもあることがわかる。アラファトにはパレスチナ人にも多くの敵がいた。彼らが毒を盛ったとも考えられる。さらには「パレスチナ人の一派がアラファトの死後に意図的に遺体を汚染し、イスラエルがアラファトにもリトヴィネンコと同じ仕打ちをしたように見せかけた可能性もある」とビルはのちに私に語った。[8] さまざまな選択肢を考えるのは重要だ。というのもその数が多いほど、アラファトの遺体がポロニウムに汚染されている可能性が高くなるからだ。ビルがもう一つ留意していたのは、ヨーロッパの二つの調査機関のうちどちらか一つが陽性反応を得れば、質問の答えが「イエス」になるということで、それもイエスの確率をわずかに高める要因だった。

まだ分析は緒《しょ》に就いたばかりだったが、フェルミ推定に基づく分析の結果、ビルはすり替えのワナに陥らず、分析の道筋をきちんと立てることができた。すばらしいスタートを切ったわけである。

まずは「外側の視点」から

次のステップは何か。イスラエルのしわざだという直観に基づいて結論を急ぐなと自らに言い聞かせてきた人も、いよいよ腕まくりをしてアラファト死亡時の複雑な政治情勢の分析を始めようと思うのではないか。

それにはまだ少し早い。理由を説明するために、ある家族について質問しよう。

レンゼッティ家はチェスナット通り八四番地の小さな家に住んでいる。フランク・レンゼッティは四四歳で、引越会社で経理の仕事をしている。妻のメアリーは三五歳で保育園で働いている。二人には五歳になる息子のトミーがいる。夫を亡くしたフランクの母カミラも同居している。

ここで質問だ。レンゼッティ家がペットを飼っている可能性はどれくらいか。

この質問に答えようとするとき、たいていの人は一家の詳しい情報に目を向ける。こんなふうに考える人もいるかもしれない。「レンゼッティというのはイタリア系の名前だな。フランク、カミラというのもそうだ。だとするとフランクには大勢の兄弟がいたはずだが、息子は一人っ子だ。おそらく大家族を望んでいるが、経済的余裕がないのだろう。だから代わりに犬を飼うというのは理に適《かな》っている」。一方別の人は「ペットは子供のために飼うことが多いが、レンゼッティ家の子供はまだ一人で、ペットを世話するには小さすぎる。だから飼っていない可能性が高い」。このようにストーリーを組み立てるのはとても説得力がある。家族にまつわるさらに詳しい情報が得られる場合はなおさらだ。

しかし超予測者は、少なくともはじめはこうした情報には目もくれない。最初に確認するのは、アメリカの家庭の何%がペットを飼っているかだ。

これは統計学で基準率と呼ばれる。ある事象が母集団のなかでどれだけ一般的かを示す。ダニエル・カーネマンはもっと想像力をかきたてるような呼称をつけた。「外側の視点」である。対義語は「内側の視点」で、特定の事例の詳細な情報を表す。グーグルで検索すれば、アメリカの家庭の六二％がペットを飼っていることがわかる。これがこのケースの外側の視点だ。外側の視点から始めるというのは、レンゼッティ家がペットを飼っている確率を六二％と想定するところからスタートすることだ。それから内側の視点に移り、レンゼッティ家の詳細な情報を見ながら六二％を上下に調整する。

われわれはどうしても内側の視点に引っ張られる。内側の視点は具体的で、ストーリーを組み立てていくのにうってつけな興味をそそる情報が詰まっている。反対に外側の視点は抽象的で無味乾燥で、ストーリーをつくるのに不向きだ。

このため優秀な人でも、外側の視点を検討するのを怠りがちだ。《ウォールストリート・ジャーナル》のコラムニストで、かつてレーガン大統領のスピーチライターだったペギー・ヌーナンは、民主党に不利な状況が生じつつあると予測したことがある。世論調査の結果、ジョージ・W・ブッシュ前大統領の支持率が四年前に退任する直前のどん底から、現職のオバマ大統領に並ぶほどの四七％に回復したというのが根拠だ。ヌーナンはこれを驚くべき、きわめて意味のある情報と受け取った。(9) しかし外側の視点に立てば、大統領の支持率は常に退任後上昇することがわかったはずだ。リチャード・ニクソン大統領でさえそうだった。だからブッシュ氏の支持率の上昇もまったく意外ではなく、それを「きわめて意味がある」と解釈したのはおそらく見当違いだろう。

超予測者はこのような間違いは犯さない。「今後一二カ月以内に中国とベトナムのあいだで国境をめぐり武力衝突が起きるか」と聞かれたら、ビル・フラックは即座に両国の国境問題や現在の中越関係についての情報収集を始めたりはしない。過去にどれくらいの頻度で武力衝突が起きたかを調べる。「五年ごとに中越間で武力衝突が起きていれば、『五年ごと』というモデルを使って未来を予測する」。つまり外側の視点によると、どの年にも衝突は二〇%の確率で起こることになる。これを前提に、今日《こんにち》の状況を見ながら数字を上下に調整していくことになる。

いくつか異なる外側の視点が見つかることも珍しくない。レンゼッティ家の問題ではアメリカの家庭の平均的なペット保有率というのは一つの視点だが、もっと細かいものもある。たとえばチェスナット通り八四番地のような一戸建て住宅は、アパートやマンションなどと比べてペットを飼いやすい。このためさらにレンズの焦点を絞り、アメリカの一戸建て住宅のペット所有率（ここでは七三%としよう）を外側の視点として採用しよう。二つめの外側の視点のほうがわれわれが興味を持っている具体例に近いため、出発点としては七三%のほうがおそらく妥当だろう。

もちろんレンゼッティ家のケースは、外側の視点がはっきりしていて扱いやすい例だ。アラファトのポロニウム汚染問題における外側の視点とは何か。これは難しい。中東諸国のリーダーが墓から掘り返されて毒殺の兆候を調べられるというのは頻繁にあるケースではなく、グーグルで調べれば「毒殺が検知される確率は七三%」といった数字が簡単に手に入るわけではない。だからといって外側の視点を飛ばし、いきなり内側の視点から始めるべきでもない。

フェルミ推定ならどうなるか。著名人が亡くなった。主要な捜査機関が、毒殺の疑いが十分高いので遺体を掘り起こすと決めたとする。このような状況で、毒殺の証拠が見つかる頻度はどれくらいなのか。見当もつかないし、調べる方法もない。しかし少なくとも裁判所や医療捜査官が調べる価値があると判断するほど有利な証拠があったはずだ。確率はゼロより大幅に高いだろう。少なくとも二〇％としよう。ただ一〇〇％ということはない。それほど明白で確実なら埋葬される前に毒殺の証拠は発見されている。だから八〇％より下だとする。まだかなり幅がある。中間点は五〇％だ。この外側の視点がわれわれの出発点となる。

なぜ外側の視点から始めるべきなのか、疑問に思うかもしれない。まずは内側の視点を掘り下げ、結論を導き出してから外側の視点で見てはいけないのか。それでもうまくいくのではないか。残念ながら答えは否だ。おそらくうまくいかない。理由は「アンカリング」と呼ばれる基本的な心理学の概念だ。われわれは予想を立てるとき、なんらかの数字から出発し、調整する。その元となる数字をアンカー（錨《いかり》）と言う。それが重要なのは、調整はどうしても控えめになるためだ。だからアンカーの設定が不正確だと、予測も不正確になりがちだ。しかもわれわれは驚くほど質の悪いアンカーを選びがちだ。

ダニエル・カーネマンとエイモス・トベルスキーの有名な実験では、被験者に適当な数字を見せると、それがルーレットを回して出たでたらめな数で、明らかに意味がなくても判断に影響を与えることが示された[10]。このように予測を立てる際に内側の視点から出発すると、あまり意味のない数字に影響を受けるリスクがある。外側の視点から始めれば、分析は意味のあるアンカーから出発することになる。質の高いアンカーが予測に有益なのは明らかだ。

内側の視点

質問にフェルミ推定の考え方を当てはめ、外側の視点を検討したら、ようやく内側の視点に立つ番だ。アラファトとポロニウムのケースでは、中東の政治と歴史をじっくり検討することを意味する。検討すべきことはごまんとある。そこで何冊か本を選び、半年かけてじっくり読むことにしよう。何か問題があるだろうか。

大ありである。このようなまじめな態度は尊敬に値するが、見当外れな結果に終わることもある。森の中で目の前の木を一本一本調べていたら、すぐに道に迷ってしまう。内側の視点の正しい使い方とは、やみくもに歩き回り、何か発見できることを期待しながら手あたり次第に知識を吸収していくことではない。[11]目的をはっきりと定めた意識的な行動でなければならない。散歩ではなく捜索である。

ここでもカギとなるのはフェルミ推定だ。ビル・フラックがアラファト問題にフェルミ推定を当てはめたところ、「イエス」という答えに行きつく道はいくつかあることに気づいた。イスラエルがアラファトに毒を盛った、パレスチナ人の敵対勢力がアラファトに毒を盛った、あるいはアラファトの死後に毒殺に見せるために遺体がポロニウムで汚染された、という選択肢だ。このような仮説は、内側の視点を掘り下げていくのに理想的な枠組みとなる。

まず「イスラエルがヤセル・アラファトにポロニウムを盛った」という一つめの仮説から

始めよう。これが真実であるためには、どのような条件が必要か。

1 イスラエルはポロニウムを保有していた、あるいは入手できた。
2 イスラエルは大きなリスクも厭わないほどアラファトの死を望んでいた。
3 イスラエルにはポロニウムをアラファトに盛る手立てがあった。

一つ一つについて支持あるいは否定する証拠を調べ、どれくらい正しそうか考え、その結果仮説そのものがどれくらい正しそうかを考える。続いて次の仮説、また次の仮説へと移っていく。

まるで探偵の仕事のようだ。正確に言うと、テレビ番組に出てくる探偵ではなく、本物の探偵の仕事ぶりにそっくりである。体系的で時間と労力がかかる。だが情報の森の中をさまようよりはるかに効果的だ。

意見、反対意見、そして統合

こうして外側の視点と内側の視点がそろった。あとは脳が右眼と左眼が見たものを一つの視野に統一するように、二つの視点を統合するだけだ。

超予測者の一人であるバージニア州在住のセミリタイアしたソフトウエア技術者、デビッド・ログはヨーロッパのテロに関する質問に答えるとき、まさにそんな作業をした。二〇一五年初頭にパリの風刺新聞社シャルリー・エブドにテロリストが侵入し、一一人が殺された直後、IARPAは次の問いを投げかけた。

「二〇一五年一月二一日から三月三一日までのあいだに、フランス、イギリス、ドイツ、オランダ、デンマーク、スペイン、ポルトガル、イタリアでイスラム過激派によるテロは起こるか」

イスラム過激派によるテロやヨーロッパのイスラム系コミュニティに関する情報がメディアを賑《にぎ》わすなかでは、内側の視点に飛びつく誘惑に駆られやすい。だがデビッドは流されなかった。まずウィキペディアでイスラム系組織によるテロのリストを探し、過去五年でIARPAの質問に挙がった国々で何件の攻撃があったか数えたところ六件あった。「ここから基準率は年一・二回と計算した」とGJPのフォーラムに書き込んでいる。

外側の視点を確立してしまうと、デビッドは内側の視点に転じた。数年前からIS（通称イスラム国）が台頭し、何百人というヨーロッパのイスラム教徒が加わっていた。そしてISはヨーロッパでテロを繰り返していた。デビッドはISによって状況は大きく変化したため、二〇一〇年以前のデータは妥当性を失ったと判断した。そこでそれらのデータを基準率の計算から外したところ、新たな値は一・五となった。それでもISに参加した人数と脅威を考えれば「まだ低い」と言う。その一方、シャルリー・エブドの事件以降、各所でセキュリティ対策が大幅に強化されたことにも気づいていた。これはテロの確率を抑える。この二つの要因を勘案し、デビッドは「基準率を五分の一引き上げて、年間のテロ件数を一・八としよう」と決めた。

ＩＡＲＰＡの設定した期間の残りは六九日だった。そこで六九を三六五で割り、基準率の一・八をかけた。結果は〇・三四だったので、ＩＡＲＰＡの質問の答えが「イエス」である確率を三四％という結論を出した。[12]

これは外側と内側の視点を統合したお手本のような事例だ。しかしデビッドは《クイズ＄ミリオネア》の回答者のように「三四％、ファイナルアンサー！」と声高に叫んだわけではない。すでに述べたとおり、デビッドは自らの分析をＧＪＰのフォーラムで公開している。その理由はチームメートの意見を聞きたかったからだ。別の言葉でいえば、もっと多くの視点を取り入れようとしたのだ。

外側の視点、内側の視点を考え、両者を統合すればそれで終わりというわけではない。それは優れた出発点に過ぎない。超予測者は常に自らの予測に統合できる別の視点を探している。

新たな視点を手に入れる方法はたくさんある。他の人々はどんなふうに予測を立てているのか。どんな外側、内側の視点を持つに至ったのか。専門家は何と言っているのだろう。訓練すれば自分自身で新たな視点を生み出せるようにもなる。

ビル・フラックも予測を立てるとき、デビッド・ログと同じようにチームメートに自分の考えを説明し、批判してほしいと頼む。仲間に間違いを指摘してもらったり、自分たちの視点を提供してもらいたいからだが、同時に予測を文字にすることで少し心理的距離を置き、一歩引いた視点から見直せるからでもある。「自分自身によるフィードバックとでも言おうか。『自分はこれに賛成するのか』『論理に穴はないか』『別の追加情報を探すべきか』『これが他人の意見だったら説得されるか』といった具合に」

これは非常に賢明なやり方だ。研究では、被験者に「最初の予測が誤っていたと思ってほしい、その理由を真剣に考えてほしい、それからもう一度予測を立ててほしい」と要求するだけで、一度めの予測を踏まえた二度めの予測は他の人の意見を参考にしたときと同じくらい改善することがわかっている[13]。一度めの予測を立てたあと、数週間経ってからもう一度予測を立ててもらうだけでも同じ効果がある。この方法は「群衆の英知」を参考にしていることから「内なる英知」と呼ばれる。大富豪の投資家ジョージ・ソロスはまさにその実例だ。自分が成功した大きな理由は、自らの判断と距離を置いて再検討し、別の見方を考える習慣があるためだと語っている[14]。

新たな視点を手に入れるもっと簡単な方法がある。質問の内容にひとひねり加えるのだ。たとえば「南アフリカ政府は六カ月以内にダライ・ラマにビザを交付するか」という質問を考えてみよう。アマチュアの予測者は、南ア政府がダライ・ラマにビザを交付する理由ばかりを考え、交付しない理由は考えようとしない。一方腕のいい予測者は「確証バイアス」を知っており、両方の可能性について証拠を集めようとする。「ダライ・ラマはビザを交付されるか」という質問ばかりを考えていると、頭の中でバランスが崩れて知らず知らずのうちに確証バイアスに陥るリスクがある。「南アフリカの政府高官である黒人は、自らもアパルトヘイトで苦しんだ経験がある。もちろんチベット版ネルソン・マンデラにビザを交付するはずだ」と。こうしたワナに陥らないためには、質問をひとひねりして「南アフリカは今後六カ月以内にダライ・ラマへのビザ交付を断るか」に変えるといい。このささやかな言葉の違いが、崩れていたバランスを戻し、ビザ交付が拒否される理由を考えるきっかけとなる。最大の貿易相手国を怒らせたくないというのはかなり立派な理由ではないか。

トンボの予測

外側の視点、内側の視点、他の人の外側と内側の視点、自分自身のもう一つの視点……。全体ではずいぶんな数になり、しかも当然相反する情報も多く含まれるだろう。デビッド・ログは相反する外側と内側の視点を難なく統合してみせたが、実際にはそんなたやすいものではない。統合する視点の数が増えるほど難しさは増す。

　超予測者がGJPのフォーラムに寄せる意見には「一方ではこういう見方もあるが、他方では……」という表現が目立つ。もちろん立場は二つとは限らない。二〇一四年一一月には超予測者の一人が、サウジアラビアがOPEC（石油輸出国機構）の減産に合意するか否かを予測しようとこんな書き込みをしている。

「サウジアラビアは財力があるので石油価格を低く維持したほうがリスクは抑えられる。その一方で、国民を王家に従わせておくには高水準の公的支出を維持する必要があり、それには石油価格を高くする必要がある。ただ三つめの視点として、北米の採掘ブームや世界的な需要減少といった価格下落要因はどうにもならないと考えるかもしれない。だとすれば減産は無意味だと判断するだろう。こうしたことを勘案すると、結論として八〇％の確率で答えはノーだ」（結局サウジアラビアは多くの専門家の予想に反して、減産を支持しなかった）。[15]

これこそまさに「トンボの目」である。そして言うまでもなく手間がかかる。超予測者は日ごろから頭の中で異なる視点を比較し、ふつうの人なら頭痛がしてくるほど延々とその作業を繰り返す。認知反射テストで「一〇セント！」と叫ぶタイプとは対極にある。当然、彼らの認知反射テストの結果は最高だ。「もう一度よく考えろ」という言葉は超予測者には必要ない。彼らは二度、三度考えるのが当たり前、それも本格的な分析のウォーミングアップに過ぎない。

とはいえ、彼らもふつうの人である。予測は余技に過ぎない。報酬といえばギフト券とフェイスブックで自慢できることぐらいだ。それなのになぜこれほど労力をかけるのか。一つの答えは「楽しいから」だ。「認知欲求」とは、困難な知的活動に取り組み、それを楽しむ傾向を指す心理学用語だ。認知欲求の高い人は、クロスワードや数独パズルを楽しむ。難しいほどおもしろい。超予測者は認知欲求も高い。

性格も影響する。人格心理学の見地から重要な資質の一つが「新たな経験への柔軟性」だ。ここには多様性を求め、知的好奇心が旺盛であることなどさまざまな要素が含まれている。超予測者の多くにこうした性格が見られる。ガーナ出身者でなければ「次のガーナの大統領選で勝つのは誰か」という質問に興味を持ちにくいだろう。どこから手をつければいいかもわからず、なぜこんなことを考えねばならないのかと思うかもしれない。だがこの問いをダグ・ローチに投げたところ、「よし、ガーナについて調べる良い機会だな」という反応が返ってきた(16)。

だが知能と同じように、予測においては最終的にはどういう資質を持っているかより、どういう行動をとるかのほうが大事だ。パズルが大の得意という人は予測のためのすばらしい資質を持っているかもしれないが、自分の信念にかかわる根本的問題を問い直すのに消極的であれば、知能では劣っていても自己批判的思考が得意な人にかなわないだろう。一番重要なのは地頭の良さではない。それをどう使うかだ。

ダグ・ローチのケースを考えてみよう。彼に予測の資質が備わっているのは明らかだ。だがそれだけで成功できるとは思っていない。その資質をさらに磨こうとする。趣味の読書をするときには、同じタイプの本を選びやすいのがわかっていたので、ダグは何百という情報源のデータベースを作成した。そこには《ニューヨーク・タイムズ》から無名のブログまでが思想的立場、主題、地域などの要素で分類されており、お手製のプログラムが多様性に配慮しながら次に読むべき資料を薦めてくれる。このシンプルな仕掛けによって、常に多様な視点に接することができる。ダグは単に柔軟性があるのではなく、積極的に柔軟であろうとしている。

積極的柔軟性は、ペンシルバニア大学で私の隣の研究室にいる心理学者ジョナサン・バロンが考案した概念だ。バロンが作成した積極的柔軟性を測るテストは被験者に、次のような文に同意するか否かを尋ねる。

- 自らの考えと矛盾するエビデンスを考慮すべきである。
- 自分と同意見の者より、違う意見の者に耳を傾けるほうが有益である。
- 意見を変えるのは弱さの表れである。
- 直観は意思決定における最高の指針である。
- 矛盾するエビデンスが見つかっても、自らの考えを貫くことが重要である。

想定どおり、バロンのテストで超予測者はすばらしい成績を収めた。だがそれ以上に重要なのは、彼らが積極的柔軟性という概念を体現していることだ。まさに行動で示している。超予測者にとって「自らの意見とは死守すべき宝ではなく、検証すべき仮説にすぎない」。超予測力を簡単な標語に矮小化《わいしょうか》するのは避けるべきだが、敢《あ》えて一つ選ぶとすればこれだろう。

第6章 「超数字に強い」のか

われわれはビッグデータの時代に生きている。急成長を続ける巨大なITネットワークが膨大な量の情報を吐き出し、それを強力なコンピュータと難解な数学で武装したデータ科学者が読み解く。そこから秩序と意味が抽出される。現実がかつてないほど深く理解され、予見される。しかも正直言って、データ科学者が何をどうやっているのかさっぱりわからない。そんな事態にわれわれは圧倒され、少し脅威を感じる。科学者でSF作家のアーサー・C・クラークの言うとおりだ。「十分に発達した技術というものは、魔術と見分けがつかない」

コーネル大学の数学准教授であるライオネル・レヴィンはそんな魔術師の一人だ。経歴書を見るとハーバード大学の数学の学士号、カリフォルニア大学バークレー校の数学博士号に加えて、輝かしい奨学金やフェローシップがいくつも並んでいる。それに加えて『複数ソースを持つインターナル・アグリゲーションモデルのスケーリング限界』といった不可解なタイトルの論文が延々と並ぶ。数学の天才のご多分に漏れず、レヴィンも若い。ハーバード大学を卒業したのは、インテリジェンス・コミュニティがサダム・フセインは一〇〇％大量破壊兵器を保有していると結論づけた年だ。

レヴィンは超予測者でもある。またやや極端な例ではあるが、数字に強いという超予測者の重要な特徴を備えている。超予測者の多くは「ウイルスが感染する確率が○・○五％だとすると、一万人のうち感染する人はおよそ何人か」（答えは五人である）といった簡単な数量的思考能力テストで高得点を取った。経歴書からも彼らが数字に強いのは一目瞭然だ。数学、科学、コンピュータ・プログラミングの学位を持っている者も多い。今はアートの世界に身を置いているジョシュア・フランケルでさえ、数学と科学に力を入れるニューヨークの名門高校に通い、大学卒業後初めて就いたのはコンピュータ・アニメーションを使って視覚効果を出す仕事だった。数学は苦手という超予測者にはまだお目にかかったことがなく、彼らの多くは現実生活でも数字を使いこなす。たとえばビル・フラックは為替相場の予測を求められると、過去の相場データを集めてきて、モンテカルロ・シミュレーションを作ってしまう。その道のプロには初歩的なツールだが、そうではない人には古代アラム語と変わらない。

ウォール街では数字に強い人々は「クォンツ（定量分析の専門家）」と呼ばれ、法よりはるかに難解な手法を駆使する。超予測者が数字に強いと聞けば、それが彼らのすばらしい予測能力の源《みなもと》だと思いたくなるのは当然だ。アルゴリズムを使った手品に統計的呪文を組み合わせれば、驚くべき予測のできあがり、というわけだ。数字に強い人はこの結論を歓迎するかもしれないが、高校で微積分をやって以来数学とは縁がない人、たった今「微積分」という文字を目にして冷や汗をかいた人は目の前に濠《ほり》と要塞が立ちふさがったような気分になったのではないか。

濠も要塞も存在しない。超予測者はときには独自の数学モデルを作ったり、他人の作ったものを参考にしたりはするが、それはまれなケースだ。彼らの予測の大半は、慎重な思考と微妙な判断の産物である。ライオネル・レヴィンも「数学が多少役立った質問はいくつかあった」と認めつつ、それ以外は自らの主観的判断力によるものだと語る。「重要なのはバランス感覚、そして問題と関連のある情報を見つけ、それが本当にどれだけ関連性があるのか、予測にどれだけ影響を与えるか見きわめることだ」。数学の専門家であるレヴィンは、予測に数学を使わないことをむしろ誇りにしている。予測が得意なのは数学に強いからだとよく言われるので、「今は数学など一切使わなくても優れた予測が立てられることを証明しようとしているんだ」と話す[1]。

とはいえ超予測者がほぼ例外なくかなり数字に強いタイプなのは単なる偶然ではない。数字に強いことはたしかに先読みに役立つ。ただそれは数学モデルを使えば将来が見通せるためではない。真実はもっととらえがたくも単純で、なによりとても興味深い。

ビンラディンはどこだ？

二〇一一年初頭、アメリカのインテリジェンス・コミュニティの視線はとある屋敷に集中していた。高い壁に囲まれていくつもの建物が点在するのは、ここパキスタンのアボッターバードでも富裕層の住む地区ではふつうのことだった。ただこの屋敷の住人は正体がわからず、しかも意図的に正体を伏せているようだった。これはふつうではない。それ以外にもさまざまな手がかりがあり、統合するとここがウサマ・ビンラディンの居場所であることを示していた。そんな場所はここだけだった。

九・一一からおよそ一〇年を経て、ようやくテロリストの首領の居場所を突きとめたのだろうか。今ではその答えはわかっている。だが当時の分析官にはわからなかった。それぞれの下す難しい判断が、核武装した危ういパキスタンという国での軍事攻撃につながる可能性があった。彼らの判断と結論は、その後『ゼロ・ダーク・サーティ』として映画化された。

「大統領と会ってくる。その前に冗談抜きで各自の意見を知りたい」とは、この映画でCIAのレオン・パネッタ長官を演じたジェームズ・ガンドルフィーニのセリフだ。円卓を鋭い視線で見渡して聞く。「率直に言って野郎はいるのか、いないのか。それだけ答えてくれ」

初めに副長官が答える。「確信はありませんが、彼がいる確率は六〇％」。パネッタ役は二人めを指す。「私も六〇％かと」。「警戒態勢から見て八〇％」と三人めが言う。「まるで揃わんな」とパネッタ。こんな具合に円卓に座る一人ひとりが意見を言っていく。六〇％。八〇％。六〇％。パネッタは椅子にどっかりと腰を下ろし、ため息をつく。「クソの役にも立たんな」

ここで映画を止めよう。映画の中のレオン・パネッタはいったい何を求めているのか。意見の一致である。全員が同じ結論に達すれば、その結論が正しい、あるいは少なくとも現状では最良だと確信できる。彼と同じ立場にあれば、誰でもそう思うだろう。意見の一致は安心感を与える。逆に不一致は……。映画の中のレオン・パネッタほど気の利いたセリフは言えないかもしれないが、みな同じ気持ちになるだろう。

しかし映画の中のパネッタは間違っている。円卓を囲む人々は、それぞれ難しい問題について独自の判断を下し、それを率直にCIA長官に伝えることを求められている。全員がまったく同じ証拠を見たとしても（実際には入手できる証拠にはばらつきがある可能性が高い）、同じ結論には達しないだろう。それぞれ別の人格なのだ。学歴、訓練、経験、性格も異なる。優れた上司なら全会一致など期待しないし、もしそんなことが起こればグループシンク（集団浅慮）の表れととらえるだろう。多様な意見が出るのは、円卓の人々が本当に自分の頭で考え、独自の意見を語っているという歓迎すべき兆候だ。長官は全員から異なる意見が出てきたことを喜ぶべきだ。まさに典型的な「群衆の英知」である。長官は各自の判断を統合するだけでいい。単純に平均値を出してもいいし、自分が信頼する人の意見を重みづけするように加重平均を取ってもいい。いずれにせよ、これぞトンボの目だ。

私がレオン・パネッタ本人にこの有名なシーンについて尋ねたところ、似たような状況があったと言う。「円卓にいた者の多くは情報分析官で、ベテラン揃いだった。全員の経験を足し合わせれば相当なものだった」。しかし彼らの意見は一致せず、「確率は三〇〜四〇％という者から九〇％以上という者まで」判断は分かれていたという。ただ多様な意見が出されたことに対する本物のレオン・パネッタの反応は、映画の中のそれとはまるで違っていた。連邦下院議員を務めたのち、クリントン政権で大統領首席補佐官、オバマ政権で国防長官を務めた経歴を持つパネッタは、多様性を歓迎したのである。

「私は部下に、私が聞きたいと思っていることではなく、自分の考えを正直に語ってほしいといつも言っている」とパネッタは語る。(2) 大統領首席補佐官時代は、多様な見解を入手して大統領に示すことを重要な任務と考えていた。現実と映画の中のレオン・パネッタはまさに対極にある。

ここで再び映画に戻ろう。

長官が意見の一致しないことに失望感をあらわにすると、主人公の女性分析官マヤに意見を言うチャンスが巡ってくる。会議室の隅で議論を見守っていたマヤは、爆発寸前だった。「一〇〇%確実。いいわ、確実だとビビるだろうから九五%。でも一〇〇%よ」。パネッタ長官はいたく感心する。他の人々が不確実性を口にするなか、マヤの発言には強烈なインパクトがあった。マヤは問題の屋敷が発見されて以来、そこがビンラディンの居場所だと確信していたので、即座に爆破するよう求めてきた。攻撃が実行されないまま数週間が過ぎると、上司の部屋の窓に過ぎ去った日数を書きつける。スクリーンには部屋にズカズカと入っていき、赤いペンで「21」と書いてぐるぐると丸で囲む姿が映し出される。数字はやがて98、99、100となり、太いマーカーで二重線が引かれる。観客にはマヤのいらだちが手に取るようにわかる。マヤが正しい。ビンラディンはそこにいる。他の者の意見など無視すればいい。

映画の中のパネッタは、マヤや観客と同意見だ。会議の後、側近にこう語る。「他のヤツらはイエスかノーかはっきり言わない。ビビってるからだ。確率なんてものは腰抜けどものためにある」

もう一度ここで映画を停止しよう。映画の中のパネッタの思考には、二つの選択肢しかない。「ビンラディンはそこにいる」か「いない」か。「おそらく」「たぶん」「もしかしたら」が入り込む余地はない。『ゼロ・ダーク・サーティ』のこの場面を見ると、映画の制作者もそうした姿勢を正しいと考えているようだ。観客もそれに賛同すると踏んでいる。ウサマ・ビンラディンはそこにいるのか。イエスかノーか。「冗談抜きで」。これがマヤの考え方であり、それが正しい、と。

システム2を起動し、改めて状況を見直すまではそうかもしれない。現実にはマヤの主張は不合理だ。手元のエビデンスを見れば、屋敷の男はおそらくビンラディンだろう。可能性はきわめて高いと言ってもいい。だが一〇〇%か。絶対確実、ビンラディンではない可能性はゼロか。そんなことはない。住人は別のテロリストかもしれないし、麻薬密売人かもしれない。アフガニスタンの軍閥指導者かもしれないし、武器商人あるいは妄想癖のあるパキスタンの富裕な実業家かもしれない。この一つ一つの選択肢が事実である可能性はわずかでも、足し合わせれば一%、二%、五%、あるいはそれ以上になるかもしれない。そうだとすれば一〇〇%ビンラディンだと言い切ることはできない。

このようなきめ細やかな分析は重要だろうか。かつてインテリジェンス・コミュニティはサダム・フセインが大量破壊兵器を保有していると確信し、保有していない可能性を調べもしなかった。こうした分析はまちがいなく重要だ。

　もちろんマヤがいらだちを募らせていたころ、ビンラディンがそこにいたのは客観的事実だ。だからマヤの主張は正しかったわけだが、当時存在したエビデンスを踏まえればそれは極端な予測だった。つまり「正しいが不合理」であった。その逆が「誤りだが合理的」で、サダム・フセインの大量破壊兵器についてインテリジェンス・コミュニティが「絶対確実」ではなく「六〇～七〇％の確率」と言っていれば、それに該当しただろう。最終的な結果がどうであれ（マヤにとっては幸運、インテリジェンス・コミュニティには不運だったが）、予測の本質が変わるわけではない。

　本物のレオン・パネッタはプロセスの妥当性と結果が必ずしも一致しないことを理解している。また映画の中の自分ほど確実性にこだわらない。「一〇〇％確実などということは一つもない」と、われわれとのインタビューで繰り返し語った。

　本物のパネッタの思考法は、超予測者のそれに似ている。(3)

第三の選択肢

　同じような場面がジャーナリスト、マーク・ボウデンの著書『フィニッシュ――ウサマ・ビンラディン殺害』（*The Finish: The Killing of Osama bin Laden*、未邦訳）にも登場する。今度は円卓を仕切るのはＣＩＡ長官役の俳優ではない。本物のバラク・オバマ大統領だ。

　有名なホワイトハウスの「シチュエーションルーム（危機管理室）」で、オバマ大統領はパキスタンの謎めいた屋敷の男の正体についてＣＩＡ職員らの意見に耳を傾けた。ＣＩＡのチームリーダーはそれがビンラディンだとほぼ確信していると述べた。「彼は確証レベルを九五％とした」と、歴史的な奇襲攻撃を描いた『フィニッシュ』でボウデンは描写している。二人めもチームリーダーの意見に賛成した。だが他の人々はそれほど威勢がよくなかった。「国家情報長官室の四人の幹部が報告書に目を通し、それぞれ意見を文書にしていた。ほとんどが確証レベルを約八〇％としていたが、なかには四〇％、三〇％という意見もあった」とボウデンは書いている。別の出席者は屋敷にいる人物がビンラディンである可能性は六〇％と発言した。

「なるほど。これは確率の問題だな」と大統領は応じたという。

ここでボウデンは解説を加える。「一〇年前に『サダム・フセインは大量破壊兵器を隠している』という誤った判断を下し、それが長く負担の大きい戦争につながったことから、CIAは確実性を評価するために滑稽なほど入念なプロセスを導入した。（中略）まるで優れた判断のための数式でも作ろうとするかのように」。CIAが数字や確率を用いることに、ボウデンは明らかに否定的だ。彼によると、オバマ大統領も同意見だったという。「結果的に確信ではなく混乱が深まるだけだとわかった、と大統領は私に語った」

後年のインタビューで、オバマ大統領はこう言ったという。「こうした状況で入ってくるのは有益な情報ではなく、不確実性をごまかすための確率ばかりだ」。ボウデンはさらにこう続ける。「大統領は率直に事実を認めていた。こうした情報に基づいて行動するのは賭けである、と。そのものずばり、大きな賭けである」

さまざまな意見に耳を傾けたあとで、大統領は全員にこう言った。「確率は五分五分だ」。室内は静まりかえった。「これはコイン投げと同じだ。それ以上の確証があるかのようにこの判断を下すことはできない[4]」

ボウデンは明らかに大統領の判断を高く評価している。だがそれは妥当だろうか。

ボウデンの提供する情報は網羅的ではないが、CIA職員の予測の平均値、すなわち「群衆の英知」は七〇％程度に思える。それにもかかわらず大統領は「五分五分」と言っている。どういう意味だろうか。複数の可能性があるので、ここは慎重に検討しなければならない。

一つは、大統領が本当に「五分五分」と考えた可能性だ。さまざまな見解に耳を傾けたうえで、五〇％が最も妥当な数値と判断した。そうだとすれば判断を誤ったことになる。円卓の人々の集団としての判断はこの数値より高く、ボウデンの描写を読むかぎり五〇％が妥当だと考える合理的根拠はない。五〇％という数字は唐突である。

ただ多くの研究で示されているとおり、われわれが「五〇％」あるいは「五分五分」と言うのは、たいてい[5]は「わからない」「不確実である」、あるいは単に「どちらとも言えない」の意味である。状況から判断して、おそらく大統領もこういうつもりだったのではないか。

そうだとすれば合理的な見解かもしれない。大統領は責任者として重大な判断を下そうとしていた。ビンラディンがその建物にいる可能性がある程度あれば、攻撃を命じるべきだと思っていたかもしれない。確率が九〇％や七〇％でも、あるいは三〇％でも違いはなかった。

だから正確な確率を検討するのに時間をかけるのはやめ、さっさと議論を打ち切って先へ進もうとしたのだろう(6)。

もちろん大統領がこう考えたかはわからない。また考えられる可能性はもう一つある。ただし、あまり褒められたものではない。

映画の中のレオン・パネッタのように、オバマ大統領も関係者の予想にばらつきが大きいことに不満を持ったのかもしれない。意見の不一致を見て、彼らを信頼できないと思ったのかもしれない。そこで統計学の専門家の言う「無知のプライアー（事前情報ゼロ）」と判断した。これはコイン投げで表が出るか裏が出るかわからない状態、このケースでは海軍の特殊部隊が攻撃を仕掛けたときに主寝室にビンラディンがいるかどうかまったくわからない状態を指す。この判断も誤りだ。というのも大統領が円卓に集まった人々の情報をきちんと活用しなかったことを意味するからである(7)。ただし映画の中のパネッタとは違い、オバマ大統領には二つだけでなく、「どちらとも言えない」という三つめの選択肢があった。そしてそれを選んだのである。

ボウデンの描写を読んでいて、三〇年前のエイモス・トベルスキーとの会話を思い出した。ともに核戦争を防ぐためのアメリカ学術研究会議（NRC）の特別委員会のメンバーだったとき、彼は「連中が確率を論じるときには三つの選択肢しかない。『核戦争は起こる』『起こらない』『どちらとも言えない』だ」と言ったのだ。トベルスキーには茶目っ気があり、また学者の集団に世界を救うという使命を与えることの不条理をよくわかっていた。だから私は、九八％の確率で彼の発言はジョークであり、九九％の確率で彼のジョークは人間の判断についての基本的真実を突いていたと思っている。

石器時代の確率論

人類はそれなりに人類と呼べる状態に進化して以来、常に不確実性と向き合ってきた。ただ不確実性に対処するのに統計モデルを使えた時期はおそろしく限られていた。そんなものは存在しなかったからだ。知識人が確率論について真剣に考えはじめたのは一七一三年にヤコブ・ベルヌーイが『推測術』を発表してからと、驚くほど最近のことである。

それ以前は鼻先越しの視点に頼るしかなかった。草むらに動く影がある。ライオンを警戒すべきだろうか。そこでライオンが草むらから人間を襲っている事例を思い浮かべようとする。簡単に思い浮かぶようであれば、逃げろ！となる。第2章で見たとおり、これはシステム1の働きだ。システム1が強く反応すれば、結論は「そうだ、ライオンだ！」か「いや、ライオンじゃない」の二つに一つとなる。だが反応が弱いと、その中間の「ライオンかもしれない」というどっちつかずの結論になる。

鼻先越しの視点に頼っているかぎり、ライオンである確率が六〇％か八〇％かといったきめ細かな判断は下せない。それにはじっくりと意識的かつ慎重に考える必要がある。当然ながらわれわれの祖先が生死を分ける判断に直面したときに、そんな細かい見きわめは必要なかったし、望ましくもなかった。選択肢が三つしかなければ、指示も明確になる。ライオンか？　イエスなら「逃げろ！」、どちらともいえないなら「警戒せよ！」、ノーなら「安心しろ」である。そこで確率が六〇％か八〇％かを見分ける能力にはほとんど付加価値がない。むしろ精緻な分析は判断を遅らせ、命取りになりかねない。

こうした事情を考えると、われわれが頭の中に二つか三つの選択肢しか持たない傾向があるのは理解できる。それを裏づける研究も多い。たとえば子供が深刻な病気にかかる確率を一〇％から五％に下げると言われたときと、五％からゼロ％に下げると言われたときでは、親が支払おうとする金額は後者のほうが二〜三倍高い。なぜ五％からゼロ％に下げることのほうが、一〇％から五％よりそれほど価値があるのか。それは前者の効用は単にリスクを五％下げるだけではないからだ。確実性をもたらすのである。われわれの頭の中で「ゼロ％」と「一〇〇％」は経済学者のモデルでは説明できない分不相応な重みを持つ。[8]

脳がどのような環境で進化してきたかを思えば、これも意外ではない。身近にライオン、あるいは蛇が潜んでいる可能性が常にあった。あるいはこん棒を持った誰かが小屋を襲ってくる可能性も。それ以外にもわれわれの祖先は無数の脅威にさらされていた。とはいえ常に神経を尖らせてもいられない。それではあまりにも心的負担が大きい。気楽に構えていられる時間も必要だった。解決策は、ささいな確率の差は無視して、できるだけ二者択一を用いるようにすることだ。ライオンはいるか、いないかだ。「どちらともいえない」という第三の選択肢は本当にやむを得ないときだけ用いる。[9]

ハリー・トルーマン大統領は、一方向しか見えない経済学者の意見を聞きたいものだ、とジョークを飛ばしたことがある。「一方で……、その一方で……」という説明を聞くのにうんざりしたためだ。トベルスキーのジョークになにやら通じるところがある。われわれははっきりとした答えを求める。「イエス」あるいは「ノー」は、「どちらとも言えない」よりずっと腑に落ちる。だからこそメディアは、過去の予測の実績がどれほどお粗末でも自分には将来が見通せるという自信にあふれたハリネズミをこれほど重用するのだろう。

もちろん自信に満ちた判断を好むのは、必ずしも悪いことではない。ほかの条件が一定であれば、「フランスの人口はイタリアより多いか」といった質問に対して、われわれは自信があるときほど正答する確率は高くなる。自信と正確さには正の相関がある。しかし研究では、この相関は過大評価されがちなことがわかっている。たとえば二人の金融コンサルタントの過去の実績が同等でも、われわれは自信がなさそうなほうより自信がありそうなほうを信頼する。また自信と能力は同一視されがちなので、何かが起こる確率を中くらいと予測する人はあまり評価されない。ある研究では「そのような予測は無能さ、知識の欠如、あるいは自信を持って判断を下すだけの情報収集をしない怠慢の表れとみなされる」という結果が出ている。(10)

われわれの思考にこのような本能的偏りがあることが、確率論をよく理解できない人がきわめて多い一因だ。もちろん単なる無知や誤解が原因となっている部分もある。「ロサンゼルスの降雨確率は七〇％」と聞いて、「二四時間のうち七〇％は雨が降り、残りの三〇％は降らない」と思う人、あるいは「ロサンゼルス地域の七〇％では降るが、残り三〇％の地域では降らない」と思う人、「天気予報士の七〇％は雨がふると思っているが、三〇％は降らないと思っている」と考える人などはその例だ。しかし誤解の根っこは、実はもっと深いのだ。

「明日の降雨確率は七〇％」の正しい意味とは、「雨は降るかもしれないし降らないかもしれない」ということ、そして天気予報士が優秀であれば、降雨を予想した一〇〇日のうち七〇％で雨が降り、三〇％では降らないはずであるということだ。これは「雨は降る」あるいは「降らない」のどちらかである（どうしてもと言うなら「どちらとも言えない」を加えてもいい）というわれわれの本能的理解からはおそろしくかけ離れている。[11]

確率論は直観にとことん反したものである。だからこそとびきり知的な人々でさえ、よく初歩的な誤りを犯す。オバマケア（オバマが公約として掲げた医療保険制度改革）をめぐって《ニューヨーク・タイムズ》のデビッド・レオンハルトが「予測市場は誤っていた。七五％の確率で法案は違法という判決が出ると言っていたのにそうならなかった」と主張したとき、私は彼に間違いを指摘してやれば、ピシャリとおでこを叩いて「そうか！」と言うにちがいないと思った。おそらく誰かがそうしたのだろう。その後レオンハルトはまさにこのような誤解を戒めるすばらしいコラムを書いている。間近に迫った連邦上院議員選挙で七四％の確率で共和党が過半数を握るという予想が出ていたのに対し、最終的に共和党が敗れても予測が外れたと結論づけてはならないと読者に説いている。「七四％の確率で過半数をとるというのは、二六％の確率でとらない可能性もあるということだ」と。[12]

われわれの頭に三つの選択肢しかないことは、あちこちで混乱を引き起こす原因となっている。元財務長官のロバート・ルービンは、ラリー・サマーズ副長官とともにホワイトハウスや連邦議会のトップ政治家に説明をしていると、イライラすることが多かったと私に語った。八〇％の確率で何かが起きると言うと、たいてい確実に起きると相手に受け取られたためだ。「テーブルを叩かんばかりに『たしかに確率は高いが、起こらない可能性もあるのだ』と言い聞かせなければならなかった。確率が高いと聞くと『それは確実に起こるのだ』と頭の中で読み替えてしまう人が多い」とルービンは言う。

このような教育水準も高く社会的に成功した人々を勉強机に座らせ、「何かが起こる確率が八〇％」というのは「起こらない確率も二〇％ある」ということだと説明すると、うんざりした顔で「当たり前じゃないか」と言うはずだ。しかし一歩机を離れ、抽象論から現実世界に引き戻されると、同じ高学歴で成功した人々が直観的にモノを考えるようになる。ある事象が起こるかもしれないし起こらないかもしれない、ということを人々がすんなり理解できるのは、確率が五分に近いときだけだとルービンは語る。「六〇対四〇で起こる可能性が高いと言うと、やっと相手に伝わる」[13]

エイモス・トベルスキーは惜しくも一九九六年に亡くなったが、この言葉を聞いたらきっとニヤリとしただろう。

情報化時代の確率論

科学者の確率に対する姿勢はまったく違う。

　科学者は不確実性を楽しむか、少なくとも受け入れる。なぜなら科学の視点で現実を見ると、確実性は幻想に過ぎないとわかるからだ。レオン・パネッタは科学者ではないが、「一〇〇％確実なことなど一つもない」という彼の発言は科学者の世界観を見事にとらえている。

　みなさんは意外に思うかもしれない。数学者で統計学者でもあるウィリアム・バイアーズはこう指摘する。「科学を確実性と同一視する人は多い。彼らは確実性を負の要素が一切ないものととらえ、最も望ましい状態と考える。そして科学的成果や理論がそれをもたらすと考えている」[14]。科学者は事実を発見し、それを大理石の碑《いしぶみ》に刻んでいくのだと一般の人々は考える。その事実の集積が「科学」なのだ。事実の蓄積が進むほど不確実性は消滅する。科学の究極の目標は不確実性の根絶である、と。

　これはかなり一九世紀的な科学のとらえ方だ。二〇世紀の科学の大きな成果は、不確実性を現実から排除することはできないと示したことだ。「不確実性は厳然と存在する。完全な確実性という理想こそ幻想なのだ」とバイアーズは語る[15]。これは最先端の科学的知識についても、また現在科学の土台を成すと思われている部分についても言えることだ。ある世代の科学者には動かしがたい事実に思えたことが、次の時代には粉々に砕け散ることもある[16]。科学的知識はすべて暫定的だ。大理石碑に刻まれるものなど何もない。

　もちろん科学者は確実性をにおわす表現を使うが、便宜的にそうしているだけだ。事実を述べるたびに「われわれはこの結論を支持する相当なエビデンスを有しており、強固な確信を持っているものの、きわめて蓋然性は低いとはいえ新たなエビデンスあるいは論理の出現によって本件に関する見方を修正する必要が生じることもあり得る」と言い添えるのは面倒だからだ。しかし科学者が「これが真実である」と言うときには、常にこの見えざる注釈が付いている。確実なことは一つもない(もちろんこれは私の研究にも当てはまり、本書の内容も例外ではない。悪しからず)。

確実なことが何もないのであれば、二つか三つの選択肢しかない思考法には致命的な欠陥がある。「イエス」「ノー」は確実性を意味するので使えない。そうなると残るは「どちらとも言えない」という、われわれが本能的に避けようとする選択肢だけだ。

もちろん選択肢が一つしかなくては意味がない。あの影はライオンか？　どちらとも言えない。ヤセル・アラファトの遺体からポロニウムは検出されるのか。どちらとも言えない。謎めいた屋敷にいるのはウサマ・ビンラディンか。どちらとも言えない。

だとすれば「どちらとも言えない」を、確かさに応じてさらに細分化する必要がある。「おそらく」や「可能性は低い」といった曖昧な言葉を使うのも手だが、それが危うい誤解を招きかねないことはすでに見たとおりだ。だから科学者は数字を好む。数字を使う場合は、できるだけ細かく刻んだほうがいい。「一〇％、二〇％、三〇％」「一〇％、一五％、二〇％」あるいは「一〇％、一一％、一二％」といった具合に。数字の違いが本当に確率の違いを映すなら、つまり一一％の確率と言った場合には本当に一二％より発生率が一％低く、一〇％より発生率が一％高いのであれば、刻みはできるだけ細かくするほうがいい。細かな選択肢をそろえておくことが、確率論的思考の基礎となる。

ロバート・ルービンは確率論的に思考する。ハーバード大学時代、哲学の教授が「立証可能な確実性は存在しない」と言うのを聞き、「それまでずっと思っていたことと一致した」と話す。これは二六年にわたるゴールドマン・サックスでのキャリアを経て、ビル・クリントン大統領の顧問、財務長官を務めるあいだ、ずっとルービンの指針となってきた。自伝『ルービン回顧録』（日本経済新聞社刊、原題は *In an Uncertain World*）のタイトルにも「不確実性」の文字がある。確実性を否定することで、すべては確率の問題になり、ルービンは可能なかぎり緻密さを追求した。「ルービンと働きはじめたころ、ある法案が議会を通過するかと聞かれたので『確実だ』と答えた。その答えが彼はまったく気に入らなくてね。今では『六〇％の確率』と報告し、五九％と六〇％のどちらが正しいか議論をするようになった」と、財務省時代の若い側近がジャーナリストのジェイコブ・ワイスバーグに語っている。[17]

クリントン政権下で株価が上昇を続けて「ルービノミクス」ともてはやされた時代には、ルービンへの評価は高かった。それが二〇〇八年の危機のあとは手のひらを返したように批判された。ただルービンが英雄なのか悪者なのか、あるいはその中間なのかは私の専門外だ。私が興味を持ったのは、ルービンが一九九八年に《ニューヨーク・タイムズ》の特集記事で、自らの確率論的思考を披露したときの人々の反応である。多くの人がそれを驚くほど直観に反する、難しいものととらえた。自らのオフィスの壁に、子供の写真やお気に入りの言葉などと並べてルービンの記事の切り抜きを貼った専門職も少なくない。

「さまざまな立場の人から、あの記事に影響を受けたと言われたよ」とルービンは二〇〇三年に語った。彼自身、反響に驚いた。別に目新しいことを書いたつもりはなかったからだ。だが自伝でこのテーマをさらに深く掘り下げたところ、反応はまったく同じだった。出版から一〇年が過ぎても「いまだに会議に参加したあとなどに参加者から『ご著書を持ってきたのでサインしてください』とか『確率的思考に関するくだりは本当に参考になり、おもしろかった』などと言われる」と言う。「私には当然と思えることが、なぜこれほど多くの人には新鮮に響くのだろう[18]」

確率論的思考と、われわれにとって自然な二つか三つの選択肢しかない思考は、魚と鳥のように本質的に異なる生き物だ。それぞれ現実に対する異なる前提や対処法に基づいている。そしてどちらも逆の思考法に慣れた者にはおそろしく奇異に映る。

不確実性の達人

相手が超予測者であれば、ロバート・ルービンはテーブルを叩かなくても、八〇％の発生確率というのはその事象が発生しない確率が二〇％あることだと理解させられるだろう。数字に強いこともあり、超予測者は科学者や数学者と同様、確率論的にモノを考える傾向がある。

不確実性は排除しきれないという意識は、確率論的思考の根幹を成すが、不確実性を測るのは難しい。ここで役立つのが「認識論的不確定性」と「偶然的不確定性」という哲学的分類法だ。認識論的不確定性とは、今はわかっていないが少なくとも理論的には知りえることだ。たとえば初めて見る機械の仕組みを知りたければ、理論的には腕のいい技術者なら分解して探ることができる。仕組みを考えるというのは、典型的な「時計型」の予測問題である。
一方、偶然的不確定性は今わからないだけでなく、知りえないことだ。一年後のフィラデルフィアで雨が降るのか、どれだけ熱心に調べても多くの天気予報士の意見を聞いても、季節平均を上回る予測を立てることはできない。これは理論的にも不確実性を排除できない、どうにも手に負えない「雲型」の問題だ。偶然的不確定性があるからこそ、どれほど入念に計画を立てても人生では想定外の事態が起きる。
超予測者はこの動かしがたい真実をふつうの人よりよくわかっている。だから排除できない不確実性を多く含む問題、たとえば為替相場にかかわる問題などでは慎重を期して当初の予測を三五～六五％という「どちらとも言えない」の領域にとどめ、そこから大幅に逸脱しない。先行きに雲が多いほど、ダーツを投げるチンパンジーに勝つのは難しいと知っている。[19]
もう一つの示唆に富むエビデンスは「五分五分」という表現にまつわるものだ。注意深く確率論的に思考する人にとって、五〇％というのは数ある選択肢の一つに過ぎない。このため五〇％と数字を使う頻度は、四九％や五一％と変わらない。一方、頭の中に選択肢が三つしかない人は確率を判断しろと言われると、五〇％という数字を使いがちだ。五〇％を「どちらとも言えない」と同義に考えているからだ。このため頻繁に五〇％を使う人は、予測の正確性が低いと考えられる。トーナメントのデータもまさにそれを裏づけている。[20]

私はカナダのモントリオール在住の超予測者ブライアン・ラバッテに、余暇にどんな本を読むのかと尋ねたことがある。フィクションもノンフィクションも両方読む、と彼は答えた。それぞれの割合を聞くと「そうだな、七〇％は……」と言ったあとしばし沈黙し、「いや、六五対三五でノンフィクションのほうが多いな」と言い直した。[21] 何気ない会話にしては、驚くべき細かさだ。

IARPAのトーナメントで正式な予測を立てるときでも、ふつうの人はそれほど細かくない。一〇％のくくり、すなわち三〇％、四〇％などと答えることが多く、三五％、あるいは三七％といった回答をすることは少ない。超予測者ははるかに細かい。彼らの予測の優に三分の一は一％単位である。何かが起こる確率は四％ではなく三％ではないか、と入念に検討するのだ。財務省の若手が上司のロバート・ルービンにきめ細かい確率でモノを考えるよう仕込まれたのと同じように、超予測者はできるだけ精緻であろうとし、一般人から見るとどうでもいいような違いについて議論する。正確な確率は五％か、一％か、あるいはコンマ数パーセントゼロに近いので数字を丸めてしまってもよいか、といった具合に。

これは針の先で天使が何人踊れるかといった浮世離れした議論ではない。ときにはこれだけの細かさが重要なこともある。わずかな違いが、ある脅威またはチャンスが「きわめて発生しにくいが発生しうる」のか「発生しえない」のかを分ける。その事象が起きたときの影響が大きいほど、わずかな差が重大な意味を持つ。エボラ熱の流行の脅威、あるいは次のグーグルとなる企業に出資するチャンスをイメージするといい。

読者には懐疑的姿勢を持つよう説いてきたので、ここで疑問を抱いたかもしれない。顎をさすりながら「七三％の確率で、年末のアップルの株価は年初より二四％上昇するだろう」などと言えば、まわりは感心するだろう。そこに「確率的解析によると」「回帰分析では」といったふつうの人にはなじみのない専門用語をちりばめれば、数学や科学に対する当然の畏怖も手伝って誰もがうなずくはずだ。これは細かい数字を使って話をまわりくどくしている例で、残念ながらよく使われる手でもある。

超予測者が細かい数字を使うのは意味があることなのか、どうすればわかるだろう。ブライアン・ラバッテが七〇％という数字を言いかけてから六五％に修正したとき、予測の精度が高まったとみていいものだろうか。トーナメントのデータを見れば、その答えは明らかだ。バーバラ・メラーーズは予測値の細かさと正確性に相関があることを証明した。「二〇％、三〇％、四〇％」といった一〇％刻みで回答するふつうの参加者の予測精度は、「二〇％、二五％、三〇％」といった五％刻みで回答する参加者より低く、「二〇％、二一％、二二％」と一％刻みで回答する参加者と比べるとさらに低かった。

メラーズはさらなる検証として、細かい予測をざっくり丸めてみた。つまりトーナメントで認められた最も細かい単位である一％刻みの回答を、五％刻み、一〇％刻みに直したのである。こうしてすべての予測を一段階粗くした。それからブライアー・スコアを再計算したところ、五％刻みに直しただけで超予測者の予測の正確さは低下した。一方、ふつうの参加者の正確さは二〇％刻みに直してもほぼ変わらなかった。[22]

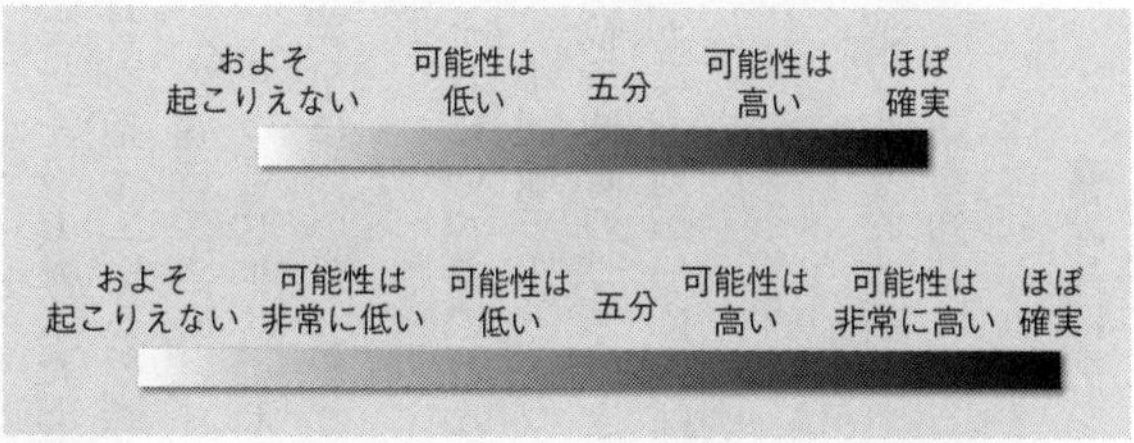

図9　インテリジェンス・コミュニティにおける予測精度の細かさ

ブライアン・ラバッテが細かい数字を使うのは話をまわりくどくするためではなく正確さを期すためであり、それが彼の超予測者たるゆえんである。

たいていの人はブライアンのように正確であろうとせず、慣れ親しんだ二つか三つの選択肢という心理モデルにしがみつく。これは大きな誤りだ。伝説的投資家のチャーリー・マンガーは賢くもこう指摘する。「確率でモノを考えるという初歩的ではあるが直観にはやや反する技術を身に着けないと、人生という尻蹴とばし競争に片足で参加するはめになる[23]」

非常に優秀な人材を擁する一流の組織でさえ、ブライアンのレベルに到達する努力を怠っている。その一例が国家情報委員会（NIC）だ。イラクに侵攻すべきか、イランと交渉すべきかといったきわめて枢要な意思決定に影響を与える国家情報評価書（NIE）を作成する組織である。NICは情報分析官に図9のような五段階、あるいは七段階で予測を立てるよう求めている。

二つか三つの選択肢しかない心理モデルと比べれば大きな進歩だが、意欲あふれる超予測者が数多くの質問に出した答えと比べると、かなり見劣りする。私はＮＩＣで働く人々の優秀さを知っているので、これではそうした人たちを遊ばせているのも同様だと思えてならない。ＮＩＣに限らず一流の人材を抱えている組織ならどこでも、超予測者と同じような成果を追い求め、奨励すれば、それを達成できるはずだ。またぜひそうすべきである。(24)

その見返りは、未来をよりはっきりと見通せるようになることだ。人生という尻蹴とばし競争において、それはきわめて重要である。

それにいったいどんな意味があるのか？

小説家カート・ヴォネガットの名作『スローターハウス５』（早川書房刊）で、アメリカの戦争捕虜のつぶやきが警備兵の気に障る場面がある。「警備兵は英語を知っており、アメリカ兵を列からひっぱりだすと殴り倒した」とある。

アメリカ兵はあっけにとられていた。彼はよろよろと立ちあがり、血を吐きだした。歯を二本折られていた。自分のいったことがこんな結果を生むとは、まさか警備兵が英語を知っているとは、思っていなかったようだった。

「なぜおれを？」と、男は警備兵にいった。

警備兵は男を列に押しもどした。「なぜおまえを？　だれだろうと同じだ」と、その兵はいった。（伊藤典夫訳）

ヴォネガットはこの主題をひたすら繰り返す。「なぜわたしが？」。異星人に拉致された主人公のビリー・ピルグリムが聞く。「それはきわめて地球人的な質問だね、ピルグリムくん」と異星人が答える。「なぜきみが？　それをいうなら、なぜわれわれが？　なぜあらゆるものが？」。(25)「なぜ」と聞くのは世間知らずだけだ。現実がはっきり見えている者は、そんなことは考えない。

これは鋭い洞察である。起こりそうもない重要なことが起きたとき、「なぜ」と尋ねるのはとても自然なことだ。

悲劇を含めてあらゆる出来事は神のはからいである、という宗教的考えは昔からあり、どのような宗教観を持つかにかかわらず、これが慰めとなり、耐えがたきを忍ぶ一助となるのは間違いない。逆境を克服してすばらしい成功を手にしたオプラ・ウィンフリーは、こうした考えを体現し、広く伝えている。ハーバード大学卒業式でのスピーチでは、わかりやすい言葉でこう語っている。

「失敗なんてものはありません。失敗は、私たちを別の方向に向かせようとする人生のはからいなのです。（中略）あらゆる失敗から学びましょう。というのもすべての経験、出会い、なにより失敗は、みなさんに何かを教え、自分らしくあるよう促すためにあるからです」

すべては理由があって起こる。すべてのことに意味がある。名物番組《オプラ・ウィンフリー・ショー》の最終回で、ウィンフリーは同じメッセージをより宗教的な言葉で語っている。「神とその慈悲がどのように示されるか、私にはわかります。だからこの世に偶然はないと知っているのです。一つもありません。あるのは神の秩序だけです」[26]

意味への欲求を満たすのは宗教だけではない。心理学者は、無神論者も人生の重要な出来事に意味を見いだすことを明らかにしている。また無神論者の大多数は「あらゆる出来事には理由があり、人生には物事の帰趨を定める根本的秩序がある」という意味で、運命を信じているという[27]。意味づけは人間の基本的欲求である。意味を見いだす能力は、健全で強靭な心の証であることを示す研究は多い。たとえば九・一一のテロの生存者のなかで、この惨劇に意味を見いだすことのできた者はＰＴＳＤ（心的外傷後ストレス障害）にかかる割合が低かった[28]。

ただこのような考え方は精神衛生上は有益かもしれないが、科学的世界観とは折り合いが悪い。科学が扱うのは、人生の目的にかかわる「なぜ」という問いではない。「どのように」という因果関係と確率の問題だ。山の斜面に降り積もった雪は、ずれて雪崩《なだれ》を引き起こすかもしれないし、引き起こさないかもしれない。どちらに転んでもおかしくない。神や運命などであらかじめ決まっているわけではない。「そうなる定め」ではないし、そこに意味などない。アインシュタインに異を唱えるようだが、神はたしかにサイコロを振って宇宙の帰趨を決めているのかもしれない。このように確率論的思考と神の秩序という思考は相いれない。油と水のように、確率と運命はなじまない。そしてわれわれが運命的思考に身を委《ゆだ》ねるほど、確率論的にモノを考える能力は損なわれる。

たいていの人は運命のほうを好む。私は心理学者のローラ・クレイら数人の研究者とともに「反事実的思考」の影響を調べたことがある。ある出来事が実際とは異なる展開になっていたらどうかと想像してもらうのだ[29]。一つめの実験では、ノースウエスタン大学の学生になぜこの大学を選んだのかという短い作文を書かせた。続いてその半数に「別の展開になっていた可能性」を思いつくかぎり挙げてもらった。そして最後に全員に、次の三つの文にどれだけ強く同意するか評価してもらった。「ノースウエスタン大学に来るという決断は、私らしいものだ」「ノースウエスタン大学に来て私の人生は有意義になった」「ノースウエスタン大学に来るという決断は、私の人生における最も重要な選択の一つである」。予想どおり、別の展開になっていた可能性を想像するという反事実的思考をした学生のほうが、ノースウエスタン大学に来るという決断により大きな意味を付与していた。

二つめの実験では、被験者に親友のことを思い浮かべてもらった。ここでも二人の関係が別の展開になっていた可能性を想像した学生のほうが、友情に大きな意味を見いだした。三つめの実験では、被験者に人生の転換点を挙げてもらった。そのうち半数には、何が、いつ起きたのか、そこに誰がいたのか、何を考え、感じたのかという事実だけを書いてもらった。もう半分には、その転換点がなければ今の人生がどうなっていたかを述べてもらった。それからすべての被験者にその転換点がどの程度「運命的か」を尋ねたところ、別の人生を考えた者のほうが、それを運命ととらえる度合いは強かった。

あなたと人生のパートナーのこと、そして二人を結びつけた無数の出来事を考えてみよう。

あの晩、あなたがパーティに行かずに勉強していたら。パートナーがあの日もう少し速く歩いて、電車を逃していなかったら。あの週末、あなたが友人の誘いに応じて町を離れていたら。こんな「もしもあのとき」を挙げていけばきりがない。あなたたち二人がめぐりあう可能性はとほうもなくちっぽけだった。それにもかかわらず、二人は出会った。それをどう理解すべきか。ほとんどの人は「すごいな、なんて運が良かったんだ」とは思わない。およそあり得ないようなことなのに、それでも起きたという事実を「そうなる定め」だった証拠とみなすのだ。

似たようなことが宇宙規模でも起きている。宇宙の起源に関する現在最も有力な説であるビッグバン理論を考えてみよう。そこからは自然法則がきわめてうまくかみあった結果、恒星や惑星、生命が誕生したことがわかる。ほんのわずかでもずれていたら、われわれは存在しなかっただろう。たいていの人はこうした考察を聞いて、「すごいな、なんて運が良かったんだ」とは思わない。もしかしたらビッグバンは何十億回も起きていて、何十億個のパラレルワールドが生まれていたかもしれず、そのうちいくつかは生命に適した環境を生み出していたかもしれない、と考えることもない。科学者のなかにはこのように考える者もいるが、ほとんどの人は何かの（もしかしたら神の）力が働いたのだと思う。「そうなる定め」だったのだ、と。

ごく自然な発想ではあるが、問題がある。もつれた思考の糸をほどき、まっすぐに並べてみよう。「私が人生のパートナーとめぐりあう確率はとても低かった。それでもめぐりあった。だからそうなる定めだったのだ。つまりわれわれがめぐりあう確率は一〇〇％である」。どう見てもおかしいし、一貫性に欠ける。論理と心理は相いれない。

確率論的にモノを考える人は「なぜことがおきたのか」という問いにそれほどとらわれず、「どのようにことがおきたのか」に注目する。単なる言葉の問題ではない。「なぜ」はわれわれを哲学へ、「どのように」は科学へといざなう。確率論的に考えると、こうなる。「たしかにあの晩、僕とパートナーがめぐりあう可能性は極端に低かった。でも僕はどこかにいなければならなかったし、彼女もどこかにいなければならなかった。そして幸い、二人の『どこか』が一致したんだ」

ノーベル賞経済学者のロバート・シラーは、ヘンリー・フォードが当時としては破格の日給五ドルで工員を雇うと決めたのをきっかけに、自分の二人の祖父はデトロイトに移り住んでフォードのもとで働くことにしたと語っている。祖父のうちどちらかが、他からもっと条件の良い仕事を与えられていれば、馬に頭を蹴られていたら、あるいは誰かがフォードに日給五ドルなど正気の沙汰ではないと吹き込んでいたら……。こうした無数の条件が変わっていたら、ロバート・シラーは生まれていなかっただろう。だがシラーは自分が存在するという驚くべき事実を運命とはとらえず、このエピソードを未来とはいかに不確定なものかを物語る事例として挙げる。「われわれは歴史が論理的展開を遂げてきた、先行きは予見できたはずだと思いがちだが、そんなものではない。それは後知恵の幻想である」と私に語っている。[30]

人生の悲劇に直面したときも、確率論的思考をする人はこう考える。「現実に起こりうる展開はほぼ無数にあったので、私の子供が死ぬという展開が実現する可能性はとても低かった。しかし結局実現したのはそれだった。それ以上でも以下でもない」。カーネマンの表現を借りれば、確率論的思考をする人は自己のアイデンティティ形成に深くかかわる出来事に対しても外側の視点でとらえ、幾多のパラレルワールドの選択肢の中から無作為にくじでも引くように決まったものとみなす。

カート・ヴォネガット流に言えば「なぜわたしが？　なぜわたしじゃないのか？」と考えるのだ。

正確に先を読むには確率論的思考が欠かせないものであり、また運命論的思考が確率論的思考を阻害するなら、超予測者は物事を運命としてとらえない傾向があると推定される。それを検証するため、われわれは次のような運命論的表現に対する彼らの反応を調べた。

- 物事は神の計画に従って起こる。
- あらゆることは理由があって起こる。
- 不慮の出来事や偶然といったものはない。

さらに確率論的表現についても反応を調べた。

・必然的なことは何もない。
・第二次世界大戦や九・一一のような主要な出来事も、まったく違った展開になっていた可能性がある。
・われわれの人生に偶然はつきものだ。

同じ質問をGJPに参加したその他のボランティア、ペンシルバニア大学の学部生、そして幅広い層のアメリカの成人にも尋ねた。回答は九段階評価で、一が運命論を完全に否定、九が運命論を完全に支持する立場だった。アメリカの一般成人の平均値は、九段階の真ん中あたりだった。ペンシルバニアの学部生はそれより少し低く、GJPの一般ボランティアはそれよりさらに低かった。すべての集団のなかで超予測者のスコアが最も低く、はっきりと運命論を否定する側にあった。

超予測者と一般ボランティアについて、この個人の運命論的思考のスコアとブライアー・スコアを比較したところ、両者のあいだに有意な相関がみられた。つまり運命論的思考をする人ほど、予測の正確性は低くなる傾向が見られた。裏を返せば確率論的思考をする人ほど、予測の正確性は高かった。

このように人生の出来事に意味を見いだす能力は、幸福さと正の相関があるが、予測能力とは負の相関がある。そうなるとかなり気の滅入るような可能性が出てくる。不幸なのは正確な予測能力の代償だろうか？

答えはわからない。ただ本書のテーマは幸せになる方法ではなく、正確に先を読む方法であり、それには確率論的思考が欠かせないことが超予測者によって示された。実存的悩みの解決は他の著者に任せることにしよう。

第7章 「超ニュースオタク」なのか

優れた予測を立てるのに確立された手法はないが、超予測者はだいたい同じ手順を踏む。それは誰にでも実践できるものだ。まず質問を分解する。知りえる情報と知りえない情報をできるだけ明確に選別し、すべての仮説を吟味する。外側の視点に立ち、問題を固有のものではなく、一般的現象の一つの事例として相対的に見る。それから内側の視点に転じ、問題固有の情報に焦点を合わせる。さらに自分と他の人の見解を比較し、類似点と相違点を検討する。とりわけ予測市場など、群衆の英知を引き出す仕組みには注意を払う。こうして得られた多様な見解を、トンボの目のような鋭い単一の視点に統合する。最後に確率を一％単位で示すなど予測はできるだけ精緻に表現する。

見てのとおり、きっちりやるとかなり大変な作業で、相当な時間と知的エネルギーがかかる。ただ、これもほんの始まりに過ぎない。

予測は宝くじのように、買ったら抽選の日までしまい込んでおくといったものではない。入手可能な情報に基づく判断である以上、情報の変化に応じて更新していく必要がある。新たな世論調査で特定の候補者のリードが広がれば、その候補者が当選する確率を引き上げたほうがいい。ライバル企業が突然破産を申請したら、それに応じて売上予想は修正すべきだ。IARPAのトーナメントもまったく同じである。ビル・フラックは手間のかかる最初の予測作業の結果、ヤセル・アラファトの遺体からポロニウムが検知される確率を六〇%と判断した。その後もさまざまな理由によって自由にそれを上下に修正することがルール上認められている。そこでしっかりニュースをフォローし、予測を更新すべき正当な理由が見つかったらそうした。これが重要なのは言うまでもない。最新情報を反映して更新された情報は、そうではないものと比べて真実に近くなりやすい。

デビン・ダフィは更新の達人だ。超予測者でもあり、勤務先の工場が閉鎖されて三六歳で失業者となったためにGJPに手を挙げた変わり種《だね》である。ピッツバーグ生まれのデビンは、現在は州政府の職員として収入維持の相談員をしている。「僕の一番ありがたい才能は、テストが得意なことだね。特に多項選択式には強いよ」と私へのメールに書いてきた。「おかげで実際よりも頭がよく見えるんだ。自分でも驚くぐらいいね」。見てのとおりデビンはユーモアのセンスも優れている。

他の予測者の多くもそうだが、デビンはグーグル・アラートを使って質問に関する状況変化をしっかりフォローする。たとえばシリア難民について予測するときには、まず「シリア難民」と、難民の数を監視する「UNHCR（国連難民高等弁務官事務所）」にアラートを設定し、両方を含むニュースがすべて網にかかるようにする。たとえばタイの軍事クーデターなど情勢が目まぐるしく変化しそうなケースではレポートを毎日、そうでなければ週一回受け取るように設定する。アラートが来ればすぐに目を通し、それが将来にどのような意味を持つかじっくり考え、新たな情報を反映させて予測を更新する。トーナメントの第三シーズン（三年め）だけで、デビンは一四〇個の質問に対して二二七一の予測を立てた。質問一つあたり一六個にのぼる。「これまでGJPでうまくいっている理由は運に恵まれたのと、頻繁に予測を更新したからだろうな」とは本人の弁だ。

デビンだけではない。超予測者はふつうの予測者と比べて、はるかに頻繁に予測を更新する。明らかにそれには重要な意味がある。更新された予測はより質の高い情報に基づいていて、それゆえに正確である可能性が高い。「事実が変われば、私は考えを変えます。貴殿は？」とイギリスの伝説的経済学者ジョン・メイナード・ケインズも言っている。超予測者もケインズと同じで、それも彼らに「超」がつく大きな理由だ。

とはいえ、ここで一つ疑問が出てくる。最初に予測を立てるときの入念な検討やきめ細かな判断は、超予測者が優れた成果をあげる原因ではないのではないか。彼らの予測が優れているのは、単に他の人よりニュースを見て予測を更新するのに費やす時間が長いためではないか。私は有名な政治学者にIARPAのトーナメントに参加してみないかと声をかけたことがある。大企業に政治予測を提供するコンサルティング会社の経営者としても大成功している人物だ。初めは興味を示したが、トーナメントでは予測を更新する必要があると聞くと態度が変わった。「ニュースオタクの失業者と競いあうこと」に興味はない、と言うのだ。

彼の態度は不愉快だったが、言わんとすることはわかった。たしかに超予測者はニュースに目を光らせ、予測に反映させており、それがニュースに関心の低い人と比べて大きな強みとなっているのは間違いない。両者を分ける決定的要因がそれなら、超予測者の成功から学べるのは「ニュースに興味を持ち、予測を更新するとプラスである」ということだけで、「世論調査でリードを広げている候補者は勝つ可能性が高い」と言うのと同様当たり前すぎて参考にならない。

ただもちろん、そういうことではない。まず超予測者は最初の予測の正確さも一般の予測者と比べて五〇％以上高い。たとえ予測は一回だけで更新はなしというルールであったとしても、彼らが圧勝していた。

それ以上に重要なのは、予測の更新を軽く見るのは大きな間違いである、ということだ。それはCNNで流れてくるニュースに応じて何も考えずに予測を修正する作業ではない。優れた予測の更新には、最初に予測を立てるときと同じ能力が必要であり、ときには更新のほうが手間のかかることもある。最初に予測を立てる以上に難しい場合もある。

上げるか、下げるか

「米国民の皆さん、私は今夜『イラクとレバントのイスラム国』（ISIL）と呼ばれるテロ集団を弱体化し、最終的には壊滅させるために、米国が友好国および同盟国とともに実施する内容についてお話ししたい」。二〇一四年九月一〇日の夜、生中継されたテレビ演説の冒頭でオバマ大統領はこう語った。「私は、米国を脅《おびや》かすテロリストはどこにいようと探し出し、捕まえると明言してきた。それは、イラクだけでなくシリアのISILに対しても、私はためらわずに行動を取るということを意味する」

この発言に超予測者は反応した。トーナメントで出題されていた質問の一つが「二〇一四年一二月一日までに海外の軍隊がシリアで軍事作戦を実施するか」だったためだ。大統領の声明によって、答えが「イエス」であることは確実になった。大勢が予測を更新した。

世論調査で特定候補の支持率が急上昇するのと同じように、オバマ大統領の声明は明らかに予測の更新を促すサインだった。更新の方向（予測を「ほぼ確実」に引き上げる）もまた明らかだった。このような情勢変化や取るべき対応は誰にでもわかる。他の誰もが知っている情報に通じているだけでは、他の人より優れた予測を立てることはできない。もっと微妙な情報を正確にとらえて反応し、他の人より早く最終的な結果を導き出せるかが勝負の分かれ目になる。(1)

ビル・フラックがアラファトのポロニウム汚染問題について最初の予測を立ててしばらくしたころ、スイスの研究チームが結果の発表を延期すると発表した。追加の検査（具体的な内容は明らかにしなかった）が必要なためだという。それはいったい何を意味するのか。どうでもいい情報かもしれない。研究者の一人が誕生日パーティで飲みすぎて翌日欠勤しただけかもしれない。それを突きとめる方法はない。

ただこのころまでにビルは、ポロニウムについて多くを学んでいた。たとえばポロニウムが体内で検出されるのは、外からポロニウムが注入された場合と、体内で鉛の崩壊によって自然に発生した場合の二通りあるという事実だ。どちらが真の発生源か見きわめるには、すべてのポロニウムを除去してから残りの鉛（体内にあればだが）が崩壊してポロニウムになるまで時間をおき、それから再検査する必要がある。スイスのチームが発表を遅らせるのは、ポロニウムが検出されたので、鉛が発生源である可能性を排除する検査を実施するための可能性があった。とはいえ発表を遅らせる理由として考えられるのはこれだけではなかったため、ビルは慎重を期して予測を「イエスの確率六五％」へと引き上げるにとどめた。

　これぞまさに優れた更新である。ビルは特定の結果を指し示すわずかな情報に気づき、いちはやく予測を正しい方向に修正した。結局スイスのチームはアラファトの遺体からポロニウムを検出していた。この予測についてのビルのブライアー・スコアは〇・三六と、一見それほど優れたものに思えないが、すでに指摘したとおりブライアー・スコアは問題の難しさを勘案しなければ意味がない。スイスチームの結果に専門家の多くが衝撃を受けた。ＩＡＲＰＡトーナメントの組織内で運営されていた予測市場では締め切り時点で「イエス」の確率はわずか四・二七％と見られており、そのブライアー・スコアはビルのものより五倍悪かった。問題の難易度を考慮すれば、ビルがずっとポロニウムが検知される確率のほうが高いという予測を維持していたことは見事としか言いようがない。

　とはいえ更新の達人でも間違えることがある。ビルとて例外ではない。二〇一三年にＩＡＲＰＡが「日本の安倍晋三首相が靖国神社を訪問するか」と尋ねたときには、ビルは答えは「ノー」だと確信していた。戦没者を祀《まつ》るために一八六九年に建てられた靖国神社には現在、二五〇万人近い兵士が祀られている。安倍氏のような保守派は靖国神社を尊ぶ。ただ祀られている戦没者に一四人の「A級戦犯」を含む一〇〇〇人近い戦犯が含まれていることから、日本の首脳の靖国参拝は中国と韓国の政府の神経を逆なでする。このため日本の最重要同盟国であるアメリカ政府は日本の首相に、そのようなかたちで外交関係を悪化させないようにと繰り返し要請してきた。こうした事実を踏まえてビルは、安倍首相は靖国神社参拝をしないと考えた。合理的な予測と言える。だがその後首相の側近が非公式に、首相が参拝の意向であることを認めた。予測を更新すべきだろうか。ビルは安倍首相が参拝するのはあまりにも不合理だと考え、新たな情報を重視せず、予測も更新しなかった。だが一二月二六日に安倍首相は靖国神社に参拝し、ビルのブライアー・スコアは打撃を受けた。

こうした事例は、重要かもしれない新たなエビデンスが見つかったらためらわず大きく舵を切れと言っているようだ。だがダグ・ローチが北極海に挑んだときの顚末を見てみよう。「二〇一四年九月一五日の北極海の氷の面積は、二〇一三年九月一五日と比べて少ないか」。これがIARPAが二〇一四年八月二〇日に出した質問だった。わずか二六日先を予測するだけとはいえ、難しい問題だった。科学者は北極海の氷を驚くほどの精度で測定しており、結果を日々報告している。二〇一四年八月半ばの時点で、氷の面積はほぼ前年と同じだった。九月一五日の時点では前年より多いのか、それとも少ないのか。いずれにせよ差はごくわずかだろう、というのは科学者も超予測者も含めて誰もが一致するところだった。ダグは最初の予測で安全策を取った。「イエス」、すなわち前年より少なくなる確率を五五％という無難な数字にしたのだ。

その二日後、ダグのチームメンバーが「海氷予測ネットワーク」の報告書を見つけた。まさに宝のような資料だった。複数の科学者が四種類の方法で二八個の予測を立てており、そのうち三つを除くすべてが二〇一四年九月の氷の面積は前年より少なくなると予測していたのだ。ただ一つ落とし穴があった。報告書は一ヵ月前のものだったのだ。日々状況が変化するなか、わずか二六日先を予測しようとしている者にとり、一ヵ月というのは長い期間だ。だが「報告書にはとても説得力があった」とダグは語る。ダグは思い切り舵を切り、予測を「九五％の確率でイエス」と修正した。

それからの数週間、氷の減少ペースは鈍った。そして九月一五日の時点では前年より氷は多かった。ダグのブライアー・スコアは悪化した。[2]

このように最初の予測を立てたあと、予測者が直面するリスクは二通りある。一つは新しい情報に十分な重みづけをしないこと。これは「過少反応」だ。もう一つのリスクは新たな情報を実際以上に重く見て、予測を極端に修正する「過剰反応」だ。

過少反応も過剰反応も、予測の正確さを低下させかねない。またどちらも極端なケースでは、非常に優れた予測をぶち壊しにする。

過少反応

過少反応はさまざまな理由から起こる。なかにはつまらないものもある。「残念、予測の更新に失敗しちゃったよ」。二〇一四年九月二二日にアメリカ空軍がシリアの標的を攻撃し、「二〇一四年一二月一日までに海外の軍隊がシリアに介入するか」という質問が決着すると、ジョシュア・フランケルはこう書き込んだ。失敗の原因は何だったのか。ジョシュアも他の人々と同じように、オバマ大統領が演説でシリアのISILを攻撃するという意思表示をするのを見た。そのとき予測を八二％から九九％へ引き上げるべきだったとあとで悔やむことになるのだが、そうしなかった。事態が急速に進展していたあの時期、「仕事が忙しくて情報を把握しきれなかった」というのがその理由だ。更新作業は家の掃除に通じるところもある。古い予測の埃はこまめに払っておかなければならない。

とはいえ安倍首相の靖国神社参拝をめぐる予測で、日本の高官の発言に対してビル・フラックが十分反応しなかったのにはもう少し込み入った事情がある。靖国参拝の政治的コストは甚大だった。一方、当時の安倍首相は日本の保守派支持層の機嫌をとる差し迫った理由もなかったので、参拝のメリットはわずかだった。結論として、参拝しないのが合理的に思われた。しかしビルは安倍氏本人の気持ちを無視した。安倍氏は生粋の保守派のナショナリストである。首相としてではないが、過去にも靖国神社を参拝している。再訪を望んでいた。ビルは自らの読み誤りを振り返り、こう語っている。「僕が本当に答えようとしていたのは『安倍氏は靖国神社に参拝するか』ではなく、『自分が日本の首相だったら靖国神社に参拝するか』だった。そこが間違いだった」(3)。鋭い指摘である。またどこかで聞いた話だ。ビルは自分が無意識のうちに答えにくい質問を、答えやすいものにすり替えていたことに気づいたのだ。本来の質問から逸れてしまったために、新しい情報をすり替え後の質問とは無関係なものとして切り捨てることになった。

　これは認知バイアスに起因する更新ミスの一例だ。認知バイアスはどれも気づくのが難しいが、特に厄介で、予測をぶち壊すような過少反応の原因になりやすいものが一つある。

　一九四一年一二月七日、日本帝国海軍が真珠湾《パールハーバー》でアメリカ軍を攻撃したとき、アメリカ人は衝撃を受けた。突如として第二次世界大戦に引きずり込まれたためだけではない。ハワイが攻撃されるなら、カリフォルニアも安全ではないという、それまであまり意識されていなかったリスクが明らかになったためだ。慌《あわ》ただしく防御態勢が強化されたものの、政府高官の多くはスパイやサボタージュ（破壊活動）によってこうした準備が台無しにされるのではないかと懸念していた。アール・ウォーレンは「おそらく日系アメリカ人がアキレス腱だろう」と警告している。当時ウォーレンはカリフォルニア州の司法長官だった。のちに州知事となり、さらにはアメリカ合衆国最高裁判所の首席裁判官となり、今日《こんにち》では学校における人種差別の廃止や市民権を推進したリベラル派として知られている。[4]

　だが第二次世界大戦中、ウォーレンの主要な関心事は市民権ではなく、安全保障だった。認識された脅威に対するウォーレンの対策は、日本人を祖先に持つすべての男性、女性、子供を隔離し、収容することだった。この計画は一九四二年二月半ばから八月にかけて実行に移され、一一万二〇〇〇人（このうち三分の二がアメリカ生まれだった）が有刺鉄線と武装警備員に囲われた収容所に送られた。

強制収容が始まる前の一〇週間、また一九四二年を通じてサボタージュは起こらなかった。一九四三年も同様だ。日系人の強制収容を主張した者の中にも、こうしたエビデンスと日本軍が多くの敗北を喫していることを受けて、隔離措置を緩和してもよいのではないかという意見が出始めた。だがウォーレンをはじめとする強硬派は危険性は厳然とあり、少しも改善していないと主張した。[5]

これは心理学で「判断への固執」と呼ばれる認知バイアスの極端な例だ。人はときに驚くほど妥協を拒み、既存の考えと矛盾するような新たな情報を認めないためにとんでもない理由づけをすることがある。強制収容を支持する急先鋒であったジョン・デウィット大将の一九四二年の発言を見てみよう。

「今日までサボタージュが起きていないという事実こそ憂慮すべきであり、そのような活動が起こる証拠と言える」[6]。わかりやすく言えば「私が起こると予想していたことが起きていない事実は、それが必ず起こることを証明している」と言っているのだ。幸い、このような頑《かたく》なな言説にお目にかかることはめったにない。一般的にはわれわれは無視できない事実を突きつけられるとしぶしぶ譲歩する。ただ修正の度合いは不十分になりがちだ。第2章で見たとおり、脳は秩序を好むので、ひとたび頭の中で整理された事柄をかき乱すようなことは最小限に抑えようとする。

とはいえ、すべての攪乱《かくらん》要因が同じ重みをもつわけではない。「事実が変化したら私は意見を変える」というケインズの言葉を覚えているだろうか。これは私や共同研究者のものを含めて、数えきれないほどの文献に引用されている。インターネットでもググればやまほど見つかるだろう。ケインズの数ある有名な言葉のなかで、最も有名と言ってもいいかもしれない。ただ本書を書くために出所を探したところ見つからなかった。代わりに見つけたのが《ウォールストリート・ジャーナル》のブログ記事で、そこにはこの発言の出所は確認されておらず、ケインズ研究の大御所二人が真正ではないと考えていると書かれていた[7]。こうした事実に基づき、またおそらくケインズのものではない発言の精神に則《のっと》って、私は自分の認識が誤っていたと判断した。それを今、こうやって世間に公表している。難しいことだったかといえば、そうでもない。たくさんの優秀な人が同じ過ちを犯しているので、自分もそうだと認めるのは恥ずかしくもなかった。この発言を引用したことが私の業績の根幹にかかわるわけでも、ここを誤るか否かでアイデンティティが揺らぐわけでもない。

とはいえ私のキャリアがこの引用にかかっていたら、これほど気楽に態度を変えることはできなかっただろう。社会心理学では、ある見解への思い入れを公《おおやけ》に表明させるのはそれを固定化し、変化しにくくする有効な手立てであることが明らかになっている。思い入れを強く表明するほど、変化への抵抗も強くなる[8]。

超予測者の一人であるジャン＝ピエール・ベゴムズは「チームメートと比べて意見を変えるのを厭《いと》わない姿勢」があると自負している。ただ「それは難しく、自分がそれなりに力を注いできた分野だとなお難しい」と認める。ウエストポイント（米国陸軍士官学校）で学び、今はアメリカ軍事史に関する博士論文を執筆しているジャン＝ピエールにとって、それは軍事関係の質問だ。「［軍事関係の質問には］他の人よりずっと良い結果を出せるはずだという思いがある。だから自分の間違いに気づいても何日かは否定しつづけて、それからやっと非を認められる」[9]

思い入れにもいろいろある。子供用のゲーム「ジェンガ」を思い浮かべるとわかりやすい。ジェンガはまず積み木を塔のように積み上げる。そこから順番に積み木を引き抜いていき、抜いた途端に塔が崩れてしまったらその人の負けになる。われわれの自己認識や世界に対する見方も、ジェンガの積み木のように重なり合ってできている。「事実が変われば私は意見を変える」というケインズの発言に対する私の認識は、塔のてっぺんにある積み木だ。他の何かを支えているわけでもないので、他の積み木に影響を与えず簡単に引き抜くことができる。だがジャン＝ピエールが自らの専門分野で立てた予測は、塔のずっと下のほう、その根幹に近いアイデンティティの積み木のすぐそばにある。だから他の積み木を崩さずに引き抜くのはずっと難しい。だからそれを修正したくないと感じる。

イェール大学のダン・カハン教授はさまざまな研究を通じて、リスクに関する判断（「銃規制によって安全は高まるか否か」など）はエビデンスを慎重に考慮した結果ではなく、自らのアイデンティティに大きく影響されることを証明している。銃規制に関する見解と気候変動に関する見解には、論理的には何の関連もないにもかかわらず相関が見られるのはこのためだ。心理が論理を駆逐するのである。銃規制はリスクを高める、あるいは抑えるという強い信念をもつ人に、どんな決定的証拠が示されたら自分の考えが誤りだと認めるか想像してほしいと求めたうえで、その証拠が示されたら立場を変えるかカハンが尋ねたところ、ほとんどが「変えない」と答えた。この考えは他の多くの考えの土台となっている。それを引き抜いてしまえば大混乱を引き起こす恐れがある。だから多くの人が再考することすら拒む。

塔の一番下で基礎となっている積み木を引き抜けば、塔そのものの崩壊は避けられない。このように極端に強い思い入れは、誤りを認めることを断固拒む姿勢につながる。サボタージュの脅威は重大という信念にしがみつき、一一万二〇〇〇人もの罪のない人々を強制収容した人々があれほど頑なだった理由もここにある。彼らはこの考えに強い思い入れがあった。ウォーレンは心の奥では市民権を重視するリベラル派だった。一一万二〇〇〇人もの人々を不当に隔離したと認めるのは、自らの心の塔を巨大なハンマーで打ち崩す行為に等しかった。

この点を考えると、超予測者には意外な強みがあるのかもしれない。彼らはその分野の専門家でも専門職でもないので、それぞれの予測を立てる際に自我が影響することは少ない。例外的ケース（たとえばジャン＝ピエールが軍事的質問に答えるときなど）を除けば、超予測者は自らの予測に強い思い入れがあるわけではないので、予測の誤りを認めて修正するのはたやすい。超予測者が自我の問題とは無縁と言っているわけではない。仲間内の評判はもちろん気になる。また「超予測者」という肩書が自己認識の一部になれば、思い入れも一気に強まる。それでもプロのＣＩＡ分析官や有名な評論家が自らの社会的評価をかけて予測に挑んでいることを思えば、彼らの失うものはたかが知れている。これは見解の修正を迫るような新たなエビデンスに対して、超予測者の反応が過少になるのを防ぐのに役立つ。

過剰反応

あなたが大学の奇妙な心理学実験に参加することになったと想像してほしい。研究者に、ある人物についてわずかな情報を読むように言われる。「ロバートは学生だ。週三一時間勉強する」。それをもとにロバートの学業平均値（GPA）を予測しろという。検討材料はあまりないが、あなたの抱く優等生のステレオタイプ（固定観念）と一致するので、ロバートのGPAはかなり高いと予測する。

続いてもう一つ。デビッドは精神科で治療を受けており、暴力的なサド・マゾヒズム的妄想で性的興奮を味わう。質問「デビッドが児童虐待者である可能性はどれだけ高いか」。今回も情報はわずかだが、デビッドの描写はあなたの抱く児童虐待者のステレオタイプにぴったりなので、可能性はかなり高いと答える。

ここでロバートについて追加情報を与えられたとしよう。彼は月三、四回テニスをする。そしてこれまで最も長続きしたガールフレンドとの関係は二カ月だ。さて、あなたはロバートのGPAについての予想を見直すだろうか。

デビッドについての追加情報もある。よくジョークで周囲を笑わせる。過去にスキーをしていて腰を傷《いた》めたことがある。彼が児童虐待者である可能性は高まるだろうか、低くなるだろうか。

「追加情報はどれも質問とは関係がない。無視しよう」と思ったかもしれない。ご明察である。追加情報は質問とまったく関係ないものを敢《あ》えて選んだのだ。

それにもかかわらず、われわれはこの手の無関係な情報にたしかに影響を受ける。一九八九年、私はリチャード・ニスベットの研究成果を踏まえてある実験をした。無作為に選んだ被験者に、先述のロバートとデビッドに関する最低限の情報あるいは最低限の情報プラス無関係の情報を与えたうえで、ロバートのGPAとデビッドが児童虐待者である可能性を予測してもらったのだ。予想どおり、無関係の情報を提供されたグループは確信が薄れた。優等生あるいは児童虐待者のステレオタイプと一致する情報しかなければ、シグナルは強く明確なものとなり、われわれの判断はそれを反映する。だがそこに無関係な情報が加わると、ロバートやデビッドがステレオタイプに収まらない人間に思えてきて判断が弱まるためだ⑩。

心理学者はこれを「希釈効果《きしやく》」と呼ぶ。ステレオタイプ自体が偏見の原因となるので、希釈するのは良いことだと思うかもしれない。答えはイエスであり、ノーである。たしかに火で火を制するように、偏見で偏見を制することもできるかもしれないが、希釈効果も偏見であることに変わりはない。ここで何が起きているか改めて見てみよう。被験者は有益な情報と思うものに基づいて予測を立てる。それから明らかに無視すべき、無関係な情報、無意味なノイズを与えられる。だが無視しない。でたらめに提供される無関係な情報によって、どちらの方向にも判断が揺らぐ。

こうした揺らぎは過剰反応である。とても一般的だが、大きな代償を伴う過ちだ。株式市場の典型的な一日を考えてみよう。その取引量や変動率は驚くほどだ。その原因は複雑で、多くの研究や議論の的となっているが、少なくとも一因はトレーダーが新たな情報に過剰反応することにある。[11]「既存の投資から生じる利益の日々の変動は、一時的で重要ではないことが明らかであるにもかかわらず、全体として過剰で、異常とさえいえるほどの影響を市場に及ぼす傾向がある」[12]とジョン・メイナード・ケインズも語っている（例の有名な発言そのものはなかったかもしれないが、情報が変化したら見解を変えるよう人々に説いていたにもかかわらず）。

「多くの投資家がまるでトランプ遊びで札を選んで捨てるがごとく、株式の銘柄や投資信託を乗り換えている」とは、プリンストン大学の経済学者バートン・マルキールの指摘である。[13]その代償は大きい。頻繁に売買を繰り返す人は、伝統的な長期保有戦略を実践する投資家より収益が低くなることを示す研究は多い。マルキールは一九九〇年代の五年間に実施された、アメリカの六万六〇〇〇世帯を対象とする実験を挙げる。この期間の年間収益率の平均は一七・九％だったが、最も頻繁に売買を繰り返した世帯の年間収益率は一一・四％にとどまった。[14]売買に多大な時間と労力を割いたものの、のんびりゴルフでもしていたほうがましだったことになる。

過少反応と同じように、ここでもカギとなるのは思い入れだが、ここで問題なのは思い入れの欠如だ。頻繁に売買を繰り返すトレーダーは、理性的にも感情的にも対象とする銘柄に思い入れがない。銘柄のうちどれかが下落するのは仕方ないので、損が出たものは肩をすくめて売却するだけだ。マルキールの比喩はまさに的を射ている。保有する銘柄にトランプの手札ほどの思い入れしかないので、「一時的で重要ではないことが明らか」な情報にも過剰反応する。

超予測者は自らの予測にそれほど思い入れがないことを考えると、彼らにとっては過少反応より過剰反応のほうが大きなリスクになりそうだ。ダグ・ローチらがたった一件の、それも一カ月も前の予想をもとに予測を五五％から九五％に引き上げたのはその典型かもしれない。だが実際には、超予測者は過少反応も過剰反応も避けられることが多い。さもなければとても超予測者にはなれなかったはずだ。

いったいどうやっているのか。文章に箔《はく》をつけるためにギリシャ神話がさかんに引用された一九世紀、二つの相対する危険を描写する際にきまって引き合いに出されたのがスキラとカリブディスの物語だ。スキラはイタリアの沖合にある岩に囲まれた島、カリブディスはそこからさほど離れていないシチリア沖の大渦である。船乗りはどちらかの方向に行き過ぎると命取りになると心得ていた。予測を立てるときは、新たな情報への過少反応と過剰反応について同じような意識を持つべきだ。両者は予測の海におけるスキラとカリブディスだ。予測の適切な更新のためには、そのあいだをうまくわたっていく必要がある。

ミント船長

ＩＡＲＰＡトーナメントの三年め、ブライアー・スコア〇・一五という記録で首位に立ったのがティム・ミントだ。ケン・ジェニングスが打ち立てたクイズ番組《ジェパディ！》での七四連勝に匹敵する偉業と言える。バンクーバー在住の四五歳のソフトウェア技術者であるティムがこれほどの成果をあげた大きな理由は、予測更新の能力にある。

最初に予測を立てるときは、他の超予測者ほど時間をかけない。「IARPAから六、七個の質問が送られてきた段階ではそれぞれ五〜一五分しかかけないので、全体でも一時間ぐらいだ」と話す。だが翌日再び見直し、二つめの予測を立てる。またインターネットでそれと矛盾するようなエビデンスを探す。こうした作業を週五日繰り返す。

これほど探究すれば当然、頻繁に意見を変える。「僕は常に予測を更新している。それが僕のモノの考え方なんだ。（トーナメントの）質問を考えるときより、本業のほうがそれは顕著かもしれない」[15]。質問の回答が締め切られるまでに、ティムの回答は二ケタに達するときには四〇、五〇に近いこともある。「アメリカとアフガニスタンは、アメリカ軍の駐留継続に合意するか」という質問では七七個の予測を立てた。

ミント船長は過剰反応というカリブディスの渦にまっしぐらに船を進めているように思えるかもしれない。ただティムの頻繁な航路変更の度合いはほとんどのケースでわずかだ。それが大きな違いを生む。

シリアの内戦が激しさを増し、大量の市民が国を逃れるなか、IARPAは「二〇一四年四月一日時点で、国連難民高等弁務官事務所（UNHCR）が報告するシリア難民の数は二六〇万人より少ないか」という質問を出した。出題されたのは二〇一四年一月第一週であったので、参加者は三カ月先の予測を求められたわけだ。最終的な答えは「イエス」だった。

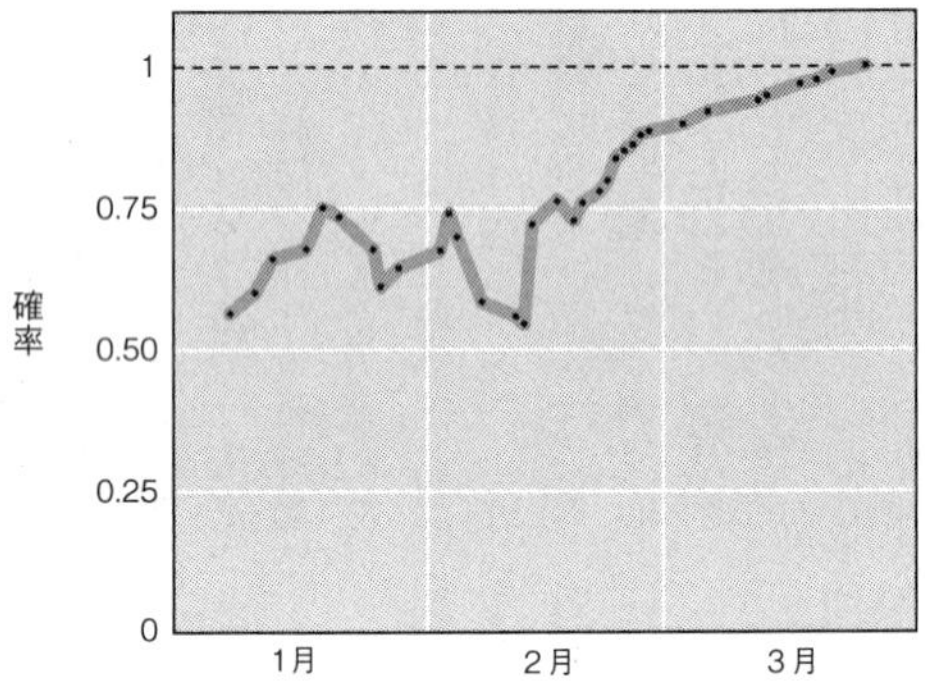

図10　トップクラスの超予測者の予測更新方法

ティム・ミントがこの三カ月でどのように予測を更新していったかを図10に示そう。

質問が出た当初、ティムの立場はやや「イエス」に傾いている程度だった。二六〇万人という大きな数字を思えば合理的な回答だったが、シリア情勢は悲惨で難民の数は日に日に増えつづけていた。図を見ると、その後の展開がよくわかる。ティムは合計三四回予測を見直した。なかには最終的な正解から遠ざかったものもあるが、全体的傾向としては正しい方向に向かっている。ティムのこの質問の最終的なブライアー・スコアは〇・〇七という驚くべき高さだった。

ティムの個々の変更が非常に小幅なことに注目してほしい。確率を三〇％あるいは四〇％など劇的に変更したケースは一つもない。更新の平均値はわずか三・五％である。これはきわめて重要だ。小さな更新が数回だけでは、過少反応にとどまる恐れがあった。逆に大きな変更を繰り返せば、過剰反応になっていたかもしれない。小さな更新をたくさん繰り返すことで、ティムはスキラとカリブディスのあいだを首尾よく通過したのである。

このような細かい刻み（「疑問の単位」）で考えるのは、奇異に映るかもしれない。だがティムのようにきめ細かくモノを考えれば、自然にそうなる。たとえば二〇一四年九月はじめに、有名な世論調査の専門家ネイト・シルバーが、次の中間選挙で共和党が連邦議会上院で勝利する確率を六〇％と発表したとする。あなたはそれを説得力があると思い、最初の予測を六〇％とした。翌日別の世論調査で、コロラド州の上院議員選挙で共和党の支持率が四五％から五五％に上昇したことがわかった。この新たなニュースに基づいて、どの程度予測を高めるべきだろうか。ゼロよりは上だ。しかしコロラド州以外でもどれだけ共和党が勝たなければいけないか改めて考えてみると、コロラド州だけで勝利してもそれほど大きな違いはないと思い至った。そこで予測の引き上げ幅は最大でも一〇％と決める。これで範囲は一〜一〇％となった。共和党はいくつの選挙で勝てそうか。その答えが「余裕で上院の過半数が取れる」であれば、範囲の上限に近くなる。「過半数ギリギリ」であれば、下限に近くなる。他の州の選挙の世論調査ではどんな傾向が見られるか。コロラド州の情勢との共通点はあるか。選挙までの期間はどれだけか。投票日よりこれだけ前の世論調査はどれだけ信頼性があるのか。こうした問いの一つ一つの答えが、範囲を絞り込むのに役立つ。二〜九％、そして三〜七％へ、と。最終的に四％が妥当と判断したら、当初六〇％としていた予測を六四％に引き上げることになる。

およそ派手ではないし、率直に言って少し退屈でもある。ティムはテレビ番組、ベストセラー、あるいは企業向けの講演などで強烈なインパクトのある話をするカリスマにはおよそならない。だが彼のやり方は有効だ。トーナメントのデータがそれを証明している。超予測者は一般人と比べて頻繁に予測を更新するだけでなく、その刻みも小さい。

なぜこのやり方が有効なのかは明らかだ。新しい情報が出てきても予測を修正しないと、その情報の価値を反映させることはできない。反対に新しい情報に感心しすぎてそれだけを基に予測を修正すると、修正前の予測の裏づけとなっていた古い情報の価値が失われてしまう。新旧両方の情報のバランスを慎重にとれば、両方の価値を予測に反映させることができる。いちばんいいのは少しずつ、頻繁に予測を更新することだ。

この発想の有効性を示す、古い思考実験がある。あなたがビリヤード台に背中を向けて座っているとしよう。友人が台に玉を転がしたところ、どこかで止まった。振り返らずにその位置を当てるにはどうすればいいか。

友人が二つめの玉を台に転がしたところ、また別のどこかで止まる。そこで「二つめの玉は一つめより右か左か」と尋ねる。友人が「左」と答える。それはごくわずかな情報に過ぎないが、無価値ではない。一つめの玉は、台の左端ぎりぎりにはないことがわかり、また台の右側にある可能性がわずかに高まる。友人が三つめの玉を台に転がし、おなじ手順を繰り返せば、また少し情報が手に入る。またしても答えが「左」なら、一つめの玉が台の右側にある可能性がまた少し高まる。同じ手順を繰り返すほど、不確実性を完全に排除することはできないものの、徐々に一つめの玉の位置が絞り込まれていき正解に近づく。[16]

統計学の基本をかじったことのある人なら、これがトーマス・ベイズの考案した思考実験の応用だとわかるだろう。長老派教会の牧師で、論理学を修めたベイズは一七〇一年の生まれなので、ちょうど近代確率論の黎明期に生きたことになる。彼のこの分野への最大の貢献は『確率論の問題を解くためのエッセイ』だ。このエッセイはベイズの死後、友人のリチャード・プライスによって一七六一年に出版され、その後フランスの偉大な数学者ピエール＝シモン・ラプラスの考察が加えられてベイズ定理に結実した。

ベイズ定理による予想更新後の計算式

$$P(H|D)/P(\neg H|D) = P(D|H)/P(D|\neg H) \cdot P(H)/P(\neg H)$$

事後確率＝尤度《ゆうど》比×事前確率

簡単に説明すれば、ベイズ定理は新たな予想は二つの要素で決まるとする。事前予想（そこに織り込まれたすべての知識を含む）に、新しい情報の「診断的重要性」を掛けるのだ。頭がおかしくなるほど抽象的なので、私の同僚の政治学者で超予測者でもあるジェイ・ウルフェルダーが実際に使った場面で説明しよう。

二〇一三年にオバマ政権はチャック・ヘーゲル元上院議員を国防長官に指名した。だがその後、物議を醸《かも》すような報告書への関与が明らかになり、公聴会もうまくいかず、上院がへーゲルの指名を承認しないのではないかという声があがりはじめた。軍事アナリストのトム・リックスは「ヘーゲルは指名を辞退するか」と疑問を投げかけた。「私の見るところ今のところ五分五分だが、日に日にヘーゲルの勝ち目は低下している。結論を言えば、上院軍事委員会が上院全体に承認を求めるのが一日遅れるごとに、ヘーゲルが国防長官になる見込みは二％ずつ低下していくと考える」

これが信頼できる予測か、ウルフェルダーが検証した。「予測に熟達した人は、基準率を起点にする。第二次世界大戦直後に［国防長官という］職位ができて以来、正式に指名された二四人のうち上院が承認しなかった者は一人だけで、辞退した者は一人もいない」。つまり基準率は九六％である。もしチャック・ヘーゲルが指名された直後に承認されるかと聞かれていたら（その他の情報は考慮しないと仮定する）、ウルフェルダーは「九六％の確率で承認される」と予測していたはずだ。この予測は追加情報が明らかになる前に立てられたので「事前確率」と呼ぶ[17]。

ただその後ヘーゲルは公聴会でしくじった。明らかにこれで承認の確率は低下した。だがいったいどの程度か。この疑問に対して、ウルフェルダーはこう書いている。「ベイズ定理では、二つの事柄を評価しなければならない。（1）指名された候補者が最終的に承認されない場合、公聴会でしくじる可能性はどの程度か、そして（2）指名された候補者が最終的に承認される場合、公聴会でしくじる可能性はどの程度か、だ」。ウルフェルダーにはどちらの数字もわからなかったので、トム・リックスに極端に有利な条件にした。つまりこの条件でもはずれなら、彼の予測が正しいことはありえない。「ここでは承認される候補が公聴会でしくじる割合は五人に一人であるのに対し、承認されない候補は二〇人中一九人と仮定する」。ウルフェルダーがこの数字をベイズ定理に入れたところ、予測は「九六％から大幅に低下したものの八三％となった」。この結果ウルフェルダーは、リックスの予測はまったく見当違いであり、依然としてヘーゲルは承認される可能性が高いという結論に達した。実際その二週間後、ヘーゲルは承認された⑱。

ここまでの議論を読んで、数学が苦手な読者は絶望的な気持ちになったかもしれない。「おぞましい代数の公式を理解し、記憶し、使いこなせないとまともな予測は本当に立てられないのか」と。安心してほしい。そんなことはまったくない。

超予測者はみな数字に強い。ベイズ定理を知っている者も多いし、必要とあれば難なくそれを使いこなす。だが実際にそんなにしゃかりきに数字と格闘することはめったにない。彼らにとってベイズ定理よりずっと重要なのは、エビデンスの重要性に応じて頻繁に予測の更新を繰り返しながら少しずつ真実に近づいていく、というベイズの核となる洞察である⑲。ティム・ミントもそうだ。ベイズ定理は知っているが、何百という予測の更新にそれを使ったことは一度もない。それでもベイズの精神は大切にしている。「僕はたいていの人より、ベイズ定理を直観的に理解できているんだと思う。記憶だけを頼りに定理の数式を書けと言われてもたぶん無理だけど」と語る。ミントはベイズ定理を使わないベイズ派だ。このいささか矛盾するような特徴はほとんどの超予測者に当てはまる。

これで必勝法がわかった。たくさんの小さな更新を繰り返すこと。それをやれば超予測者としての栄光が待っているというわけだ――。

それほど単純な話なら良いのだが。たしかにティム・ミントの方法はたいていすばらしくうまくいく。だからこそ超予測者たちは盛んに更新するのだ。だがそれはあらゆる扉を開くマスターキーのようなものではなく、ときにはそうしてはいけないこともある。

北極海の氷に関する質問で、ダグ・ローチが過剰反応したケースを覚えているだろうか。ダグは予測を「九五％イエス」に引き上げた数日後、直近の氷のデータと、過去一二年間のデータを見た。それを科学者らの予測と比べたところ両者には大きな乖離《かいり》があり、しかも徐々に広がっていることがわかった。どう反応すべきか。「たくさんの小さな更新を繰り返す」という大原則に従い、徐々に予測を低くしていくべきか。それとも新たな視点で見直すべきか。「そもそも九五％に引き上げた根拠は、今見れば明らかに誤っている報告書だけだ。だからこの報告書を捨てて新たな予測を立てたほうがいい」と。ダグは二つめの選択肢を採った。まず予測を一気に当初の五五％に戻した。それからさらに一五％まで下げた。その後はいつものように「たくさんの小さな更新」を繰り返していった。

これは正しい判断だった。ダグが九五％としていた時点で「たくさんの小さな更新」という鉄則に従っていたら、最終的なブライアー・スコアはさらに悪くなっていたはずだ。

ジョージ・オーウェルは有名なエッセイ『政治と英語』の結論として、「短い言葉で用が足りるときに長い言葉を使ってはならない」「能動態を使えるときに受動態を使ってはならない」など、六つの明確なルールを示している。だが最も重要なのは六番めのルールだ。「あからさまに教養のかけらもない文章を書くぐらいなら、上記のルールのどれを破ろうとかまわない」

優れた予測を保証するような絶対確実なルールを求める気持ちはよくわかる。それは、われわれがハリネズミ型の評論家と彼らの誤った主張に惹きつけられる理由と根っこは同じだ。しかし魔法のような必勝法など存在しない。たくさんのただし書き付きのざっくりとした原則があるだけだ。超予測者はそうした原則を理解していると同時に、それらを使うときには状況に応じた判断が求められることをわかっている。そして教養のかけらもない予測を立てるより、ルールを破るほうを選ぶ。

メアリー・シンプソンが超予測者になったきっかけは、失敗だった。

「私は二〇〇七年に金融危機のさまざまな前兆を完全に見逃したの。それがすごく悔しかった。問題を見抜くための知識はあったのだから」と話す。

クレアモント大学院の経済学博士号を持つメアリーは、電力会社サザン・カリフォルニア・エジソンの規制対応と財務部門で管理職として働いた。その後セミリタイアして、金融危機の最初の兆しが表れた二〇〇七年には独立の金融コンサルタントとして働いていた。

その年の末、不況が始まった。二〇〇八年前半にはさらに不穏な出来事が続いた。しかし同業者の多くと同じように二〇〇八年九月一五日にリーマン・ブラザーズが破産するまで、メアリーは危機の深刻さを理解していなかった。時すでに遅し。メアリーの引退後の蓄えは大きく目減りした。

「先を読むことについて、本気で考えようと思った」とメアリーは振り返る。金銭的な私欲からではない。もっと先を読む力を高められるはずだ、だから努力する必要があるという思いからだ。「『私はもっとできるはず』。そんな気持ちになることって、あるでしょう？」(1)

「優れた判断力プロジェクト（GJP）」のことを聞きつけ、早速手を挙げた。そして超予測者の称号が示すとおり、すばらしい予測力を発揮するようになった。

心理学者のキャロル・ドゥエックなら、メアリーを「しなやかマインドセット」の持ち主と言うだろう。ドゥエックの定義では、自分の能力はほぼ努力で決まり、努力して学ぼうという意欲次第で「伸ばせる」という考え方だ(2)。そんなことは当たり前すぎで、わざわざ言うほどのことでもないと思うかもしれない。だが、しなやかマインドセットをおよそ誰もが持ち合わせているわけではないことが、ドゥエックの研究で示されている。多くの人のそれは「こちこちマインドセット」で、これはわれわれの現状や能力は生まれたときから決まっていて、新たに生み出したり伸ばしたりできるものではないという考え方だ。こちこちマインドセットの人は「私は数学が苦手だ」というのを、左利きだとか女性であること、あるいは背が高いのと同じように変えられない特徴だと考える。その弊害は大きい。数学は苦手で、それは一生変わらないと思っていると、改善の努力をしようとしない。そんなことをしても無意味だからだ。それでも数学を勉強せざるを得ない状況になったら（学校などで）、わずかな失敗でもそれを限界の表れととらえ、できるだけ早く無駄な努力を打ち切ろうとする。改善の余地がどれだけあっても、それが実を結ぶことはない。こうして「私は数学が苦手だ」という確信は自己実現するのである(3)。

ドゥエックはこちこちマインドセットの弊害を示すのにさまざまな実験をしているが、その一つに小学五年生に比較的簡単なパズルを与えるものがある。子供たちはパズルを楽しむ。

続いてもう少し難しいパズルを与える。すると途端に何人かは興味を失い、家に持って帰っていいと言っても断る。一方、簡単なものより難しいほうを好む子供たちもいる。「このパズルの名前を書いてくれない？　もらったのが終わったら、お母さんに買ってもらうから」と言った子もいた。この二つのタイプの違いは「パズルを解く才能」に起因するのではない。パズルを解く能力が同等の子供の中でも、難しいものを与えられるとそっぽを向く子とワクワクする子がいた。カギを握る要因がマインドセット（モノの考え方）だ。こちこちマインドセットの子供はあきらめる。しなやかマインドセットの子供は全力で努力する。

こちこちマインドセットの人は努力をしても、しなやかマインドセットの人ほどその経験から多くを学ばない。ある実験でドゥエックは、被験者が質問に答え、正解か不正解か教えられ、その後もっと上達するためのアドバイスを聞くあいだ、脳をスキャニングした。その結果こちこちマインドセットの人は正解か不正解かを教えられるまでは完全に集中しているが、気にするのはそれだけだとわかった。どうすればもっと良い答えを出せるかというアドバイスには興味を持たない。「不正解した人ですら、正解は何かを知りたいと思わない。しなやかマインドセットの人だけが、改善するためのアドバイスにしっかり耳を傾けた。学ぶことを重視していたのは彼らだけだ」とドゥエックは書いている。

トップクラスの予測者には、しなやかマインドセットが欠かせない。その最たる例が「事実が変われば、私は意見を変える」と言ったとされる（が実際には言わなかった）人物だ。

一貫して一貫性に欠ける

今日《こんにち》ではそのマクロ経済理論ばかりが注目されるが、ジョン・メイナード・ケインズは投資家としても無類の才能を発揮した。

第一次世界大戦後から第二次世界大戦後まで、ケインズは自分の資産に加えて家族や友人、イギリスの二つの生命保険会社、多種多様な投資ファンド、さらにはケンブリッジ大学のキングスカレッジの資産の運用まで手がけた。一九四六年に亡くなるまでには巨万の富を築き、彼に資産運用を任せた人や企業も期待を大幅に上回る見返りを手にした。どんな時代でもすばらしい成績と言われるはずだが、ケインズが生きたのは並大抵の時代ではなかった。(4) 一九二〇年代のイギリス経済は停滞した。三〇年代には世界が大恐慌に陥った。ケインズの投資に関する本を書いたジョン・F・ワシックは「史上まれにみる厳しい時代に運用していたことを思えば、ケインズのリターンは驚異的である」と指摘する。(5)

ケインズは見事なまでに知的で精力的な人物で、それが成功に寄与したのは間違いない。ただそれ以上に重要なのは、汲めども尽きぬ知識欲があり、新たな情報を進んで集めたことだ。それでときには考えを変える必要が生じたが、まったく躊躇しなかった。むしろ誤りを堂々と認め、新たな考え方を受け入れる姿勢を自らの長所と考えており、他の人々にもそうするよう説いた。「ときには間違えたってかまわない。間違いがすぐに正されるならなおさらだ」と一九三三年に書いている。(6)

「ケインズは他の経済学者だけでなく、必要と思われる場合には自分自身にも異を唱えた」。

この「一貫して一貫性に欠ける」経済学者について一九四五年に書かれた文章にはこうある。「そのように立場を変えることにまったく罪の意識など感じなかったケインズは、柔軟性に欠ける他の経済学者を批判した。ケベックでルーズベルト米大統領との会談にのぞんだチャーチル英首相が『あなたの意見が正しいと思いはじめた』と電報を送ってよこしたとき、ケインズが『それは残念。すでに私の意見は変わりはじめた』と返信したのは有名な話だ」(7)

もちろん投資家としてのケインズの実績が完璧だったわけではない。一九二〇年には為替相場をとんでもなく読み誤り、全財産を失いかけた。それから態勢を立て直し、一九二〇年代を通じて自分と顧客のために再び資産を築いた。だが二〇〇八年のメアリー・シンプソンと同じように、一九二九年の大恐慌を予見できず、再び大きな損失を出した。そこからまたしても復活し、損を取り戻すだけでなく大きく資産を増やした。

ケインズにとり失敗は学習の機会だった。誤りに気づき、新たな選択肢を考え、再び挑戦するのである。為替相場で失敗したあとも、安楽な道を選びはしなかった。一九二〇年代はじめには先駆的な投資戦略を追求した。たとえば機関投資家が不動産などにしか投資していなかったこの時代に、伝統を重んじるキングスカレッジに株式投資を始めさせている。一九二九年に大恐慌の不意打ちを食らった際には、自分がどこで考えを誤ったか徹底的に検証した。そして重要な理論的仮説の一つが誤っていたという結論に達した。株価は必ずしも企業の真の価値を反映しているとは限らない、と。だから投資家は長期投資に見合うだけの潜在的価値が企業にあるか見きわめるために、事業内容、資本構成、経営を徹底的に研究しなければならない。ほぼ同時期にアメリカではベンジャミン・グレアムが同じような理論を発達させ「バリュー投資」と名づけた。ウォーレン・バフェットが投資家として大成功を収めるうえで土台となった理論である。

「一貫して一貫性に欠けていた」ケインズが一貫して失わなかったのは、自分はもっとうまくやれるはずだという信念だ。失敗は能力の限界に達した証拠ではなく、真剣に考えてもう一度挑戦してみろというサインだ、と。挑戦し、失敗し、分析し、修正し、もう一度挑戦する。ケインズはこのステップをひたすら繰り返した。

ケインズはわれわれ一般人よりはるかに高い次元にいたとは言え、この「挑戦、失敗、分析、修正、再挑戦」のサイクルは、誰もが生まれたときから実践している基本的な学習のプロセスだ。おすわりの練習をする赤ちゃんがまさにそうだ。最初はグラグラして、天井のファンをよく見ようと首を反らせると……どん！　倒れるのを見越して母親が置いておいたクッションにひっくり返る。仰向けに寝かせておけば、あるいは椅子に座らせておけば、赤ちゃんはひっくり返らずに済んだかもしれない。でも母親はそれを通じて赤ちゃんが頭を反らせすぎてはいけないことを学習し、次に座ったときはもう少し安定することを知っているのだ。おすわりを完全に習得するまでにはまだ何度も練習を繰り返さなければならないが、ひっくり返ることが赤ちゃんにとって画期的な発見につながるのだ。

われわれは子供時代を通じて、同じプロセスを何千回と繰り返す。そうやって立ち、歩くことから、通学バスに乗り、ゲーム機のリモコンを操作して画面上のキャラクターを適切なタイミングとスピードでジャンプさせてお宝を手に入れて一〇〇〇ポイントを稼ぐ技まで習得していく。

大人も同じだ。初めてゴルフクラブを握る中年の会計士は、おすわりを学ぶ赤ちゃんと同じだ。どんな凄腕のコーチについても、周囲からそれなりのプレーヤーと認められるまでにはたくさんの失敗を繰り返すはずだ。

われわれは実践を通じて新たな能力を身に着けていく。やればやるほど能力は伸びる。どれほど高度な能力であっても基本は変わらない。最新の戦闘機はおそろしく複雑な空飛ぶコンピュータだが、座学だけでパイロットに適切な能力を身に着けさせることはできない。高精度のフライトシミュレータでも十分ではない。パイロットは実際に何時間も飛んでみることで上達していく。練習は長いほどいい。同じことが外科医、金融マン、企業経営者にも当てはまる。

挑戦する

優れた哲学者で教師でもあるマイケル・ポランニーは、机上学習の限界を示そうと、自転車の乗り方を物理的観点から詳細に説明している。「自転車乗りは次の原則に従っている。自転車が右側に傾くとハンドルを右に傾け、進路がカーブから右側に逸れるようにする。それによって自転車を左に押すような遠心力が働き、右に引っ張る重力と打ち消しあう」。こんな具合に説明が続いたのち、文章はこう結ばれる。「簡単な分析で、自転車の傾きが一定であればカーブの曲率は自転車の速度の二乗に反比例することがわかる」。これ以上に詳しい説明は想像しがたい。「だがこれを聞いたからといって、自転車の乗り方がわかるはずがない」とポランニーは言う。「カーブの曲がり具合を、自転車の傾きを速度の二乗で割った数に合わせて調整することなどできない。またできたとしても、実際の道路ではこの数式には含まれない雑多な要素が働くので、やはり自転車で転ぶことはあるだろう」(8)

自転車を乗りこなすのに必要な知識を完全に言葉にして誰かに伝えるのは不可能だ。必要なのは「暗黙知」であり、それは実際に挑戦して痛い目に遭いながら身に着けるものだ。自転車に乗れるようになるためには、乗ってみるしかない。最初はうまくいかないだろう。右や左に落ちるかもしれない。だが粘り強く努力を続ければ、難なく乗りこなせるようになる。それでも他の人が同じ目に遭わなくていいようにまっすぐ乗る方法を教えようとしても、ポランニー以上のことはできないだろう。

わかりきった話である。だから先を読む能力を身に着けるにも、やはり練習が必要だ。予測力の参考書をいくら読んでも、実際にやってみる代わりにはならない(9)。

失敗する

とはいえ、どんな練習でも能力向上につながるわけではない。必要なのは賢い練習だ。どんな失敗に注目すべきなのか、そしてベストプラクティス（成功事例）といわれるなかでも本当に優れているものはどれか、判断しなければならない。だから参考書を燃やすのはやめよう。すでに述べたとおり、無作為比較試験では薄い小冊子を一冊、具体的にはわれわれの作成したトレーニング・マニュアル（付録を参照）を一読するだけで、予測能力は一〇％近く向上した。この実験からは冊子からの知識と実践で学んだ知識と融合させることの有効性も証明された。小冊子を読んでから練習すると知識が身につきやすくなり、また練習を積んでから小冊子を読んでも同じ効果が見られた。「天は自ら助くる者を助く」。トレーニング・マニュアルを読むと、個人的経験から正しい教訓を導きだしたり、外側と内側の視点のバランスを適切に保ったりするのに役立つ。また個人的経験は、一般向けに書かれた無味乾燥な抽象論に現実味を吹き込むのに役立つ。

効果的な練習には、明確な即時フィードバックも必要だ。私の共同研究者であるドン・ムーアによると、警察官は被疑者の供述の真偽を見抜くのに膨大な時間を割くが、識別力は自分が思っているほど高くなく、経験を積んでも高まらないことが研究で明らかになった。経験だけでは足りないからで、そこには明確なフィードバックが不可欠だ。

警察官が被疑者の供述の真偽を判断しても、その判断の正否についてすぐにフィードバックが得られるわけではない（もちろん被疑者が「ご名答、私は嘘をつきました！」なんて言うわけがない）。事態は進展し、容疑者が告訴されて裁判になり判決が下る場合もあれば、司法取引になることもある。どちらにしても何カ月、何年もかかることがあり、最終的に結論が出てもそこにはさまざまな要因が絡んでくる。このため警察官が自分の判断は正しかったのか否かのフィードバックを手にすることはめったにない。当然、心理学者が実験で警察官の嘘を見分ける能力を調べると、自信と能力に大きな乖離《かいり》が見られる。しかも警察官の勤務経験が増えると乖離はますます広がっていく。経験とともに嘘を見分ける能力は高まるだろうという一見理にかなった思い込みがあるからだ。その結果、自信が正確さを上回るペースで伸びていき、ますます自信過剰になっていく。

このような乖離は特段珍しいものではない。整合性に関する研究では（自信と予測の正確さがどの程度一致しているか）、われわれが自信過剰になりがちなことが繰り返し確認されている。[10] とはいえ自信過剰は人類共通の弱点ではない。天気予報士や腕利きのブリッジプレーヤーは自信過剰とは無縁だ。それはどちらも明確かつ迅速なフィードバックを得るからだ。「明日はどしゃぶりの雨」と予想した天気予報士は、翌日が晴天だったら自分が間違っていたことがわかる。ブリッジプレーヤーはゲームが終われば、予想していた数のトリックを獲得できたか否かわかる。どちらも予想が外れれば、すぐにそれに気づく。

これはきわめて重要だ。失敗から学ぶには、失敗したときにそうとわかる必要がある。おすわりからひっくり返った赤ちゃんにはそれがわかる。自転車から落ちて膝を擦りむいた少年にもわかる。簡単なショットをバンカーに放り込んでしまった会計士も。わかるからこそ、どこが悪かったか考え、修正し、もう一度挑戦できる。

残念ながら、予測を立てていて天気予報士やブリッジプレーヤーのような質の高いフィードバックが返ってくることは少ない。主な理由は二つある。

一つは使われる言葉の曖昧さだ。第3章で見たように、「おそらく」や「可能性が高い」

といった言葉が使われていると、予測を評価するのは不可能になる。何かが「起こる可能性がある」「起こるかもしれない」「起こるだろう」という予測は、何も言っていない可能性がある（かもしれない）。同じような表現は他にもやまほどある。スティーブ・バルマーの「注目に値する市場シェア」など一見はっきりしていても、吟味すると霧のようにぼんやりとしているものは多い。中立的評価者でも曖昧な予測について有効なフィードバックを返すのは難しいが、評価するのが予測を立てた本人であるケースも多い。これがますます有益なフィードバックを得難くしている。

　心理学者バートラム・フォアラーの発見した「フォアラー効果」を見てみよう。フォアラーは学生に性格診断テストを受けさせ、その結果から想定される人物像を読ませて自分自身の性格をどれだけとらえているか評価させた。被験者は診断結果に感心し、平均して五点満点中四・二という高評価を与えた。これが注目に値するのは、フォアラーが提示した人物像は星占いの本から取ってきた「あなたは周囲に好かれ、尊敬されたいという欲求が強い」といった曖昧な文章を適当に組み合わせただけのもので、しかも被験者全員に同じ文章を見せていたからだ。[11] 曖昧な言葉というのは伸縮自在のゴムのようなもので、被験者は客観的に診断結果を評価しているつもりでも、実際はそれを曲げたり伸ばしたりして自己イメージに合わせていたのである。だから自分の曖昧な予測を評価する場合には、次の教訓を心に刻んでおく必要がある。「自分自身を欺かないこと」

　予測への有効なフィードバックを阻むもう一つの問題は、タイムラグである。数カ月あるいは数年先の予想の場合、結果を待つあいだに記憶というものの弱点が作用しはじめる。最初は将来に対する自分の見通しがどういうものか、よくわかっている。だが事態が展開したあとで、当初の予測を正確に思いだすことができるかと言えば、おそらく無理だろう。自然と忘れてしまう部分もあるが、心理学者の言う「後知恵バイアス」の影響も受ける可能性が高いからだ。

一九九一年にすでに立派な大人だった人は、次の質問に答えてほしい。当時のあなたは、翌一九九二年に現職のジョージ・H・W・ブッシュ大統領（今では「ブッシュ41」と呼ばれる）が再選される可能性がどれぐらい高いと思っていただろうか。今ではブッシュ41がビル・クリントンに敗れたのは周知の事実だが、湾岸戦争後にブッシュ大統領の支持率がどれほど高かったかも覚えているかもしれない。だから再選される可能性はかなり高いが、当然負ける可能性も相当あると思っていたかもしれない。五分五分といったところだろうか。あるいは湾岸戦争効果で六〇～七〇％の確率で勝つと思っていただろうか。いずれにせよ当時の自分の予測についてのあなたの考えは、かなりの確率で間違っている。しかもどちらの方向に間違っているかも予想がつく。それを示すために、一九九一年のテレビ番組《サタデー・ナイト・ライブ》のアーカイブを掘り起こしてみよう。翌年の民主党の予備選挙に出馬することが有力視されていた政治家が一堂に会したこの討論のもようからは、当時の政界の常識がはっきりと読み取れる。

司会者　こんばんは。女性有権者連盟のフェイ・サリバンです。討論シリーズの第一回めとなる今日、お集まりいただいたのは民主党議員の方々ですが、みなさん党からジョージ・ブッシュ大統領の対抗馬という絶望的な立場に追い込まれるのを避けようとしていらっしゃいます。ほとんどの方がすでに民主党の候補者になるつもりはないと表明しています。ただ言うまでもなく、みなさんはとても人気のある現職大統領との不毛な闘いを強いられる大きなプレッシャーにさらされています。順番にご紹介しましょう。ニュージャージー州のビル・ブラッドレー上院議員……。

ブラッドレー上院議員　私は一九九二年の大統領選の候補者じゃありませんよ。

司会者　続いてミズーリ州選出のディック・ジェファート下院院内総務……。

ジェファート院内総務　私は民主党の指名を求める気はありません。

番組はこのあともますます異様な雰囲気になっていく。討論ではどの候補もほかの候補を褒めちぎる一方、自分のことはとんでもなく卑下している。民主党の候補が誰になろうと、ブッシュ41に大敗を喫するのは目に見えていた。みんなそれをわかっていた。だからこそ民主党の有力議員は誰もこの年の予備選挙に出馬せず、無名のアーカンソー州知事ビル・クリントンにチャンスがまわってきたのだ。

ひとたび何かの結果を知ってしまうと、結果を知る前に自分がどう思っていたかについての認識が歪《ゆが》む。これが「後知恵バイアス」だ。優れた実験によってこの現象を最初に明らかにしたのはバルーク・フィッシュホフだ。ある実験では、当時の世界的な時事問題（たとえば「ニクソン米大統領は毛沢東・中国共産党主席と会談するか」など）について被験者に予測を立ててもらい、結果が明らかになった段階で自らの予測を思い出してもらった。結果がわかっていると、たとえ被験者がそれに影響されまいとしても、常に過去の予測に歪みが生じた。影響は軽微なこともあったが、かなり大きいケースもあった。

一九八八年にソ連が大胆な改革に乗り出し、その将来についてさまざまな観測が広がるなか、私は多くの専門家に「五年以内にソ連で共産党の独裁が崩れる可能性はどの程度か」を予測してもらった。一九九一年、世界が固唾《かたず》をのんで見守るなか、ソビエト連邦は崩壊した。そこで一九九二年から九三年にかけて、私は同じ専門家に一九八八年の質問についての自らの答えを思い出してもらった。彼らの記憶は実際よりも平均三一％高かった。つまり一九八八年に崩壊の確率は一〇％と見ていた専門家は、自分は四〇〜五〇％と予測したと記憶していた。極端な例では一九八八年に二〇％と予測していた人が、七〇％と答えたケースもあった。後知恵バイアスがときに「私は初めからすべてお見通しだった効果」と呼ばれるのはこのためだ。

予測を立てるときには曖昧な言葉を使い、古い予測を思い出すときには誤った記憶に頼らざるを得ないと、予測に対して明確なフィードバックを得るのは難しい。経験から学ぶことは不可能だ。

この状況は、バスケットボール選手が暗闇でフリースローの練習をするのに似ている。得られるフィードバックは音だけだ。ボールが金属にぶつかる音、バックボードにぶつかる音、ネットをかする音といった具合に。明かりがついた状態で何千回とフリースローをしたことのあるベテラン選手なら、音を聞いただけでシュートが決まったか否かがわかるかもしれない。だが新米選手はそうもいかない。「ヒュッ」というのは、リングに当たらずにシュートが決まった音、あるいはネットにかすりもしなかった音かもしれない。「ガン」というのはおそらくリングに当たった音だが、ボールは中に入ったのかこぼれたのか。まったくわからない。もちろん自分には正確な結果がわかっていると思い込むかもしれないが、実際にはわかっていない。そのまま何週間もシュート練習を続ければ、「こんなに練習したのだから上手になったはずだ」と自信を持つかもしれないが、フリースローの腕はまったく上がっていないはずだ。明かりをつけたときだけ、はっきりとしたフィードバックが返ってくる。それで初めて学習し、上達することが可能になる。

ティム・ミントが二〇一四年のシリア難民の数を予測したとき、ブライアー・スコアは〇・〇七だった。これは動かしようのない精緻で有意義なすばらしい結果である。フリースローがリングにかすらずに決まったのに等しい。反対に安倍晋三首相が靖国神社を参拝するかどうかを予測した際は一・四六と、ボールを体育館の裏のゴミ箱にでも放り込んだようなスコアだった。それはティムにもはっきりわかった。彼の予測には曖昧な言葉という隠れ蓑はなく、またそれほどひどい結果ではなかったと自分をごまかすための後知恵バイアスが入り込む隙もなかった。大失敗をしたことをわかっており、それは学習の機会となった。

ちなみに練習に近道はない。ブリッジプレーヤーは訓練によってトリック数を予測する能力を高められるかもしれないが、研究では一つの分野における予測能力は、他の分野ではまったくと言っていいほど役に立たない。だからブリッジの練習を積むことで政治や経済の予測能力を磨こうなどという野心は捨てたほうがいい。特定分野での予測能力を高めたければ、それを繰り返し練習すること、そして訓練の成果が上がっているかを示す良質なフィードバックと、「おっと間違えた。原因を考えないといけないな」という学ぶ姿勢が必要だ。

分析と修正

「僕らはチームとして、ポロニウムの半減期を考慮すれば遺体から発見するのは実質的に不可能だと考えた。しかしこの仮説をもっとしっかり吟味しておく必要があった。たとえば放射性崩壊生成物の有無を調べればポロニウムを探知できるか検討したり、この分野の専門家に聞いたりすべきだった」。これはヤセル・アラファトの遺体からポロニウムが検出されるかという質問で、デビン・ダフィと彼の属するチームが予測を誤ったあと、デビンが投稿したメッセージだ。彼が引き出した教訓はこうだ。「専門知識が求められる分野で仮説を立てるときには慎重に。専門家が見つかれば問い合わせ、さらにときどき仮説を再検討すること」

キャロル・ドゥエックの言うこちこちマインドセットの人とは対照的に、超予測者は質問の答えが明らかになるたびに、自分の予測の正否だけでなく、どうすればもっと正確さを高められたか熱心に追求する。

チームメートに長々と反省文を送ることもある。ネット上の議論が延々と続くこともある。また空いた時間に一人で沈思黙考することも多い。「僕はシャワーを浴びているときや通勤時、それに日中退屈したときや休憩時間に振り返る」と話すのはジャン＝ピエール・ベゴムズだ。トーナメントの最初の二年、ジャン＝ピエールが過去の予測を振り返ってみると、記録を残しておかなかったので「なぜ特定の予測に落ち着いたのか、わからないことも多かった」。このため思考プロセスを事後にたどることもできず、もどかしいことも多かったと言う[12]。そこであとから自らの思考プロセスを批判的に振り返れるように、頻繁に長いメモを残すようになった。いまではトーナメントの質問が発表されたときから事後検証の準備を始めるという。

事後検証のための考察が、最初に予測を立てるときと同じぐらい慎重で自己批判的なことも多い。ギニア大統領選挙の結果に関する予測を立てたとき（チームはすばらしい結果を出した）、デビンはそれを実力のおかげと考えるべきではない、と訴えた。「ギニアでデモによって選挙が中止になるとは思っていなかった。でも実際にはほとんどそうなりかけた。僕らは運に恵まれたところもある」。鋭い指摘だ。われわれはある判断が吉と出ると、その判断が正しかったのだと思いがちだが、必ずしもそうではない。それによって思考プロセスの欠陥が見過ごされるので危険でもある[13]。

社会的に成功している人は、成功が自分の能力だけによるものではないと認めるのが苦手なことが多い。一九八〇年代後半に専門家の予測能力を調べた際、私は彼らに「ソ連共産党が権力の座にとどまるか」「南アフリカ共和国のアパルトヘイトは暴力的終焉を迎えるか」「ケベック州はカナダから独立するか」を予測してもらった。この三つの問いの期限が過ぎ、正解が（すべて「ノー」）明らかになったあと、私は被験者に事実に反するシナリオを考えてもらった。ささやかな蝶のはばたきによって、歴史が別の軌跡をたどっていたらどうだったか、と。

「もしも……」の結果、外れてしまった予測が正解になる場合（たとえば一九九一年のゴルバチョフに対するクーデターがもっときちんと計画され、首謀者がしらふで統制が取れていたら、共産党は今でも権力の座にあったかもしれない、など）、被験者はその筋書きを古い友人のように温かく受け入れた。一方そのシナリオによって、正解した予測がちょっとしたことで不正解になっていたかもしれないことが示されると、彼らはそれを単なる想像に過ぎないと切り捨てた。このように専門家は「私はほとんど正解しかけた」というシナリオは快く受け入れ、「ほとんど不正解になりかけた」という選択肢は拒絶したのだ。

だがデビンは違う。勝利を収めたときも、あっさり認めた。「僕らは運に恵まれたね」と。[14]

やり抜く力

予測を自転車乗りに喩えるのはかなり有効だが、比喩というものの常として両者が完全に一致することはない。自転車の場合「挑戦、失敗、分析、修正、再挑戦」のサイクルは通常数秒しかかからない。一方、予測の場合は何ヵ月も何年もかかることもある。それに加えて、予測のほうが偶然に左右される部分が大きい。サイクリングのベストプラクティスに従っていれば、たいてい自転車にはうまく乗れる。だが予測はもっとあてにならない。ベストプラクティスに従えば成功する確率は高まるが、偶然の絡む余地の少ない分野と比べると確実性は低い。[15] しなやかマインドセットに加えて、予測能力を伸ばすには私の同僚であるアンジェラ・ダックワースの言う「やり抜く力」が不可欠だ。

エリザベス・スローンは「やり抜く力」に秀でている。脳腫瘍の診断を受け、化学療法を受けたが続く幹細胞移植手術は失敗に終わった。その後ガンが再発し、再び二年間にわたり化学療法を受けた。だが決してくじけなかった。「優れた判断力プロジェクト（GJP）」に応募したのは「脳のシナプスをまた活性化したいから」だ。さらに腫瘍学者が書いた記事が自分の症状とぴったり一致することに気づき、新しく有望な幹細胞移植手術があることを知った。「おかげでもうすぐ完治するの。人生で新たなチャンスを与えられるなんて、すばらしいわ」とGJPのプロジェクトマネージャー、テリー・マレーにメールを書いてきた。

やり抜く力とは、たとえ挫折や失敗に直面しても、長期的目標を情熱を持って粘り強く追求する姿勢だ。それがしなやかマインドセットと組み合わされれば、人間的成長の大きな推進力となる。

アン・キルケニーが初めてGJPのことを耳にしたとき、自分のようなボランティアは珍しいだろうと思った。「地政学的と名の付くものなど、まったくかかわりのなかった主婦でもいいのかしら。四〇年間、知的挑戦とは無縁の生活を送ってきたけれど、やってみよう」。そう思ったと振り返る。

アンはアラスカ州の小さな町に住んでいる。ヒッピー文化全盛時代にカリフォルニア大学バークレー校を卒業したのち、高校教師になりたいと教職課程に応募したが不合格となってしまった。そこで学校の事務員、帳簿係、代用教員などを務めるかたわら、社交ダンスや合唱団を楽しみ、アラスカ出身の大工と結婚し、息子を育てながら教会に通った。メールの末尾にはいつも人生のモットーが書かれている。「シンプルに生きる。たっぷり愛す。思いやりを持つ。やさしい言葉で語る。あとは神に任せる」

二〇〇八年にはちょっとした有名人になった。共和党の大統領候補となったジョン・マケインが、副大統領候補としてアラスカ州知事サラ・ペイリンを指名したのがきっかけだ。この選択は驚きだった。アラスカの住人以外でワシラという小さな市の市長だったペイリンの名を知る者はほとんどいなかった。ただアンはよく知っていた。ワシラは地元で、アンは議会に足を運ぶような政治意識の高い市民だったからだ。そこで市長時代のペイリンの活動をまとめてメールで州外の家族や友人に送った。もっと詳しく知りたいという声を受けてアンが送ったメールは、一気に拡散した。まもなくアンは《ニューヨーク・タイムズ》の記者から連絡を受け、その後《ニューズウィーク》、AP通信、《ボストングローブ》、《セントピーターズバーグ・タイムズ》をはじめ多くのメディアから取材を受けた。たいへんな騒ぎだったという。

アンは民主党員なので、メールは主にペイリンに批判的な内容だった。このため大量に送られてきた返信の多くも、かなり党派色の濃いものだった。「そうだと思った！　ペイリンの顔を見た瞬間、地政学的問題なんてまったくわかっていないと思った」と書いた者もいる。アンへの称賛の声も多かった。勇気があり頭脳明晰、あらゆる面ですばらしい、と。

だがアンは流されなかった。お世辞を読んでもいい気になることはなく、むしろ眉をひそめた。「なんで相手をひと目見ただけで、そんなことまでわかるのかしら？」と私に書いてきた。「わかるはずないし、わかっていない。ペイリンについては共和党員であり、女性であることから最初から評価を決めていて、追加情報はそうした偏見の裏づけとして使っている。感覚を知識や意見とすり替えている」。このような批判的姿勢や人の心理を鋭く見抜く能力は「ふつうの予測者」が「超予測者」に成長するのにおおいに役立つ。慎重で緻密なリサーチ能力も然りだ。アンを一躍有名人にしたメールはその後、事実確認を専門とする全国組織の精査を受け、信頼性があるとのお墨付きを得た。もとは友人や家族への簡単な情報提供のために書かれたことを思えば、驚くべきことだ。[16]

アンの粘り強さは半端ではない。トーナメントで中央アフリカ共和国の難民の数について質問が出たときには、国連のウェブサイトでデータを調べたところ、一週間前のものだった。それが直近のデータだろうとおとなしく受け入れるのではなく、アンは国連にメールでデータ更新の頻度や次の更新予定を問い合わせた。またデータの変動幅が大きいことに気づき、再び理由を尋ねた。返事は返ってきたが、フランス語だった。すると「メルシー。でもフランス語はあまりよくわからないので、英語でお願いできますか」と重ねて聞いた。送られてきた長文の英語の回答は、国連の分析方法が詳細に綴られた示唆に富む内容で、予測を立てるのに役立った。

アンは超予測者ではない（少なくとも今のところは）。それでも結果はすばらしい。トーナメントの三年めには出題された一五〇の質問すべてに答えたが、所属するチームがあまり活発ではないので、予測はほとんど一人で立てている。なぜそれほど頑張るのか。理由は、大学でいちばん採点の厳しい教授が教える最も難しい講義ばかりを取る学生と同じだ。アンにとって重要なのは、良い成績を取ることより、自分がどれだけ学べるかだ。

「私は常に成長し、学び、変化しようとしているの」と私に書いてきた[17]。こうした姿勢は、結果を受け取ったときの反応にも表れている。アンはじっくりと結果を眺め、自分の意思決定の方法のどこが間違っていたかを考え、GJPのプロジェクトマネージャーに思慮深い自己分析をよく送ってきた。努力を続けた結果、アンのブライアー・スコアは徐々に上昇し、トップクラスに入るかに見えた。ただかなりの確証を持っていた予測が外れ、正確性は急低下した。それでもアンは何カ月も努力を続けた。これこそやり抜く力のなせる業《わざ》だ。アンがいずれ超予測者の仲間入りを果たしても、何の不思議もない。

もちろんそこでアンの成長が止まるわけではない。多くの超予測者が示してきたように、それはほんの始まりだ。さらなる挑戦、失敗、分析、修正、再挑戦の余地は常にある。コンピュータ業界では、あるプログラムを完成版としてではなく、実際に使いながら分析や改善を続けていくつもりで発表するとき、それを「永遠のベータ」と呼ぶ。
超予測者も、永遠のベータなのだ。

まとめ

ここまで超予測者について、生き方、さまざまなテストの成績、働き方などから特徴を探ってきた。ここで結果をとりまとめて「典型的な超予測者像」をざっくりと描いてみよう。
まずはモノの考え方の傾向だ。

慎重　確実なことは何もない。
謙虚　現実はどこまでも複雑である。
非決定論的　何が起きるかはあらかじめ決まっているわけではなく、起こらない可能性もある。

能力や思考スタイルには、次のような傾向が見られる。

積極的柔軟性　意見とは死守すべき宝ではなく、検証すべき仮説である。
知的で博識。認知欲求が強い　知的好奇心が旺盛で、パズルや知的刺激を好む。
思慮深い　内省的で自己を批判的に見ることができる。

数字に強い　数字を扱うのが得意である。

予測の方法には、次のような傾向が見られる。

現実的　特定の思想や考えに固執しない。
分析的　鼻先越しの視点から一歩下がり、他の視点を検討する。
トンボの目　多様な視点を大切にし、それを自らの視点に取り込む。
確率論的　可能性を多段階評価する。
慎重な更新　事実が変われば意見を変える。
心理バイアスの直観的理解　自分の思考に認知的、感情的バイアスが影響していないか確認することの重要性を意識している。

努力についての考え方には、次のような傾向が見られる。

しなやかマインドセット　能力は伸ばせると信じる。
やり抜く力　どれだけ時間がかかろうと、努力しつづける強い意志がある。

ここに描いたのは、おおまかなイメージだ。すべての属性が同じ重みを持つわけではない。

超予測者の仲間入りを果たすかどうかを予測するうえで、最も有効性の高い変数は「永遠のベータ」であるか、すなわちモノの考え方を見直し、自らを改善しようという意識の強さである。次点の「知能」と比べて、有効性はほぼ三倍に達する。トーマス・エジソンの表現を借りれば、超予測力とは「七五％の努力と二五％のひらめき」である。

すべての超予測者が、ここに挙げた属性をすべて備えているわけではない。成功に至る道は一本ではなく、ある分野の弱さを別の強みで補う方法も多々ある。ただ永遠のベータの予想変数としての有効性がこれほど高いという事実は、「シナプスを活性化しよう」という決意がなければ、どれほどＩＱが高くても始まらないことを示している。

さて、ここまでの議論に欠けている要素が一つある。他の人々の存在だ。私生活でも職場でも、われわれが周囲から完全に隔離された状態で未来を予測することはまずない。人間は社会的生き物であり、まわりの人とともに物事を判断する。ここから重要な問いが浮かび上がる。

超予測者がチームとして活動したら、何が起こるだろう。

第9章　スーパーチーム

一九六一年一月一〇日の朝、アメリカ中の家庭が朝食の支度をしているころ、食卓で《ニューヨーク・タイムズ》を開いた読者の目に一面の大見出しが飛び込んできた。

「アメリカ、グアテマラの極秘陸空基地で対カストロ部隊の訓練に協力」

グアテマラの太平洋岸から少し入った基地で「ゲリラ風の部隊がアメリカを中心とする外国軍からゲリラ戦術を学んでいる」。訓練生はキューバ人と確認された。基地を使用するアメリカ軍の航空機も確認された。基地の建設を担当したアメリカ企業の名前も挙がっていた。「ミゲル・イディゴラス・フエンテス大統領以下のグアテマラ当局者は、軍事訓練はいつキューバから攻撃されてもおかしくない状況下で備えを強化するためと説明している」と同紙は伝えている。ただ「反大統領派は訓練はフィデル・カストロ政権への攻撃準備であり、アメリカの計画、指揮、および資金拠出によるものだとしている。アメリカ大使館は本件について完全に口を閉ざしている」

現実にはCIAが亡命キューバ人を訓練し、キューバに上陸して発足したばかりのカストロ政権へゲリラ戦を仕掛ける準備をさせていたのだ。計画の秘密を守るのは絶対条件だった。

上陸するゲリラ部隊は、国を解放しにきた独立した愛国者集団に見えなければならない。そのためにはゲリラ部隊とともにアメリカ兵を上陸させるわけにはいかず、空からの支援にもアメリカ軍の印のない古い爆撃機が使われることになった。アメリカが仕組んだこととは誰も気づかない——。少なくとも、計画ではそういうことになっていた。

《ニューヨーク・タイムズ》の一面に計画が載ったことで、当然ワシントンDCでこの秘密作戦を立てた人々は懸念を抱き、再検討したと思うだろう。たしかに懸念はあったが、再検討はされなかった。「なぜか閣議室では、アメリカ兵が実際の戦闘に参加しないかぎり、報道は問題にはならないという考えが支配的だった」。アーサー・M・シュレジンガー・ジュニアは振り返っている。ジョン・F・ケネディ新大統領の顧問であったシュレジンガーはこの作戦を承認した側近の一人であり、彼の回顧録にはピッグス湾事件として知られる、この自分たちの大失態への思いが綴られている。(1)

CIAの訓練を受けたゲリラ部隊が上陸してみると、キューバ軍が待ち構えていた。一四〇〇人のゲリラ隊に対して、キューバ軍は総勢二万。三日と経たないうちにゲリラ隊は殺害されるか捕虜になった。

問題は作戦の実行ではなく、浅はかな作戦そのものにあった。これは後知恵バイアスではない。この悲劇は徹底的に検証され、作戦に多くの問題があり、それに当然気づくべきであったホワイトハウスが見逃していたという点で歴史家の見解は珍しく一致している。その最たる例が不測の事態への対応策だ。CIAは大統領顧問らに対し、上陸に失敗したらゲリラ部隊はエスカンブライ山脈まで退避し、そこで他の反カストロ勢力と合流すると説明していた。ただこの案は、山脈のふもとの海岸に上陸するという当初の作戦に基づいていた。その後上陸場所が変更になったが、計画立案者はそれが非常時の対応策にどのような影響を及ぼすか考えなかった。「エスカンブライ山脈がピッグス湾からおよそ一三〇キロも離れており、しかも厄介な沼地やジャングルを抜けていかなければならないことをわれわれは十分理解していなかった」とシュレジンガーは振り返る(2)。

悲惨な結果に終わった作戦へのアメリカの関与を疑う者はなく、すぐに甚大な影響が表れた。長年の同盟国は面目を失った。南米諸国は憤《いきどお》り、世界中で反米デモが吹き荒れた。ケネディ新政権に高い期待を寄せていたリベラル派は裏切られた気持ちになり、保守派は新米大統領の無能ぶりをあざ笑った。アメリカの国益にとって最大の痛手は、キューバ政府がソビエト陣営にそれまで以上にくみしたことだ。それから一年半も経たないうちに、フロリダ沖の島にはソビエト兵五〇〇〇人と中距離核ミサイルを配備した基地ができた。ミサイルはワシントンやニューヨークを十分射程にとらえるもので、二つの超大国の対立は危機的状況に陥った。ケネディ大統領はのちに、危機が核戦争にエスカレートする確率は三分の一から二分の一のあいだだったと振り返っている。

ピッグス湾事件と、それに端を発したキューバミサイル危機の物語はどちらも同じぐらい有名だが、共通点はその程度だ。一九六二年一〇月の恐怖の一三日間、ケネディ政権は直接攻撃を含めてソ連の脅威へのさまざまな危険な対応策を検討した結果、海上封鎖を決めた。

ソ連の戦艦がアメリカの最後の防衛線に近づくなか、両国は相手の行動と裏ルートを使った情報収集を通じて互いの意図を探りあった。最終的に両国が合意に達して戦争は回避され、世界は安堵の吐息を漏らした。

ピッグス湾事件がケネディ政権最大の汚点だとすれば、キューバミサイル危機はその最大の成果と言える。ケネディと側近はきわめてプレッシャーのかかる状況で創造性を発揮し、優れた結果に結びつけた。ケネディはピッグス湾事件のあとに側近を一掃し、ミサイル危機までにはるかに優秀な顧問にすげ替えたのだろうか。そんなことはない。どちらのケースでも登場人物の顔ぶれはほぼ同じだった。ピッグス湾事件で大失態を演じたチームが、キューバミサイル危機では最高の成功をあげた。

心理学者のアービング・ジャニス（その昔イェール大学で私の博士課程研究で指導教官の一人だった）は一九七二年、『グループシンクの犠牲者』（*Victims of Groupthink*、未邦訳）を出版し、ピッグス湾事件やキューバミサイル危機につながった意思決定を分析した。今日《こんにち》ではグループシンクという言葉は人口に膾炙《かいしゃ》しているが、実際にジャニスの著書を読み、いまや曖昧なキャッチフレーズとなったこの言葉にジャニスが込めた正確な意味を理解している人は少ない。ジャニスの仮説は「小さな結束の強い集団に所属する者は『集団的精神』を保持する傾向がある。無意識のうちに多くの幻想や関連する規範を共有し、それが批判的思考や現実による検証の妨げになる」というものだ。(3)

親密すぎる集団では誰も仮説に疑問を投げかけたり、不都合な事実に向き合おうとしない。

誰もが賛同する。これは居心地がよく、全員が賛同したという事実は集団が正しい方向に向かっている証拠だと暗黙の合意ができる。全員が判断を誤るなんてことはありえない、と。アメリカが関与していないように見せかけたキューバ侵攻の極秘計画が、《ニューヨーク・タイムズ》の一面に暴露されても計画はまだ進められる。アメリカ兵を上陸させず、アメリカの関与さえ否定できればいい。世界はわれわれの言い分を信じるだろう。どうも怪しいと思っても、心配することはない。集団の中で誰ひとり異論を唱える者はない。全員がこの主張を完全に理にかなっていると思うなら、きっとそうなのだろう。

　計画が大失敗に終わったのち、ケネディは自分たちがこれほどひどい失態を演じた原因の究明を命じた。その結果、居心地のよい全会一致主義が根本原因であると指摘され、再発防止のため意思決定プロセスの変革が推奨された。「懐疑的姿勢」が新たなキーワードとなった。会議の参加者は担当分野のスペシャリストとしてだけでなく、ゼネラリストとして発言することを求められ、疑問があれば何でも発言することが奨励された。セオドア・ソレンセンと大統領の実弟ロバート・ケネディが特別委員に任命され、「表層的分析に起因する誤りを防ぐため、『知的番犬』としてあらゆる論点という骨を徹底的にしゃぶりつくせ」という使命が二人に与えられたとジャニスは書いている。「ロバート・ケネディはこの役割を真摯に受け止め、鋭く、ときには不躾《ぶしつけ》な質問を投げかけたので仲間内で疎《うと》まれた。意図的にあまのじゃくのようにふるまうことも多かった」

　礼儀作法や上下関係は自由な議論の妨げとなるため排除された。新たな視点を取り入れるため、新たなアドバイザーが招聘《しょうへい》されることもあった。側近たちに徹底的に議論させるため、ジョン・F・ケネディが席を外すこともあった。大統領がそこにいると、忌憚《きたん》のないやりとりの妨げになることを知っていたからだ。これはきわめて重要な点だった。ケネディ自身は少なくともソ連のミサイル発射装置への先制空爆は承認せざるをえないという危機感を持っていたが、それが議論に影響を与えないように誰にも言わなかった。その結果、「会議の一日めが終了するころには、委員会では一〇の選択肢が徹底的に議論され」、大統領の考えも変わりはじめた。容易な作業ではなかった。どんな意見に対しても反対意見が出され、ストレスレベルは極限に達した。だが核戦争ではなく交渉による平和をもたらしたのは、まさにこのプロセスであった。(4)

ケネディ以下ホワイトハウスのスタッフが意思決定の文化を改善していく様子には、集団的活動が諸刃《もろは》の剣《つるぎ》であることがはっきりと描かれており、経営と公共政策を学ぶすべての学生は必読である。チームはおそろしい過ちを引き起こすこともある。反対に判断を研ぎ澄まし、一人ではおよそ達成しえなかった成果を可能にする場合もある。管理職はチーム作業のメリットかデメリットのどちらか一方だけを見る傾向があるが、両方を理解する必要がある。すでに述べたとおり、「群衆の英知」という言葉はジェームズ・スロウィッキーの二〇〇四年のベストセラーに由来するが、スロウィッキーはこの言葉の着想を一八四一年に出版された古典的作品『狂気とバブル――なぜ人は集団になると愚行に走るのか』（パンローリング刊、原題は *Extraordinary Popular Delusions and the Madness of Crowds*）から得ている。ここにはさまざまな集団的愚行が描かれている。集団は賢明にも、愚かにも、その両方にもなれる。ケネディの側近たちが示したように、どちらになるかは集団の顔ぶれで決まるのではない。集団はそれ自体が個性を持った生き物なのだ。

チームを組むべきか、組まぬべきか

IARPAのトーナメントでは予測の正確さが最大の目標だった。被験者にチームを組ませると正確さの向上に役立つだろうか。役立つ、役立たない、どちらの意見もあった。否定的見解の根拠としては学術文献のほか、大学の各種委員会での数十年にわたる私自身の経験があった。チームを組むことは知的手抜きにつながる、と。他の人が汗をかいてくれるなら、厄介な問題を理解しようと努力する必要があるだろうか。こんな態度が蔓延すると、チームは機能しなくなる。さらにまずいのは被験者が親密になりすぎ、グループシンクの罠に陥ることだ。この二つの要因は互いに助長しあうこともある。全員が同意するなら議論は尽くされたという意識が広がる。全員一致は集団に強い影響を及ぼす。合意内容に正当な根拠がなければ、集団は独善的な自己満足に陥るだけだ。

一方、集団は情報や視点の交換を促すのも事実で、これは好ましいことだ。それによって「トンボの目」が生まれる。視点の統合は正確性の向上に不可欠だ。もちろん統合が効果を発揮するのは、品評会で村人たちが牛の重さを予想したときのように、参加者がそれぞれ独自に予測を立てるときだけだ。独立性によって誤りはランダムになり、互いに相殺しあう。

集団として議論を始めると、思考や表現の独立性が失われる可能性がある。声の大きい者、ガキ大将タイプ、一見弁の立つ者、輝かしい経歴の持ち主が場を支配し、他の人々を黙らせてしまうかもしれない。集団はさまざまなかたちで個人に独自の意見を放棄させ、誤りを受け入れさせてしまう。そうなると誤りが相殺されず、むしろ蓄積していく。一七世紀のオランダでチューリップの球根に労働者の年収以上の価値があると信じた投資家たち、あるいは二〇〇五年のアメリカで不動産価格は上昇しつづけると信じて住宅を購入した人々など、集団的愚行の根っこはみな同じだ。

ただJFKのチームがキューバミサイル危機で示したように、集団では常に個人の独立性は失われると決まったわけではない。メンバーが自分自身や仲間の意見に疑問を持ち、活発な議論を歓迎する姿勢を維持できれば、集団は個の総和を超えられる。

集団は超予測者の成果を高めるのか、それとも足を引っ張るのか。研究チームにはどちらの意見もあったが、心の中ではみな、どちらも推測に過ぎないとわかっていた。最終的にわれわれは二つの理由から、被験者にチームを組ませることにした。一つは現実世界でわれわれが重要な予測を立てるとき、他の人々に相談しないことはまれだからだ。つまり現実にわれわれが先を読むメカニズムを理解するには、集団で先を読むメカニズムへの理解を深める必要があった。もう一つの理由は純粋な好奇心である。答えを知りたかったから、アーチー・コクランのアドバイスに従って実験をすることにしたのだ。

トーナメントの一年め（二〇一一年から一二年）、まだ誰が超予測者かわからない時点で、われわれは無作為に選んだ数百人の被験者を単独で、別の数百人をチームで作業するように振り分けた。チームを組むからと言ってもちろん実際に顔を合わせるわけではないが、議論のためのネットフォーラムを立ち上げたほか、チームメンバー同士がメール、スカイプなど好きな方法で連絡を取りあえるようにした。チームを組む被験者も予測は個人別に採点されるが、それを総合してチームのスコアも出す。被験者は自分自身とチームの成績を見られる。それ以外にも、被験者がどのように協力しあうかは自由とした。目標は予測の正確性を高めること。それをどう達成するかは本人たちに任せた。

さらにチームには事前に、集団力学《グループ・ダイナミクス》に関する研究から得られた知見を基に、チームワークについて手ほどきをした。グループシンクは危険である。協力するのは良いが、迎合してはならない。意見の一致が常に好ましく、不一致が常に悪いとは限らない。意見が一致した場合でも、それ自体が正しさの裏づけにはならないことを理解しよう。疑問を持ちつづけよう。身体にビタミンが欠かせないように、鋭い質問はチームに欠かせないものだ――。

一方、グループシンクの逆、つまり集団内のいがみ合いや機能不全もまた危険である。チームメンバーは互いに不愉快な思いをさせることなく、反対意見を述べなければならないとわれわれは助言した。インテル元CEOのアンディ・グローブの言う「建設的対立」を実践しよう。その一つの手法が、精緻な問いかけだ。デニス・マティーズとモニカ・ウォーラインの研究を参考に、われわれは曖昧な主張を精査する方法を説明した。たとえば誰かが「残念ながら、余暇活動として世界中に愛好者の多いサッカーの人気は低下しはじめている」と言ったとする。あなたはそれを間違っていると感じた。どうやって主張に異議を唱えるか。「バカじゃないか」と相手を個人攻撃するのはもってのほかだ。それは対立を煽るだけで、理解は深まらない。「私はそう思わない」では、納得していない事実を伝えるだけで、その理由には触れないことになる。「どういう意味？」は質問のかたちをとることで当たりは柔らかくなるが、ぼんやりしすぎている。焦点を絞ろう。「『余暇活動』ってどういう意味？」あるいは「サッカーの人気が低下しているという根拠は？　どれぐらいの期間で？」などといった具合に。具体的に質問をするだけで問題が解決するわけではないが、発言者がどのような思考プロセスを経てそうした結論に達したかが明らかになるので、それを吟味し検証することが可能になる。

ソクラテス以来、優れた教師は精緻な問いかけを実践してきた。だがそれが切実に必要とされる場面で実践されないことが往々にしてある。ケネディの側近がピッグス湾侵攻を計画していたときに、精緻な問いかけをしていたら結果はどう変わっていただろう。

「上陸部隊が攻撃を受け、計画が破綻したらどうする？」

「エスカンブライ山脈に退避する。そこで他の反カストロ勢力と合流し、ゲリラ作戦を計画することができる」

「計画しているピッグス湾の上陸場所からエスカンブライ山脈までの距離は？」

「約一三〇キロだ」

「地勢は？」

「ほとんどが沼地とジャングルだ」

「つまりゲリラ隊が攻撃を受け、計画が失敗した場合、ヘリコプターも戦車もない状況で一三〇キロの沼地やジャングルを超えて山脈に退避するということか？」

これで議論の結論が「問題なし！」とはならないだろう。

精緻な質問がなされなかったので、ケネディの大統領としての初めての重大な意思決定は惨憺たる結果に終わった。ただ彼らはそこから教訓を学び、キューバミサイル危機の際には互いを尊重しながら徹底的な議論を尽くした。それこそまさにわれわれが被験者に教えようとした姿勢である。

スーパーチーム

一年めが終わる時点で、結果は歴然としていた。チームの成績は個人のそれを平均二三％上回ったのだ。

二年めが始まるとき、われわれはチームを研究計画の重要な構成要素として盛り込むことにした。だがここでまた新たな問題が出てきた。さまざまな実験条件のもとで成績優秀者が明らかになったが、この新たに「超予測者」に認定された人々をどうすべきか。彼らに事実を伝えるべきか。超予測者同士が協力することでスーパーチームが生まれることを期待し、彼らを一つの集団にまとめるべきか。

そこには明らかなリスクがあった。ある分野において傑出した能力があると伝えると、伝えられたほうはそれを所与の事実として受け取る。成功者同士をチームにし、全員がどれほど特別なのか言い聞かせれば、自意識はさらに高まる。それは超予測者を新たな次元に引き上げるどころか、自らを過信し、自分が正しいと思うのだから正しいはずだと考えるようになる。これはよくあるパラドックスだ。成功することで、成功をもたらした思考習慣が崩れることがある。大成功を収めた個人が傲慢さの罠に陥ることは珍しくなく、ビジネス界では「CEO病」と呼ばれる。

われわれは再び可能性に賭けることにした。超予測者を約一〇人ずつのチームにしたのだ。そして高い成果をあげるチームの特徴を詳しく説明したうえで、ネット上で連絡を取りやすいように専用のフォーラムを作った。チームのメンバーが実際に顔を合わせることはなかった。顔を合わせることにはプラスとマイナスがあるからだ。マイナス面は会ったことのない相手の意見を否定するのはたやすいということだ。それは対立につながりかねない。ネット上の議論があっという間に罵り合いに発展するのはそのせいだ。一方プラス面では仲間と距離があることで論争を避け、批判的姿勢を維持しやすくなる。

超予測者のチームに加えられて、切実な懸念を抱いた者もいる。たとえばエレイン・リッチだ。「チームメートに圧倒されたわ」と私に語った。ワシントンDCに住むエレインは、ウォルター・リード医療センターで薬剤師として働いている。チームメートの中には「輝かしい経歴を持つ人もいたけれど、私にはそんなものは一つもなかった」。当初エレインはおとなしくしていた。予測は立てたが、意見を述べることはめったになかった。チームメートが自信家のエリート揃いだったためだけではない。会ったこともない相手の意見に異議を唱えるのは心情的に難しかった。言葉の受け取り方は人によって違う。ある人から見れば有益な質問も、別の人にはけんか腰の批判に思えるかもしれない。しかも出題されたテーマの中には多くの人が強い思い入れを持つものもあり、それを議論するのは地雷原を歩くようなものだった。最たる例がアラファトの遺体からポロニウムが見つかるかという質問だ。「あの問題を巡ってチームの緊張感が高まった。触れてはいけないタブーのような質問だったわ」とエレインは語る。

「最初はみんな遠巻きに見ているようなところがずいぶんとあった」。マーティ・ローゼンタールも一年めをこう振り返る。誰かの見立てに納得できず、それを検証したいと思っても、はっきりと口にすることで波風を立てるのは避けたいとみな思っていた。核心的なところには触れないように「慎重に言葉を選びつつ」、はっきり指摘しなくても言いたいことが伝わればいいと願っていた。

ただ経験を積むなかで、事態は改善していった。メンバーたちは「遠巻きにするような態度」が互いの意見を批判的に検討する妨げになっていると気づき、ぜひ自分の意見を批判してほしいと積極的に伝えるようになった。「『私が見落としている点があったら、ぜひ反論してほしい』とみんな書くようになった」とマーティは言う。これで状況は大きく変わった。遠巻きにする姿勢は徐々に薄れていった。建設的批判をしてくれた相手に「ありがとう」と伝えるのも好ましい効果があった。

チームに関する研究は、そこにリーダーや規範が存在することを前提とし、それによって一般的な解決策はどうすればいいかという点に注目するものが多い。一般的な解決策はケネディ政権がピッグス湾事件のあとに取り入れた、第三者を招き入れる、上下関係を排除する、リーダーの意見を伏せておくといったことだ。「事前分析」という方法もある。作戦が失敗したと仮定し、その理由をチームメンバーに説明させるというものだ。そうすることでリーダーの計画に対して抱いていた懸念を表明しやすくなる。ただわれわれのスーパーチームにはもともとリーダーや規範は存在しなかったので、また違う問題が生じた。

マーティ・ローゼンタールはすでにセミリタイアしているが、長年チームビルディングを専門とする経営コンサルタントとして働いてきた。なんの組織構造もないなかで、しかもお互いに一切顔を合わせないでチームを作るのがどれほど難しいことかはわかっていた。誰かが先頭に立ち、指示を与えたとしても、他人同士のチームではそれが裏目に出る可能性もあった。「われわれのチームづくりにいくつか問題点があるのに気づき、解決したいと思ったが、仕切り屋だと思われるのは気が進まなかった」とマーティは語る。

「そこで背後から指揮を取ろうと考えた。つまり模範を示すことで、チームを良い方向へ動かそうとしたんだ」。他のメンバーが予測を詳しく説明しないために議論が盛り上がりにくくなっていると感じたときには、自分の予測を詳細に説明し、コメントを求めた。作業分担をするための電話会議を企画し、運営役を買って出たこともある。それにはほとんどのメンバーが参加した。「会議終了後には、みんなとても良かったというフィードバックが返ってきた。会議を終えて、チームに対する責任感が強くなったと思う」

超予測者がチームメートと対面する機会も二度あった。トーナメントの二年めと三年めの終わりに、GJPのプロジェクトマネージャー、テリー・マレーがペンシルバニア大学ウォートン校とカリフォルニア大学バークレー校で会議を主催したのだ。表向きの目的は情報交換で、研究者がデータを発表し、超予測者が意見を述べた。ただ非公式な目的は、チームの絆を強めることだった。超予測者の多くがこの機会を最大限利用した。マーティはバークレー校のキャンパスから二キロも離れていないところに住んでいたので、チームメート（ほとんどが会議に参加した）を自宅に招いてバーベキューとビールでもてなした。これを含めて自分の貢献はどれもささやかなものではあったが、チームにたしかな違いをもたらしたとマーティは思っている。「お互いに意見を言えるようになったし、必要なときには手を挙げて情報を共有しなければならないという責任感が確実に高まった[5]」

エレイン・リッチにもチームへの帰属意識は芽生えた。良い成績があがり自信が高まるにつれて、チームへの責任感も強まった。「他の人々の書き込みにただ乗りするのではなく、自分も相応の負担をして情報を共有するよう心がけようと思った」という。自分の考えや調査の結果を共有しないほうが気は楽だが、そんな誘惑に負けないようにした。

たいていどのチームにも活動の大部分を担う五～六人の中核メンバーがいた。お互いの負担を減らすために、中核メンバーが作業を分担するようになるのではないか、と思うかもしれない。少なくとも遊びではなく、仕事で予測をするときはそうするだろう。だが最も成績の良いチームでは逆の現象が見られた。たしかに作業は分担されたが、チームへの帰属意識が強まるにつれて各メンバーは作業量を増やしたのだ。エレインも「チームで仕事をするほうが負担は大きかった」と語る。だがそれでもかまわなかった。一人で予測を立てるよりずっと刺激的だったからだ。「お互いに支援や手伝いをしたり、ともにアイデアを発展させていったり。ワクワクしたわ」(6)

意識の高いスーパーチームは、驚くほどの調査能力を示した。「二〇一三年のホンジュラス大統領選挙の勝者は誰か」という質問が出たときには、南アフリカ在住のポール・セロンという超予測者が活躍した。セロンは投資ファンドのマネージャーで、CNBCアフリカで《ホット・ストック》という番組の司会者をしている。ポールは、ホンジュラスを専門とする政治学者が世論調査ではカストロ候補がわずかにリードと言われているが、あてにならないと言っているのを知った。さらに無名のウェブサイトでホンジュラス政治の分析を見つけた。その内容が包括的で筆者の経歴も信頼性があったため、筆者に直接メールで連絡をとったところ、有益な議論ができた。その結果ポールは当初の予測を変更し、カストロの対立候補であったエルナンデスが優勢と判断した。結局エルナンデスが勝者となり、ポールの多大な努力は報われた。しかもポールは自分が調べた成果をすべてチームメートと共有していたので、仲間も恩恵を受けた。「一人でやるよりチームで情報を集めたほうがずっと効率的だ。優れたチームに匹敵するほどの領域を一人でカバーすることは不可能だ。たとえ時間が無限にあっても、チームのように多様なリサーチスタイルに頼ることができないので、成果は限られる。それぞれのチームメンバーが違う強みを持ち寄るんだ」[7]

結果にもそれがはっきりと表れている。ある被験者が一年めに優れた成績を収めて超予測者となり、二年めは超予測者のチームに入ると、二年めの正確性は平均五〇%改善した。三年めの調査でも同じ結果が得られた。これが見ず知らずの他人同士がサイバースペースでつながっただけのチームであることを思えば、驚異的な結果だった。

もう一つ驚きだったのは、スーパーチームの成果が予測市場のそれをも上回ったことだ。経済学者は、市場は広く分散した情報を集約し、一つの判断を導き出すのに最も有効な仕組みだと考える。その手段となるのが取引だ。ある銘柄が特定の価格にあるとき、私がそれを割安と感じてあなたから買おうとするとしよう。あなたも私と同意見なら、売らないはずだ。私が間違っていると思えば売るだろう。もちろん現実には取引に影響する理由は価格以外にもある。懐《ふところ》事情の違いによって、私とあなたの考えは一致しないかもしれない。ただ一般的に市場には、参加者が互いの意図を探りあおうとするインセンティブが生じる。多様な判断とそのもととなる情報が統合されて価格になる。多くの人が私と同じように株価が割安だと思えば、みな買おうとするだろう。需要が増えれば価格は上がる。このように買い手それぞれの判断と、その判断につながった情報がすべて「価格に織り込まれる」

だからといって市場が完璧なわけではないし、人間が市場に勝とうとするのは愚の骨頂だというほど情報の統合に優れているわけでもない。市場を絶対視する考えは経済学で「効率的市場仮説」と呼ばれるが、心理学的知見やわれわれの経験に照らしても、それは正しくない。市場は間違いを犯すこともある。参加者がこぞって正気を失うこともある。ただ効率的市場仮説の支持者が思うほど効率的ではないとしても、やはり一貫して市場に勝つのは難しく、それを成し遂げたと言う者は少ない。

予測市場とは、予測を取引する市場にほかならない。トレーダーは「ヒラリー・クリントンは二〇一六年にアメリカ大統領に選ばれる」といった特定の結果についての契約を売買する。選挙結果が出ると、契約は履行される。クリントンが負ければ、何も支払われない。勝てば一ドルが支払われる。契約が現在四〇セントで取引されていて、私がクリントンは六〇から七〇％の確率で勝つと思えば買うべきだ。私と同じ意見のトレーダーが多ければ、契約への需要が高まり、価格は上がる。多くのトレーダーが「おおよそこのあたりだろう」と思うところで買いが収まり、価格はそこに落ち着く。事態が新たな展開を見せ、クリントンが勝たない見通しが強まれば、売りが殺到して価格は下落するだろう。理論的には多くの人の判断を統合した契約価格は、クリントンの実際の勝率にかなり近いものになるはずだ。

アイオワ大学の有名なアイオワ電子市場などの予測市場は、すばらしい実績を残している。数多くのノーベル賞経済学者も、予測市場の有効性を支持している。では超予測者のスーパーチームと予測市場ではどちらが勝者となるだろうか。経済学者なら勝負にならないと言うだろう。予測市場の圧勝に終わるはずだ、と。

われわれはそれを検証することにした。ＧＪＰの参加者を無作為に三つの実験条件に振り分けたのだ。一つめは一人で、二つめはチームで作業するグループ。そして三つめはインクリングやルメノジックといった企業の運営する予測市場で活躍する現役トレーダーたちで、これをわれわれの予測市場とした。当然トーナメントの一年めが終わったところでチームの有効性が明らかになり、単独で作業をする参加者がチームや予測市場に勝てると思う者はいなくなった。このため全参加者の予測を統合し、非加重平均で「群衆の英知」を算出した。そしてもちろん、四つめのグループとしてスーパーチームもいた。

結果は毎年、歴然としていた。一般参加者のチームの成績は、われわれが算出した群衆の英知を約一〇%上回った。予測市場は一般参加者チームのそれを約二〇%、そしてスーパーチームは予測市場を一五～三〇%上回った。

早くも経済学者からのクレームが聞こえてきそうだ。スーパーチームが予測市場に勝利した唯一の理由は、われわれの実験における予測市場に流動性が欠けていたためだ、と。本物のお金はかかっておらず、トレーダーも十分な数に達していなかった。そうかもしれない。検証に値する説だ。ただもう一つ注目すべきは、たしかにスーパーチームに敗れはしたものの、われわれの実験の予測市場も複雑な世界的出来事の予測でかなりの成果をあげたことだ。

なぜスーパーチームはこれほどの成果をあげたのか。それはグループシンクあるいはネット上の罵り合いという集団活動にともなうリスクを賢明に避けたためだ。互いに敬意を持って批判しあい、自らの無知を認めて助けを求める姿勢を助長するチーム文化を醸成したのも大きい。スーパーチームは重要な点で、ハーバード大学のエイミー・エドモンドソンが示した最高の手術チームに通じる。優れた手術チームでは、医師が膵臓《すいぞう》に脱脂綿を置き忘れれば看護師がすぐに指摘する。上司の間違いを指摘しても「安全だ」とわかっているからだ。エドモンドソンの見た最高のチームには共通の目的があった。われわれのスーパーチームも同じである。「私」以上に「われわれ」という言葉が多く使われていたのは、その一つの表れだ。

　このようなチームでは「積極的柔軟性」が助長される。第5章で見たように、これは予測の正確性を高めるうえできわめて重要な要素だ。そこでわれわれは参加者個人の積極的柔軟性を調べるときに、チームの積極的柔軟性も調べた。具体的にはメンバーのチームに対する考え方や、メンバー同士の相互作用のパターンを調べたのである。予想どおり、チームの積極的柔軟性と予測の正確性には相関が確認された。これは特段意外ではない。ではチームの積極的柔軟性の度合いは何によって決まるのか。

　メンバー次第と思うかもしれない。積極的柔軟性の高いメンバーを集めればチームのそれも高くなり、その逆もまたしかり、と。だがそうではなかった。チームの柔軟性はメンバーのそれの単純な総和ではなかった。チームが集団としてどのようにモノを考えるかは個々のメンバーの思考プロセスだけではなく、メンバー同士のコミュニケーション・パターンによって決まる[8]。柔軟性が高くても他の人々に関心のないメンバーが集まったチームでは、全体の柔軟性は個のそれに劣る。一方、強い信念を持ちつつ、真実を求めて他の人の意見にも耳を傾けようとするメンバーの集まるチームは、個の総和を上回る柔軟性を持つ。

ここから優れたチームの最後の特徴が浮かびあがる。分かちあう文化を醸成することだ。私の同僚であるペンシルバニア大学ウォートン校のアダム・グラントは、人を「与える者」「交換する者」「受け取る者」の三種類に分ける。与える者は、他者から受け取る以上のものを与えようとする。交換する者は、受け取った分だけ与えようとする。受け取る者は、受け取るものより与えるほうが少ない。皮肉屋は「与える者」とは「バカ」の婉曲表現に過ぎないと言うかもしれない。タダ乗りを厭わない者は与えられるものはなんでも受け取る一方、何も返さず、惜しみなく与えた側が損をするだけだ、と。だがグラントの研究は、与える者が公共心あふれる模範を見せることで、周囲の行動に好ましい影響を及ぼすことを示している。それは与える者を含めた全員に役立ち、グラントの研究で与える者がトップの成績を収める傾向が見られる一因となっている。

マーティ・ローゼンタールは与える者だ。むやみにチーム活動に時間や労力を割いたわけではない。全員の役に立つように、他のメンバーの行動を変える意識的努力を惜しまなかった。マーティはグラントの研究は知らなかったが、私が説明すると「まさにそのとおり」と膝を打った。スーパーチームにはほかにもたくさんの与える者がいる。ダグ・ローチが配ったプログラミング・ツールはほかの予測者のヒントとなり、ツールの作成と共有を促した。ティム・ミントは時間の経過とともに予測を自動更新する優れた方法を解説した資料を見つけ、仲間に配った。いずれも与える者だが、バカではない。ダグ・ローチは二年めの個人スコアで首位に立ち、ティム・ミントは三年めにその座を奪った。そしてそれぞれのチームは、チーム戦で優勝した。[9]

とはいえ成果を強調しすぎるのはやめておこう。どこかの忙しい経営者が「それはいい」と安易に飛びつくかもしれない。やるべきことは単純だ。優秀な者を集めて協力的チームを作り、グループシンクを禁じ、与える者を何人か混ぜておけば、おのずと優れた意思決定や利益が転がり込んでくる、と。残念ながらそんな単純な話ではない。既存の組織で本物の従業員を使ってスーパーチームを再現するのは難しいだろう。「特別優秀」な社員を選抜するのは不和を招くかもしれないし、優秀な人材を機能横断的チームに異動させると悪影響が出るおそれもある。優れた結果が出る保証もない。ここまで述べてきた超予測者とスーパーチームには極端な例外もある。メンバーがまったく協力しあわなかったのにすばらしい成果をあげたチームもあれば、グループシンクのリスクを避けるため自分の意見をチームメートと共有するのを一切拒否した超予測者もいる。

心理学的研究は一筋縄ではいかない。確固たる結論を導きだすには時間がかかる。特にスーパーチームの研究はまだ緒《しょ》に就いたばかりで、解明すべき多くの疑問がある。

その一つが、私とは同業にあたる（かつてIARPAトーナメントでは競争相手だった）スコット・ペイジの提示した「多様性は能力に勝る」という刺激的な説だ。[10] 異なる視点の統合は判断の質を高める有効な方法であることはすでに見たとおりだが、ここで重要なのが「異なる」という言葉だ。同じ視点を統合しても判断の質はほぼ変わらず、微妙に異なる視点の組み合わせも微妙な改善にしかつながらない。劇的な違いを生むのは、視点の多様性だ。

スーパーチームはかなり多様性が高かったが、それは超予測者がもともと多様なためで、われわれが意図的にそうしたわけではない。われわれは能力本位でチームを作った。ペイジの説が正しければ、チームのメンバー選定は多様性本位にして、能力の問題は自然と解決を待てばよかったのかもしれない。とはいえ、これも誤った二項対立だ。能力か多様性のどちらかを選ぶ必要はない。両者をうまく組み合わせ、状況によって最適な組み合わせを見きわめるのが重要なのだ。

この組み合わせの重要性と可能性を理解するために、再びオバマ大統領がアドバイザーチームの一人ひとりに、パキスタンの怪しい屋敷にいる異常に長身の男がウサマ・ビンラディンである可能性について尋ねていく場面に戻ろう。答えは三〇％から九五％まで幅があったが、ほとんどが五〇％を大幅に上回る数字を挙げており、それを合算してアドバイザーの頭数で割れば（あくまで部分的情報に基づくとはいえ）平均は七〇％近かっただろう。これは群衆の英知だ。これはかなり有効な数字であり、オバマ大統領が与えた以上の重みを付与されてしかるべきだった。ただオバマ大統領が、もっと正確な数字を得られた可能性はないのか。

われわれの研究によれば、チームの多様性を確保すれば正確性はさらに高められたはずだ。アドバイザーチームの顔ぶれがもっと多様であれば、一部が他のメンバーの持っていない情報を握っていた可能性は高まる。そうした情報のほとんどが「男はビンラディンだ」という方向を指していたので、互いの情報を共有していれば、それぞれが自分の予測を引き上げていただろう。その結果「群衆の英知」の値は跳ね上がり、八〇%や八五%に達していたかもしれない。

第4章で説明した「極端化」のアルゴリズムは、こうした発想に基づいている。きわめて有効性が高いが、やはり多様性に左右される。(11) 多様性ゼロのチーム（メンバーが全員クローンで、全員が知っている情報しか知らない）では、結果を極端化するのはご法度《はっと》だ。もちろんそんなチームは現実に存在しないが、情報共有が活発なチームでは多様性が多少失われることもある。超予測者のチームにもそういうところがあり、極端化はあまり効果がなかった。一方、一般のトーナメント参加者から成るチームはそれほど情報共有が得意ではなかった。このため予測を極端化することで正確さは大幅に高まった。一般参加者チームの結果を極端化したところ、一部のスーパーチームさえ上回ったほどだ。すでに見たとおり、一般参加者を大勢集めて結果を極端化したところ、トーナメントで優勝するレベルの水準に達した。

このようなツールがあっても、プロの情報分析官や彼らの出す結論を統合する幹部がお払い箱になるわけではないし、そうすべきでもない。キューバミサイル危機に直面したときのジョン・F・ケネディ大統領のように、おそらく今後もトップが優秀なアドバイザーで周囲を固めておく必要は常にあるだろう。とはいえツールの利用価値も高い。コストが驚くほど低いことを考えれば、アメリカ大統領を含めて意思決定者はそれらの生み出す予測を参考にしたほうがいい。

第10章 リーダーのジレンマ

リーダーは決断しなければならない。それには予測を立て、使いこなす必要がある。予測は正確なほど良いので、超予測力に関する知識には強い関心を持つべきだ。ただリーダーには行動し、目標を達成することも求められる。つまりリーダーたらねばならない。これまでリーダーを務めたことのある人なら、超予測力の知識がどれほど役に立つのかと疑問を感じているかもしれない。

有能なリーダーに必要な資質を周囲の人やリーダーシップ研修の専門家に聞いたり、あるいはこのテーマに関する文献を読んだりすれば、基本的に三つ挙がるはずだ。「自信」は誰もが挙げるだろう。リーダーは健全な自信を持ち、周囲にもそれが伝わらなければならない。できるという信念がなければ、なにごとも達成できないからだ。「決断力」も欠かせない。優柔不断ではリーダーは務まらない。状況を評価し、決断し、前に進まなければならない。そしてリーダーは「ビジョン」を語らなければならない。みなが一致団結して達成しようとする目標である。

超予測者の思考スタイルを思い出し、リーダーに求められる資質と比べてみよう。確実なものなどひとつもないと考えていたら、揺るぎない自信を持ち、周囲にそれを伝播させることなどできるだろうか。時間をかけて複雑かつ自己批判的に思考をする人間が決断力を持てるか、そして「考えすぎて身動きがとれない」状態に陥るのを避けられるだろうか。新しい情報が出てくると意見を変え、自分は間違っていたと認めるようでは、断固たる決意を持って行動するなど不可能ではないか。なにより超予測力の根底にあるのは謙虚さだ。現実はあまりに複雑で、それを理解するにはわれわれの能力には限界があり失敗は避けられないという意識である。ウィンストン・チャーチルやスティーブ・ジョブズのような傑出したリーダーが「謙虚」と評されたことなどあっただろうか。ガンジーはあるかもしれないが、あと一人か二人思い浮かべようとしても難しい。

またスーパーチームの特徴を思い浮かべてみよう。有効なチームのあり方について説明は受けたものの、ヒエラルキー、ルール、正式なリーダーなど何も押しつけられなかった。このようなちっぽけなアナキスト的集団は、超予測者らが好む徹底した議論には適しているが、一致団結して事を成すのには不向きだ。後者に必要なのは組織力と、責任者たるリーダーである。

これは重大なジレンマに思える。リーダーは予測者であると同時にリーダーでなければならないが、一方の成功の条件は他方での成功を阻害しかねない。

幸い、超予測者であることと傑出したリーダーであることは、現実にはそれほど矛盾しない。むしろ超予測者の行動モデルは、優れたリーダーを傑出したリーダーに変え、そして彼らの率いる組織の力量、適応力、有効性を高める。ここでカギとなるリーダーシップ論と組織論は、一九世紀プロイセンの参謀総長が生み出し、第二次世界大戦でドイツ軍が完成させ、その後現代アメリカ軍の土台となり、今日の成功企業の多くで取り入れられているものだ。みなさんの近所の大手スーパーマーケットチェーンも実践しているかもしれない。

モルトケのリーダーシップと組織論

「戦争においてはすべてが不確実だ」とはヘルムート・カール・ベルンハルト・グラーフ・フォン・モルトケの言葉だ。(1) プロイセン軍の司令官として一八六四年にはデンマークを、一八六六年にはオーストリアを、そして一八七一年にはフランスを破り、ドイツを統一に導いたモルトケの名は一九世紀末、世界中にとどろいた。自国の先達カール・フィーリプ・ゴットリープ・フォン・クラウゼヴィッツの影響を強く受けたモルトケの軍事論は、その後二度の世界大戦を戦うことになるドイツ国防軍に決定的影響を与えた。だがモルトケはナポレオンのように、ビジョンあふれるリーダーを自認し、自軍をチェスの駒と見ることはなかった。モルトケのリーダーシップと組織に対する考え方は、ナポレオンとはまるで違っていた。

プロイセン軍には不確実性を許容する長い伝統があった。サイコロを使い、チェスなどにはない偶然の要素を取り入れたボードゲームを発明したのも彼らである。モルトケにとり、「すべてが不確実である」はさまざまな教訓を秘めた公理だった。とりわけ最も重要なのが、自らの計画を過信してはならないというものだ。「どのような作戦も確実と言えるのは敵の主力と対峙するまでである」と書いている。この一文は長年のあいだに磨きぬかれ、今日では「いかなる戦術も眼前の敵には無力だ」としてあらゆる兵士の知る格言となっている。こちらのほうがずっと簡潔だ。ただモルトケのオリジナル版のほうがずっと含蓄があり、それが彼の思考法の特徴でもある。あらゆる状況に適用しうる「絶対的ルールを定めるのは不可能だ」とも書いている。戦争において「まったく同じ状況は二つとない」。臨機応変な対応が欠かせない(2)。

モルトケはプロイセン軍にはその力量が十分にあると信頼していた。士官学校では軍事訓練に加えて今日では一般教養と言われる科目も教え、特に批判的思考に重きを置いていた。軍事の基本に関わる事柄であっても、学生は徹底的に考えるよう促された。この時代、アメリカをはじめ他の国々では、講師が問題を説明し、正解を教え、学生には唯々諾々と丸暗記するよう求めることが一般的だった。だがドイツの士官学校では、講師がシナリオを提示し、学生同士で議論したり解決策を提案することが求められた。反対意見を述べることは許容されるどころか推奨されており、講師の意見も批判の対象となった。「講師は自分も学生たちの仲間であることを理解していたためだ」と歴史家のイエルク・ムートは書いている。上級将校の判断さえも精査された。「国防軍では参加している将校が演壇に立つ前に、複数の師団がからむ大がかりな作戦の結果を下級士官に批判させるのが一般的だった(3)」

批判が許容されたのは士官学校の教室にとどまらない。死命を制する場面では批判以上の越権行為も認められた。一七五八年、プロイセンのフリードリヒ大王がロシア軍と激突したツォルンドルフの戦いで、大王はプロイセン軍の最も若き将校として騎兵連隊を率いていたフリードリヒ・ヴィルヘルム・フォン・ザイトリッツに使者を送り、攻撃を命じた。だがザイトリッツは断った。時期尚早で、今出撃しても兵を無駄にするだけだと判断したからだ。使者は王のもとへ帰ったが、再び戻ってきて「大王は攻撃を命じている」と伝えた。だがまたしてもザイトリッツは断った。三度めに戻ってきた使者は、今すぐ攻撃しなければ、大王が打ち首にすると言っていると警告した。するとザイトリッツは答えた。「戦いが終わったら私の首は差し上げると王に伝えてほしい。だが今は私が使わせてもらう」

そして時が満ちたと自ら判断して出撃したザイトリッツの連隊は、戦局をプロイセン優位に一変させた。フリードリヒ大王はその働きを称え、打ち首にはしなかった。ムートはこのような逸話は「正式な講義や将校クラブ、仲間内の手紙などでさまざまに形を変えて伝えられ、プロイセン軍の伝承として定着した」と指摘する。その中核となるメッセージは「自分の頭で考えよ」だ。必要とあれば、命令に異を唱えよ。批判しても構わない。そしてどうしても必要と思ったら逆らうことも厭うな（正当な根拠がないと後々困ったことになるが）[4]。

これでは組織の分断化を招き、何もなしえなくなるのではないかと思うかもしれない。だが自分の頭で考えることと、命じられた行動をとることのバランスをとれば、その危険は回避できる。

意思決定にかけられる時間は状況によって決まる。時間をかけて複雑な検討をできるときもあれば、銃弾が飛び交うなかで瞬時に判断を下さなければならないこともある。後者の場合、検討が不十分なこともあるが、それで構わない。タイムリーに不完全な決定を下すほうが、完璧を期そうとして間に合わないよりずっといい。

「敵の情勢を明確に理解するのは当然必要だが、緊迫した状況下で情報を待とうとするのは強いリーダーシップではなく弱さの表れであることが多い」。一九三五年に発行され、第二次世界大戦中を通じて国防軍が使っていた指令指導書にはこうある。「戦時下で最も重要なのは常に、断固たる行動である」(5)

また指令指導書は、検討と実施を明確に区別していた。ひとたび決定が下ったら、マインドセットは変わる。不確実性や複雑さはすべて忘れ、行動あるのみ。「攻撃すると決めたら、決然と実行しなければならない。中途半端は許されない」とモルトケは書いている。「将校は兵士の信頼を得るため、冷静さと自信を持って行動しなければならない」。疑念が入り込む余地はない。「強さと自信だけが隊員からの信頼と成功につながる」。優れた将校は戦場が「不確実性の霧」に包まれていることを知っているが、「少なくとも一つだけははっきりさせておかねばならない。自らの決定である。それを守り、どうしても必要になるまでは敵の行動によって変えてはならない」(6)

このようにリーダーは、さまざまな障害を乗り越えて目標を達成するために断固たる意志を持ちながら、計画を捨てて別の方法を試さなければならない可能性に対しても柔軟でなければならない。かなり難しいことだが、国防軍はそれをリーダーの役割の本質と見ていた。指令指導書にはこうある。「ひとたび作戦が開始されたら、決定的理由がないかぎり中断してはならない。ただ戦闘の情勢が変化するなか、頑なに作戦に固執すると失敗につながる可能性もある。リーダーシップの屋台骨は、新たな決定が必要な状況とタイミングを的確に見きわめる能力だ⑺」

「確実なことはひとつもない」から「揺るぎない決意」まで、さまざまな指針を統合したものが「訓令戦術（Auftragstaktik）と呼ばれる指揮原則だ。今日では「委託型指揮」という言葉が使われることが多い。その基本的概念は単純だ。モルトケは「グリーンテーブルで戦争の指揮を執ることはできない」と書いている。グリーンテーブルとは、司令部に陣取る最高司令官以下の軍幹部だ。「現場の状況を見ながらその場で判断することで、頻繁かつ迅速な意思決定が初めて可能になる⑻」。戦場で想定外の情勢変化を直接目にする者が迅速な対応をとれるように、意思決定の権限は組織の末端に与えなければならない。もちろん現場にいる者には全体像は見えないので、彼らに戦略的判断を委ねれば軍全体が一貫性を欠き、勝手な目標を追求する小さな部隊の寄せ集めになってしまう。訓令戦術は「司令官は部下に目標を伝えつつ、その達成方法は指示しない」という単純なルールによって、戦略の一貫性と意思決定の分散を両立させた。

トップダウン型の指揮命令系統をもつ軍隊が、ある町に近づいているとしよう。大尉に町を制圧せよと命令が下った。方法は？　南西の方角から近づき、町はずれの工場の横を通って運河にかかる橋を制圧し、それから市庁舎を占領せよ。なぜその方法をとるのか？　おまえがそんなことを知る必要はない。大尉は敬礼し、言われたとおりにすればいいのだ。町の状況が司令部の想定とは違ったらどうするのか。そんなことはありえない。でも万一違ったら？　答えは返ってこない。司令部に新たな命令をあおがなければ、大尉は次に何をすべきかもわからない。さらにまずいことに、想定外の事態は大尉とその配下の兵を動揺させる。「これでは現場の信頼は揺らぎ、万一現場の状況が司令部の想定と違っていたら部隊を不安にさせる」とモルトケは述べている[9]。

　対照的に国防軍の指令指導書では、大尉は町を制圧せよと命じられるが、その方法は委ねられる。町を制圧すべき理由は、敵の援軍が町の反対側に到達するのを防ぐために、彼らの通り道を寸断することだ。訓令戦術のおかげで大尉は、司令部が想定する状況ではなく、実際に直面した状況に応じて町の制圧作戦を自ら立てることができる。さらにその場で作戦を変えることもできる。司令部が破壊されたと思っていた橋が実は残っていて、敵の援軍がそれを使うかもしれないと判断した場合には、司令部におうかがいを立てずに爆破してかまわない。

　国防軍の命令の多くは簡潔だった。歴史の転換点となりうる場面でも、それは変わらなかった。「諸君、おのおの師団とともにドイツ国境を完全に越え、ベルギー国境を完全に越え、さらにはムーズ川を完全に越えることを命じる。どうやろうとかまわない、それは完全に諸君の自由である[10]」。一九四〇年五月一〇日、ベルギーとフランスへの大規模攻撃に参加する指揮官に軍幹部が伝えた。

　訓令戦術の対象は、将校クラスにとどまらなかった。下士官以下一兵卒に至るまで、全員が司令官の期待する成果を伝えられる一方、その実現方法は直面する状況に応じて自分の頭で判断することを求められた。「戦場で求められるのは、自ら考え行動し、あらゆる状況を考え抜き大胆かつ断固たる対応ができ、さらに勝利は一人ひとりの双肩にかかっていることを理解している兵士である」と指令指導書には書かれている。(11)

これは大方の人が第二次世界大戦中のドイツに抱いているイメージとはまるで違う。国防軍は総統への絶対服従を説いたナチス政権に仕えた。記録映画で、一糸乱れぬグーステップ（足をまっすぐ高く上げて進む歩き方）で行進するドイツ兵の姿を見たことのある人も多いだろう。個は抹殺され、エンジンの部品や戦車の装甲板と変わらない。それが集まって自らの意思を持たない従順でおそろしく効率的な戦争マシンを作りだした。だが忘れられがちだが、ナチスは国防軍を創ったのではなく、受け継いだだけだ。また国防軍の実態は、われわれが思うような自らの意思を持たない機械とはかけ離れていた。それを示すのが、ベルギーのエベン・エマール要塞への見事な攻撃である。

一九四〇年五月一〇日の夜明け前、数十機のグライダーが音もなくエベン・エマール要塞に向かっていた。第一次世界大戦でドイツの侵攻を受けたベルギーが、二度とドイツがフランスに攻め込む突破口にはなるまいという思いで建設した、ほぼ地中に埋まった難攻不落の巨大要塞である。グライダーの多くは平地に着陸した。乗っていた兵士は機体の下から這い出すと、橋を守っていたベルギー兵を攻撃した。要塞の頂上部に降り立ったグライダーも九機あり、ドイツ兵は着陸するやいなや備えつけられた火砲を破壊した。こうして「黄色作戦」と呼ばれたベルギーとフランスへの侵攻が始まり、エベン・エマール要塞のベルギー兵は降伏した。

ここまでは一般に知られている話だ。あまり知られていないのは、ドイツ軍がこのきわめて重要な作戦の指揮を若手将校、ルドルフ・ヴィッツィヒ中尉に任せたことだ。だがヴィッツィヒ中尉のグライダーは、目標から一〇〇キロも離れたドイツ国内に不時着した。ベルギー側に攻撃を悟られないように無線封止をしていたため、隊員は目的地で着陸するまで指揮官と仲間の多くがはぐれてしまったことを知らなかった。さらに橋の攻撃に参加するはずだったグライダーのうち一機も、目標から六〇キロ離れた地点に着陸していた。

この段階で作戦が頓挫してもおかしくなかった。だがエベン・エマール要塞の頂上部では、軍曹が残った兵の指揮をとり、ベルギー側の火砲を破壊した。ちょうどそこへもう一機、グライダーが着陸した。降り立ったのはルドルフ・ヴィッツィヒその人だ。すみやかに代替の飛行機とグライダーを手配して、予定時刻からわずかに遅れただけでエベン・エマールに到着したのである。もう一機、目標からはるか離れた地点に着陸したグライダーに乗っていた軍曹はその場で車両を二台徴用し、ベルギーに駆けつけると、独断で地上からの攻撃を仕掛け、捕虜一二一人を確保した。[12]

「すばらしい成功には大胆さと勇気が必要だが、その前にまず優れた判断力が欠かせない」と指令指導書には書かれている。「軍隊とその傘下の部隊の指揮官には、優れた判断力を持つリーダーが必要だ。明確なビジョンと先を見通す力があり、自ら明確な決定を下し、積極果敢に実行する能力を持ったリーダーである」[13]

われわれの言葉でいえば、超予測者であると同時に傑出したリーダーである人材だ。もちろん国防軍の将校がみなそうだったわけではないが、特に作戦と戦術を担う層には十分な数がいた。だからこそドイツ軍は戦争期間のほとんどを通じて人員と装備では圧倒的に劣勢であったにもかかわらずヨーロッパの大部分を制圧し、何年も支配することができたのだ。歴史家のジェームズ・コラムはこう指摘する。「仕えた国家体制が邪悪だったとはいえ、第二次世界大戦中のドイツ軍が個のレベルでは人類史上最高の軍隊であったことは認めざるを得ない」[14]

最終的に国防軍は敗れた。敵の勢力に圧倒されたのもあるが、最高司令官のアドルフ・ヒトラーがモルトケの原則に反して直接作戦を指揮しようとして失敗を重ねたのも原因だ。それが最悪の結果をもたらした一例が、ノルマンディー上陸作戦だ。連合国軍は上陸した途端にドイツ軍の戦車によって海岸へ、そして海中へと押し戻されるのではないかと恐れていたが、ヒトラーは予備軍は自分が命令するまで動いてはならないと命じていた。その当人が寝坊した。連合国軍がノルマンディーの海岸に上陸して数時間が経過しても、側近はヒトラーを起こして戦車出撃の指示を出させるのを躊躇していた。

皮肉なことに一九世紀のドイツ軍司令官が正しかったことが、ノルマンディーでのドイツ軍の敗北によって改めて証明されたわけだ。それもドイツの最高司令官よりもモルトケの理念を深く理解していた、ドイツ系アメリカ人の連合国遠征軍最高司令官ドワイト・アイゼンハワーによって。

アイゼンハワーの流儀

独裁政権下のドイツ国防軍とは対照的に、同時期の自由な民主国家アメリカの軍隊は個人の自律的思考を排除していた。

第一次世界大戦直後、下士官だったアイゼンハワーは当時まだ目新しい技術だった戦車を調べる機会を得て、アメリカ陸軍が発行する《歩兵ジャーナル》に寄稿した。「小回りが利かず扱いにくく、カタツムリのように遅いかつての戦車のイメージは捨てて、高速で信頼性の高い、高性能な破壊兵器という認識に変えるべきである」という当たり前の内容に過ぎなかったが、上司から叱責を受けた。「私の考えは誤っているだけでなく危険であり、今後は他言ならないと言われた。なかんずく確固たる歩兵ドクトリンに反することは一切発表してはならぬ、背いた場合は軍法会議にかける、と」(15)

陸軍では部下は上司に命令されたら敬礼し、一切質問をせずに従わなければならなかった。命令は長く細々としており、「北アフリカに上陸する部隊への命令は、(アメリカの大手小売店)シアーズ・ローバックのカタログ並みのぶ厚さだった」とイエルク・ムートは書いている。個人の主体性が入り込む余地などなかった(16)。優秀で創造性に富む将校もいたが、その主体性は訓練のたまものというより、むしろそれに反するものだった。そんな将校の一人がジョージ・パットンだ。「部下にやり方を教えてはいけない。何をすべきかだけを伝えよ。

そうすれば驚くほど独創的なかたちで答えてくれる」という言葉は、「訓令戦術」の精神を見事にとらえている。(17)

パットンの終生の友であったドワイト・アイゼンハワーも同類だった。モルトケと同じように、アイゼンハワーも確実なことはなにひとつないとわかっていた。ノルマンディー上陸作戦の攻撃開始を命じた直後にしたためたのが、万一作戦が失敗に終わった場合に備えた「全責任は自分にある」とする声明だ。無口で静謐さを漂わせたモルトケと同様に、アイゼンハワーも冷静で自信に満ちた姿を見せるほうが、いたずらに確実さを口にするより部下に自信を与え、士気を高めることを理解していた。内輪の席では気分屋で、むっつりとしてタバコばかり吸っていたが、兵士の前では常に微笑みを浮かべて穏やかな口調で話した。

アイゼンハワーは部下に率直な意見を求めた。正当な根拠のある批判には耳を傾け、自らの間違いを認めることも厭わなかった。大統領就任後の一九五四年には、陸軍参謀長のマシュー・リッジウェイからベトナム介入を止められた。困難な闘いになり、死者は五〇万人を超えるだろう、と。アイゼンハワーはリッジウェイの意見を受け入れた。一九四三年にローマに空挺師団を投入せよと命じた際にもリッジウェイに反対され、後から考えて彼のほうが正しいと思い至った経緯があったからだ。(18)

第二次世界大戦後も、アメリカ軍がドイツ国防軍の知恵を学ぶまでにはかなりの時間がかかった。個人の主体性の重要性にいち早く気づいたのは、誕生したばかりのイスラエル軍だ。「計画は変更のためのたたき台に過ぎない」は当時のイスラエル国防軍が好んで使ったスローガンだ。一九五六年の第二次中東戦争でエジプトと戦った師団について、イスラエルの将校は誇らしげにこう報告している。「ほぼすべての計画が戦闘中に放棄されたが、目標はすべて完全に、しかも想定より早く達成された」。ただイスラエル軍のシステムは特定の国を参考にしたとは言っていない。「ドイツの『訓令戦術』を参考にしたとは口が裂けても認められないからだ[19]」

訓令戦術がようやく認知されたのは一九八〇年代初頭である。東西冷戦が深刻化し、人員でも戦車の数でも大幅に勝るソ連に対し、NATOは限られたリソースを最大限活用する必要に迫られた。アメリカ軍幹部は歴史や軍事理論の文献を調べ、イスラエル軍を徹底的に研究した。旧ドイツ国防軍を調べた者もいた。こうして一九八二年、「委託型指揮」がアメリカ軍の正式なドクトリンに取り入れられた。

陸軍の分権化が十分進んだかどうかは議論の分かれるところだが、現場の指揮官が主体性を発揮した結果、すばらしい成功がもたらされた例はいくつもある。二〇〇三年のイラク侵攻時、イラク軍が砂漠に退避してアメリカ軍が首都バグダッドに迫り、激烈な市街戦になるとの懸念が高まった。そんななか実施されたのが、のちに「サンダーラン」と呼ばれる奇襲攻撃だ。重武装した縦隊が幹線道路を駆け抜けてアメリカ軍が占拠したばかりの空港へ向かった。イラク軍は完全に不意を突かれ、縦隊の犠牲は車両一台にとどまった。その二日後には旅団全体が同じルートでサンダーランを仕掛け、今度は空港ではなく政府機関の集まる官庁街へと向かった。この地区を占領したことで、イラクの防御はあっという間に崩れた。勝利のカギを握ったのは最前線の指揮官への権限委譲で、彼らの下した重要な判断のなかには、銃弾が枯渇しかけても官庁街にとどまるといった勇気ある決断もあった。

バグダッド陥落後に各地で暴動が広がったのは軍指導部には想定外で、その後数カ月はおろか、数年経っても適切な対応法は見いだせなかった。各地の指揮官は最善を尽くした。イラク北部の都市モスルでは、第一〇一空挺部隊の指揮官であったデビッド・ペトレイアス大将が、軍事史に関する豊富な知識を生かしてモスルの市民に「安全と恩恵をもたらすような」戦略を考え、反乱勢力への支持を抑えようとした。すべて独断でやったことだ。「ペトレイアスはバグダッドの上官に自らの計画を伝えたものの許可は求めず、指示などまったく期待していなかった」とジャーナリストのフレッド・カプランが書いている[20]。ペトレイアスの努力は実り、ほかの都市では荒れ狂った暴動の火は、彼が目を光らせるモスルでは消し止められた。

反乱がイラク全土に広がり、封じ込めが不可能に思われた二〇〇七年、ペトレイアスはイラク全土の指揮権を与えられた。そこで自分と同類の「自分の頭でモノを考えられる柔軟な指揮官」を集め、モスルで有効性の確認された対策を全国で徹底的に実施した[21]。暴動は激減した。軍事行動において特定の個人の貢献を正確に測るのは難しいが、ペトレイアスの功績が少なからぬものであるのは衆目の一致するところだ。

私はデビッド・ペトレイアスに直接リーダーシップに対する考え方を聞いたことがある。そこにはモルトケの精神がはっきりと見てとれた。「いかなる戦術も眼前の敵には無力だ」

や「確実なことはひとつもない」といった格言も口にしたほどだ。だが「決まり文句を口にするだけなら簡単だ」とも言う。重要なのは「スローガンを掲げるだけでなく、それを実行するために何をするかだ」と。

ペトレイアスは柔軟な思考力を育てるため、部下を「知的な安全地帯《コンフォートゾーン》」から押し出す。第八二空挺師団の旅団長だったときには実戦演習の方法に不満を持った。あまりにも筋書きがきっちりと決まっていて、想定外の事態は何も起こらないようになっていたからだ。「中隊長には台本を与えていた。『中隊長は一〇〇メートル歩いて特定の道を渡り、そこで間接射撃か攻撃ヘリコプターその他の武器で攻撃を仕掛ける』といった具合に」。現実には指揮官は想定外の事態に直面し、臨機応変に対応しなければならない。それなのに台本を渡すのは、本物の武器や爆薬を使う訓練で兵士の安全を守るためだ。ペトレイアスによると、しかるべき安全性を確保しながら、将校に想定外の事態への対応を学ばせる訓練を考えるのは非常に難しかったという。だが「不確実な状況に対応できる柔軟なリーダーを育成するには不可欠」であるため矛盾を乗り越えた。

ペトレイアスは将校を一流の大学院に送ることにも積極的だ。たくさんの知識を身に着けるためというより（それも二次的なメリットではあるが）、戦場とは違った意味での「想定外」を経験するためだ。「大学院に行くと、世の中にはおそろしく頭のいい人たちがいて、しかもさまざまな事柄について自分と、また軍隊の主流派ともまったく違う価値観を持ち、それゆえにまったく違う結論に達することがある、というのがわかる」とペトレイアスは語る。戦場で想定外に遭遇するのと同じように、自分とは違う考え方と格闘することは、柔軟な思考能力を鍛える。ペトレイアスの考えは、陸軍士官学校を卒業した一三年後にプリンストン大学で国際関係の博士号を取得した自らの経験から来ている。この経験を彼は「はかりしれない価値があった」と振り返る。

知的柔軟性を重視し、「あらゆる兵士にとって最も頼りになるのは武器ではなく自らの頭脳である」というペトレイアスの考え方が陸軍で完全に支持されているわけではない。「ハムレットは考えすぎだ」。二〇〇七年、将校を大学院に送れと説くペトレイアスの記事と同じ雑誌に、ラルフ・ピーターズ元大佐がこんな記事を書いている。「どんな論点もあらゆる角度から形がなくなるまでぐちゃぐちゃと噛み続け、祈りを捧げている刺客を撃つという思い切った決断ができない。これは思想的な『戦争犯罪』といえる。頭でっかちで優柔不断の典型的な学者タイプのハムレットは、ウィテンベルク大学にとどまるべきだった。そこなら結論のない無駄話を続ける能力が幸いして教授として終身在職権を得ていただろう」。軍隊に必要なのは「思考の人」ではなく「行動の人」、同じシェイクスピア劇の主人公でもハムレットではなくヘンリー五世であるとピーターズは書く。「ヘンリー五世には決断力があった(22)」

だがペトレイアスは、思考の人と行動の人というのは誤った二項対立だと考えている。リーダーには両面が必要だからだ。「大胆な行動が正しいのは、それが誤った行動でないときだけだ。リーダーはまず何が正しい行動かを見きわめてから、それを大胆に実行しなければならない」と話す。[23] モルトケが重視し、ペトレイアスがイラクで心を砕いたのは、まさにこの熟慮と実行の微妙なかねあいだ。

リーダーの熟慮と実行のバランス感覚は、組織の末端まで同じバランス感覚を持ったスーパーチームを複製していけるかどうかのカギを握る。またこれは優れた感覚を持つリーダー一人で成し遂げられることではない。不愉快な話にも進んで耳を傾けようとする姿勢と、誰もが都合の悪い話を安心して上司の耳に入れられるような文化を組織全体に醸成する必要がある。若き日のドワイト・アイゼンハワーが受けた仕打ちは、重大な過ちであったとペトレイアスは語る。「型にはまらない因習打破的な発想ができる人材は守り、育てていく必要がある」[24]

企業社会における訓令戦術

軍隊は特殊な組織だが、統制と革新のバランスというのはあらゆる組織のリーダーが直面する問題だ。モルトケの精神が、銃弾や爆弾と一切かかわりのない組織においても有効なのはこのためだ。

「われわれは社員に何を成し遂げてほしいかは伝える。だが重要なのはここからで、どうやってその目標を達成すべきかは言わない」[25]。この「委託型指揮」のお手本のような発言をしたのは、革新的な製造業として知られるスリーエムのウィリアム・コイン研究開発担当上級副社長だ。

「気骨を示せ。反対意見を出し、全力を尽くせ」はアマゾンのジェフ・ベゾスCEOの掲げるリーダーシップの一四カ条の一つで、同社に入社するすべての社員に叩き込まれる。これにはさらに続きがある。「リーダーは決定に納得できない場合、たとえ不愉快で消耗することがわかっていても、相手を尊重しながら異を唱える義務がある。リーダーには確信と粘り強さが必要だ。周囲との一体感を得るために妥協してはならない。そしてひとたび決定が下ったら、全力で取り組まなければならない」(26)。モルトケと比べるとやや直接的すぎる表現だが、国防軍の指令指導書やデビッド・ペトレイアスとの会話の中に出てきても違和感はない。

アメリカの大手ディスカウント・スーパーのウォルマートは、店舗網拡大に管理職の育成が追いつかなくなったことに気づき、有望な人材を早く戦力化するために「リーダーシップ・アカデミー」を設立した。企画を任されたのはイギリス海兵隊出身のダミアン・マッキニー率いるコンサルティング会社マッキニー・ロジャーズだ。ウォルマートのリーダーシップ・アカデミーは士官学校をモデルに、「委託型指揮」の考え方を土台としている(27)。

軍隊での経験を企業社会に持ち込んでいるのはマッキニーだけではなく、デビッド・ペトレイアスを含めて仲間は大勢いる。彼らは企業社会には、軍隊は厳格な階層組織で、部下は上司に命令されると敬礼して機械的に従わなければならないという思い込みがあると指摘する。これほど時代遅れのイメージもない。むしろ軍隊出身の経営コンサルタントは企業幹部に、地位や肩書を気にせず部下や担当部署に権限を委譲し、組織共通の目標を達成する最適な方法を彼らに選択させるべきだと説くことが多い。ダミアン・マッキニーは《フィナンシャル・タイムズ》にこう語っている。「皮肉なことに、いまでは企業のほうが軍隊より『指揮命令』にこだわる傾向がずっと強い(28)」

一風変わった謙虚さ

ただもう一つ、「謙虚さ」という問題が残っている。

ウィンストン・チャーチルやスティーブ・ジョブズを謙虚と評した者はいなかった。デビッド・ペトレイアスも同じで、陸軍士官学校の学生だったときから、自分には最高司令官になるだけの資質があると信じていたという。

ヘルムート・フォン・モルトケ、シャーマン・ケント、そしてどんな権威を批判することも恐れなかったアーチー・コクランまで、本書で紹介したリーダーや思想家の多くも、同じ強烈な自信を持っていた。ジョン・メイナード・ケインズも常に自分ほど頭のいい人間はいないと思っていた。ウォール街のヘッジファンドを率いるジョージ・ソロスは、常に強烈なプレッシャーにさらされている。それもたいていの人なら精神的に参ってしまうようなペースで、ふつうの経営者なら足が震えるようなリスクを抱えながら。ソロスの最も有名な投機は、一九九二年の英ポンド売りだ。この取引では一一億ドルを稼いだが、そのために一〇〇億ドル相当のポンドを売った。「危険ほど集中力を高めるものはない」という発言は有名だ。およそ自分の能力に自信のない者の言葉ではない。

カンザス州アビリーン出身で飾り気のない人柄で知られたドワイト・アイゼンハワーも、

相当な自尊心の持ち主だった。第二次世界大戦後には国民的人気を得て、共和・民主両党からぜひとも大統領候補にと依頼された。トルーマン大統領もアイゼンハワーのためなら身を引くと語ったとされる。だがアイゼンハワーは固辞した。本当に大統領などになりたくなかったからだ。だが一九五二年の大統領選挙が迫るなか、「海外に派遣したアメリカ兵をすべて母国へ戻す」と約束する孤立主義者が共和党の候補者となり、そのまま大統領になる可能性が高まった。それは最悪の事態を招くと考えたアイゼンハワーは、止められるのは自分だけだと判断した。伝記作家はこう書いている。「アイゼンハワーが何より重んじたのは国益であり、熟慮の結果、大統領に最適なのは自分であり、引き受けざるを得ないと判断した」[29]。アイゼンハワーにも相当な自負があったのは明らかだ。

リーダーのこのような資質と、謙虚さという優れた予測者に不可欠な資質との折り合いをつけることは可能なのか。その答えは、アニー・デュークの言葉にある。

デュークの話題にはすでに触れた。彼女は世界トップクラスのポーカープレーヤーを自認する。かなりの自信家に思えるが、ポーカー・ワールドシリーズでの優勝経験などすばらしい実績があり、それも当然といえる。ただ自信の危険性もわきまえている。デュークのような頭のいい人間は意思決定をするとき、常に近道をする誘惑に駆られる。「答えはわかりきっているのだから、時間をかけてじっくり考える必要などない。私には優れた判断力があり、これまで大成功してきた。私がこの判断を正しいと思う事実が、この判断の正しさを証明している」と。こんなふうに判断を下すのは、鼻先越しの視点でしか現実を見ていないことになる。どれほど優秀な人間であれ、これは危険なやり方だ。このワナに陥らないように、デュークは自信を持てること、持てないことを慎重に区別する。

「ポーカーに対しては、どこまでも謙虚でなければならない。ポーカーはおそろしく複雑なゲームで、三目並べやチェッカーのように正解はない。ポーカーに習熟するのはとても大変で、常に学んでいなければ足をすくわれる。とはいえポーカーに対して謙虚であるのと、対戦相手に対して謙虚であるのはまったく違う」とデュークは話す。たいていの相手なら負けないという自信がある。「それでも自分がポーカーをマスターしたとは思わない[30]」

優れた予測に必要な謙虚さとは、自己疑念ではない。自分には才能がない、知能が低い、価値がないといった卑下する感覚ではなく、知的謙虚さである。つまり現実はどこまでも複雑で、物事をはっきりと理解することが仮にできたとしても、それには不断の努力が必要だ。だから人間の判断には過ちがつきものだ、という認識である。これは天才でも凡才でも変わらない。自分に相当な自信がある人でも、知的謙虚さを持つことは可能だ。実際、両者を兼ね備えている人は、驚くほど有能だ。知的謙虚さは優れた予測に不可欠な慎重な検討を促し、自らの能力に対する自信は決然とした行動を促す。

「神に正義を見抜く力を与えられたわれわれは、正義を貫き、取り掛かった仕事を成し遂げようではないか」。アブラハム・リンカーンは二度めの大統領就任演説でこう語った。ここには確固たる信念と決意が感じられる。ただそれと同時に、謙虚な自己認識もうかがえる。「神に正義を見抜く力を与えられたわれわれ」という表現は裏を返せば、われわれの視点や判断には限界や欠陥があること、そして確固たる信念もときに誤っている可能性があることを示唆している。

追記

ここまでずっと触れずにきた問題がある。私はなぜドイツ国防軍を取り上げたのか。超予測者のような考え方をするとリーダーの成果が高まることを示すのに、他の組織の例をあげてもよかったところを、なぜわざわざ近代史上最悪の体制に仕えた軍を選んだのか。

国防軍のどこが優れていたかを理解するには、非常に難しい視点に立たなければならない。われわれが心から嫌悪するものにも、優れた特徴があることを認めるのだ。予測を立てる際にこのような認知的不協和を受け入れられないと、敵を過少評価するという非常に危険な過ちを犯すリスクがある。

道徳観と有能さのあいだに絶対的な相関があるわけではない。厳格なキリスト教徒であった詩人ジョン・ミルトンでさえ『失楽園』でサタンを邪悪さと機略を兼ね備えた存在として描いているのだから、ドイツ国防軍についても同じ見方ができるのではないかと言うのは行き過ぎだろうか。道徳的に劣る者は知的にも劣るという、なんの根拠もない相関性を信じる者は、ここぞという場面で失敗する。諜報機関の情報分析官が、聖戦《ジハード》を標榜するテロ集団は無能である、あるいは邪悪な国家がわれわれの想像を超えるような邪悪な行為を思いつくわけがない、などと思い込んでいるようでは困る。

認知的不協和に対処するのは難しい。「同時に二つの矛盾する考えを抱きながら、うまく折り合いをつけていけるかが一流の知性の持ち主か否かの試金石となる」と、F・スコット・フィッツジェラルドも自伝的エッセイ『崩壊』に書いている。われわれはナチス政権に対する感情と、国防軍の組織的強靭さに対する客観的判断を切り離し、国防軍が当然破壊されるべきおぞましい組織であったと同時に、われわれも学ぶべきところがある優れた組織であったことを理解しなければならない。ここに論理的矛盾はない。心理的矛盾があるだけだ。超予測者をめざすならば、それは克服する必要がある。

容易なことではない。自らを批判的に見ることが得意な超予測者ですら、ときには事実と価値観を混同する。シリア内戦が始まったころ、ダグ・ローチは反政府勢力がシリア北部の都市アレッポを制圧できるかという質問で、判断を誤った。その理由を振り返ってダグは、アサド政権への嫌悪感から、反政府軍の装備が劣っていることを示す証拠があったにもかかわらず、希望的観測から反政府軍有利の結論を導き出してしまったと語っている。ジョシュア・フランケルは北朝鮮が核兵器を処分するか否かという質問でしくじりそうになった。「楽観的意見や事態の進展を期待する気持ちに影響されてしまったから」だ。そのときは気づいていなかったが、「締め切りまであと二週間というところで、朝鮮戦争中に親戚が北朝鮮から逃げてきたという友人と話をしていて自分の過ちに気づいた」といい、予測を反転させた。[31]

私が収まりの悪さを感じつつもドイツ国防軍の事例を選んだのは、まさにこの収まりの悪さゆえなのだ。

第11章　超予測者は本当にそんなにすごいのか

ソ連で赤軍がパレードをしていたロナルド・レーガン政権時代から今日《こんにち》に至るまで、私はさまざまな予測トーナメントを実施してきた。その結果をいつも議論してきた相手がダニエル・カーネマンだったのは、とても恵まれていたと思う。カーネマンには経済学の素養はなかったが、認知心理学者としての業績が経済学に多大な影響を及ぼしたことから思いがけず、ノーベル経済学賞を受賞した。カーネマンは会話の達人でもある。気軽に冗談を言いあっていたかと思えば、次の瞬間にはその冗談を鋭く分析してみせる。彼との会話は、ときにソクラテス的問答のようでもある。守勢に立たされないかぎり、これほど知的刺激に富むものはない。超予測者が単におそろしく運がいいだけではないことが明らかになってきた二〇一四年夏、カーネマンは単刀直入に聞いてきた。「超予測者は凡人と資質が違うのか、それともやり方が違うのか、君はどう思う?」と。

「両方だ」と私は答えた。超予測者の知能や柔軟性は平均以上ではあるが、ずば抜けているわけでもない。彼らの優れた成果はその資質よりやり方に負うところが大きい。徹底的な調査、入念な思考や自己批判、自分とは異なる視点の収集と統合、緻密な予測と絶え間ない更新といったことだ。

だが彼らはどの程度の期間、高い予測力を保持していられるのか。すでに見てきたとおり理論的には、システム2を動員し、意識的思考によってシステム1のもたらす無意識的かつ瞬間的な判断の過ちに気づくことは可能だ。超予測者はそのための努力を惜しまない。とはいえ意識的に自らを見つめつづけるのは消耗する。また「自分にはわかっている」という意識にはどうしても引っ張られやすい。だからどれほど優れた人間でも、ときには安易で直観的な思考モードのワナにはまることは避けられない。

退役陸軍中将であるマイケル・フリン国防情報局（DIA）局長が二〇一四年、退任直前のインタビューで語った世界情勢への認識を考えてみよう。DIAはいわば国防総省版のCIAで、一万七〇〇〇人の職員を擁する諜報機関だ。

「私は毎朝出勤すると、頭をすっきりさせるためのジョギングを挟んで二〜三時間かけて調査報告書に目を通す。そこに描かれているのは掛け値なしに、私がこれまで見てきたなかで最も不確実で、混沌と混乱に満ちた国際情勢だ。ナチスや旧日本軍の台頭など危険な時代はほかにもあったが、現在も紛れもなくきわめて危険な時代だ。（中略）われわれはかつてない長期にわたる社会的衝突の時代にある」[1]

発言の大部分はかなり曖昧で評価は難しいが、最後の一文は違う。インタビューの中で記者はウクライナ、朝鮮半島、中東での衝突に触れており、最後の一文からはフリンが「社会的衝突がかつてない水準に達している」と認識しているのは明らかだ。これは第二次世界大戦以降の世界の武力衝突に関する膨大な定量的研究を調べることで検証できる。文献を見ると全般的に、国際紛争は一九五〇年代から、そして国内紛争は冷戦終結後の一九九〇年代初頭から長期減少傾向にあることがわかる。これは年間の戦死者数に表れており、わずかな例外はあるがこの期間を通じて一貫して減りつづけている(2)。

　どの調査結果もDIA局長に限らず、誰でも見られるものだ。グーグルで「世界的衝突の傾向」と検索するだけでいい。だがフリン長官は公《おおやけ》の場で持論を語る前に、それすらしなかった。なぜか。ペギー・ヌーナンがブッシュ前大統領の支持率上昇の意味を判断する前に、過去の大統領の退任後の支持率を調べなかったのと同じ理由による。どちらにも共通するのが、カーネマンの言う「WYSIATI」（「What You See Is All There Is（目に映るものがすべて）」）の意識だ。認知的錯覚の代表格であり、鼻先越しの視点以外をシャットアウトする自己中心的世界観だ。フリンの机には日々、気の滅入る知らせが山ほど届いた。だから自分の結論は正しいと思った。「それがすべてだ」と。長年諜報の世界に身を置いてきたフリンは、仮説がどれだけ真実に思えても、それを検証することの重要性をよくわかっていた。だがこの発言でそれをしなかったのは、仮説と思わなかったからだ。まさに真実に思えた。これは初歩的な心理上のワナであり、フリンはまんまとそれにはまった。

　マイケル・フリンをバカにするつもりは毛頭ない。むしろ逆である。これほど優れた成果をあげてきた人物がこれほど明らかなミスを犯したからこそ、注目する必要があるのだ。われわれはみな同じ過ちを犯すリスクがあり、確実に身を守る方法はない。有名なミューラー

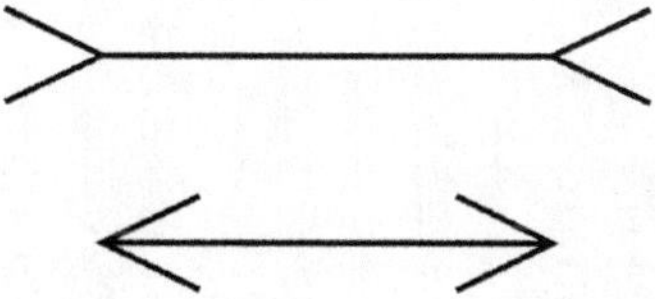

図11　ミューラー・リヤー錯視

・リヤー錯視が良い例だ（図11）。
上下二本の線分を比べると、上のほうが長く見えるが、実際には同じである。信じられないと思うなら、定規で測ってみよう。上下の線分の長さが同一だと完全に納得したら、再び図を眺めて、二本が同一に見えるか確かめてみよう。きっとうまくいかないだろう。長さが同じだと頭ではわかっていて、同じだと思おうとしてもできない。たとえ錯覚だとわかっていても振り払えない。認知的錯覚、つまり鼻先越しの視点も同じように避けられないことが多い。せいぜい意識に浮かんでくる答えに目を光らせ、時間と認知能力が許せば心理的定規で測ってみるぐらいだ。

こう考えると超予測者も、システム2が作動せず、予測を大失敗してトーナメントの順位を落とすリスクと常に隣り合わせなのだ。この点についてはカーネマンと私の見解は一致している。ただ優秀でやる気のある人なら、特定の認知的錯覚に対してある程度の免疫を身に着けられると考えている点で、私のほうが多少楽観的だ。学者同士のくだらない議論と思われるかもしれないが、これは実社会にも重要な示唆を持つ。私の見方が正しければ、組織が優秀な人材を採用して適切な訓練を施し、認知バイアスへの耐性を身に着けさせれば、大きな見返りが得られるはずだ。

カーネマンが正式に教職を退いてからずいぶん経つが、いまでも科学者として自らと意見を異《こと》にする相手と一致点を見いだすための共同研究には取り組んでいる。かつてゲーリー・クラインと専門家の直観について行なったように、バーバラ・メラーズとは予測の正確性に大きく影響する「スコープ無反応性」と呼ばれる認知バイアスについて共同研究を行なった。

カーネマンが初めてスコープ無反応性を研究したのは三〇年前だ。まずカナダ・オンタリオ州の州都トロントで無作為に抽出した被験者群に、同州内の特定の地域の湖をすべて浄化するのにいくらなら払うかを尋ねた。回答の平均は約一〇ドルだった[3]。続いて同じように無作為に抽出した別の被験者群に、オンタリオ州内の二五万個の湖をすべて浄化するためにいくらなら払うかを聞いた。答えはやはり約一〇ドルだった。

その後の研究でも同じような結果が得られた。ある研究では一つの被験者群に、石油溜まりで溺死する渡り鳥は毎年二〇〇〇羽いると伝え、対策にいくらなら支払うか尋ねた。二つめの被験者群には溺死する鳥の数を二万羽、三つめの被験者群には二〇万羽と伝えた。ただいずれの被験者群でも、回答は八〇ドル前後で変わらなかった。被験者は心に浮かんだ典型的イメージ、つまりオンタリオ州の汚染された湖や石油まみれになって溺死する鳥のイメージに反応していたのだ、とカーネマンは分析している。「この典型的イメージは自然と同情を喚起し、その感情の強さが金額に転換される」

これこそまさに「すり替え」である。被験者は実際に聞かれた難しい質問、つまり金銭的評価のできない問題に値段をつける代わりに、答えやすい質問に答えたのだ。「自分はこの事象をどう思うか」と。溺死する鳥が二〇〇〇羽であろうが二〇万羽であろうが、答えは同じだ。「かわいそう」である。ここではスコープ（問題の広がり）は回答者の視点や頭から完全に消えてしまう。

湖の汚染や渡り鳥の溺死と、IARPAの予測トーナメントが出題したようなシリア内戦などの地政学的問題に関係があるのか。ダニエル・カーネマンのような想像力のある人物にとっては「大あり」だ。

時計の針を二〇一二年に巻き戻そう。アサド政権が倒れる可能性はどの程度か。「倒れない」という主張の根拠としては（1）アサド政権には軍備の整った中核的支持層がある、（2）周辺地域に強力な同盟国がある、が考えられる。一方「倒れる」という主張の根拠には（1）シリア軍は兵士の大量離反に悩まされている、（2）戦闘が首都に到達するなど反政府軍には勢いがある、といったことが挙げられる。あなたが両方の主張を比べた結果、説得力は同程度と見て、政権崩壊の確率は五〇％と予測したとしよう。

だがここに何が欠けているか気づいただろうか。時間軸である。当然、重要な要素だ。極端な例でいえば、今後二四時間以内に政権が崩壊する確率は、今後二四カ月以内に崩壊する確率よりずっと低いはずだ。カーネマンの表現を借りれば、この予測においては時間軸が事象の「スコープ」に相当する。

そこでわれわれは超予測者のうち、一つのグループに「アサド政権が今後三カ月以内に崩壊する可能性」、もう一つのグループに「アサド政権が今後六カ月以内に崩壊する可能性」を尋ねた。そして同時に一般のボランティアにも同じ実験をした。

カーネマンは全般的にスコープ無反応性が見られるはずだと予測した。被験者は無意識的にすり替えを行ない、時間軸に合わせた確率を考えるという難しい質問を避け、政権が崩壊するか否かという比較的評価しやすい質問に答えるだろう、と。つまり溺死する渡り鳥が二〇〇〇羽でも二万羽でも二〇万羽でも変わらなかったように、時間軸が変わっても最終的な回答は変わらないと考えた。メラーズは複数の実験の結果、一般ボランティアのほとんどはカーネマンの予想どおり、スコープの違いに反応しない傾向があることを確認した。彼らはアサド政権が三カ月以内に崩壊する確率は四〇％、六カ月以内に崩壊する確率は四一％と回答した。

一方、超予測者の結果ははるかに優れていた。彼らはアサド政権が三カ月以内に崩壊する確率を一五％と予測する一方、六カ月以内に崩壊する確率は二四％と回答したのだ。完全にスコープ反応性があるとはいえないが（これを定義するのも難しい）、カーネマンを驚かせるには十分な差だった。三カ月後と六カ月後の確率を両方聞かれた被験者がいなかったことを考えれば、かなり優れた結果である。ここからは超予測者が質問文の時間軸にきちんと注意を払っただけでなく、他の時間軸についても検討することで、かなり強力な認知バイアスを振り払ったことがうかがえる。

これは私のおかげだと言いたいところだが、そうではない。われわれの作成した上級者用トレーニング・マニュアルでは、「聞かれた質問」に頭の中で手を加え、予測するのが一二カ月先ではなく六カ月後の事態であったら、あるいは判断基準となる石油価格が一〇%低かったら、といった具合に変数を変えて考えてみることを勧めている。このような「思考実験」は自分の問題のとらえ方の妥当性を検証し、それがスコープを適切に考慮したものか確認するのに役立つ。ただ実を言うと超予測者はわれわれが「スコープ無反応性」に注目する前から、そんな専門用語こそ使わなかったもののこの問題を気にかけていた。われわれのトレーニング・マニュアルは彼らの役に立ったかもしれないが、それ以上にマニュアルそのものが彼らの思考法にヒントを得ている。

超予測者のなかには、自分の意見をわきに置いて外からの視点を取り入れるなど、システム2による判断の修正を日常的に行なっており、それが習慣化している人もいるようだ。そのプロセスが彼らのシステム1の一部になっている。まさかと思うかもしれないが、珍しいことではない。ゴルフをする人なら初めてボールを打ったとき、膝を曲げ、頭を少し傾け、片方の肩を上げ、反対側を下げ、肘を上げろと指導されたのを覚えているだろう。最初はやりにくく、意識しないとできなかったはずだ。二個めのボールを打つときも、頭の中で懸命にチェックリストを反芻《はんすう》しただろう。それでもいくつか抜け落ちた項目があり、コーチに直されたはずだ。三個めも似たようなものだろう。だが次第に楽になっていく。練習を続ければ、すべての項目がシステム1に組み込まれ、優雅なスウィングができるはずだ。料理、セーリング、外科手術、オペラの歌唱、戦闘機の操縦など身体的・認知的難易度にかかわらず、どんな作業も意識的練習によって自然なものとなる。たどたどしく文字を読み上げながら、文章の意味を理解しようと苦労している子供の姿を思い浮かべてみよう。あなたもかつてはそうだったはずだが、幸い本書を読むのにそれほどの苦労はしていないはずだ。

超予測者はどれだけ心理的な引力の法則に抗《あらが》い続けることができるのか。それは認知的負荷によって決まる。システム2による意識的な修正プロセスをシステム1の無意識的プロセスに取り込んでしまえば、負荷は大幅に軽減されるだろう。ソフトウエアの力を借りるのも有効だ。たとえばダグ・ローチが開発した次に読むべき情報源を勧めてくれるソフトウエアは、システム1の影響で同じ分野の文献ばかりを読むのを防いでくれる。

それでも超予測力を維持するのは大変だ。超予測者はみな、自らの成功がどれほど脆《もろ》いものかわかっている。失敗も覚悟している。そして失敗したときもへこたれず、理由を検証し、さらに鍛錬を続ける。

ただ私の親しい研究者で、超予測者をそれほど評価していない者はもう一人いる。そればかりか、この研究プロジェクト自体を見当違いと考えている節《ふし》がある。

ブラックスワン

ナシーム・タレブはウォール街の元トレーダーだ。不確実性と確率について非常に影響力の大きい著作を三冊出版し、「ブラックスワン」という表現を一般に知らしめた。

この概念を聞いたことのない人は、四〇〇〇年前のヨーロッパを想像してみよう。誰もが白鳥を見たことはあったが、みな白だった。これから目にする可能性のある白鳥をすべて思い浮かべよと言われれば、過去の経験に照らして、大きさや形は違ってもみな白だったはずだ。そこへオーストラリアに出かけていた船が黒い白鳥を連れて戻ってきて、ヨーロッパ中が仰天する。このように「ブラックスワン」とは、それが起こるまでは想像もできないような、経験則から外れた出来事を指す。

とはいえタレブが注目するのは意外性だけではない。影響力もブラックスワンに欠かせない要件だ。歴史の流れを決定づけるのはブラックスワン的事象だけである、とタレブは主張する。「歴史は這って進むのではない。飛躍するのだ」(4)と。この見解は、予測力の向上をめざす私の研究を根底から否定するものだ。IARPAの取り組みは無駄骨である、なぜなら本当に重要な出来事は予測できず、予測できることは重要ではないからだ。それを否定するのは、われわれに誤った安心感を与えるだけである、と。

そうだとすれば、私は科学の進歩を逆行させていることになる。専門家の予測はチンパンジーの投げるダーツに等しいという結果を導いた初期の研究は悪くはなかったが、「優れた判断力プロジェクト」は誤った認識に基づく、われわれの無力感をやわらげ愚かな慢心を煽る企てなのか。

私はタレブを尊敬しているし、互いに見解の一致する重要な問題については共同論文を執筆したこともある。また彼の指摘は、将来の予測トーナメントにおいて検討すべき重大な問題を浮き彫りにしたと考えている。ただここにはまたしても誤った二項対立が見受けられる。

「適切な方法に従えば未来を予測できる」対「未来を予測できるというのはたわごとである」というのがそれだ。

この二項対立の誤りを暴くには、ブラックスワンという魅惑的な比喩を仔細に検討する必要がある。ブラックスワンとは具体的にどのようなものなのか。その厳格な定義は「発生するまでは想像もできないこと」であり、タレブもたびたびそう語っている。そうだとすれば、ブラックスワンと称される事象の多くが、本当にブラックスワンであるかは疑わしい。

九・一一同時多発テロのケースを考えてみよう。二〇〇一年九月の清々しい朝、突然の凶行によって歴史が変わってしまった、典型的なブラックスワン的事象に思える。だが九・一一は「想像もできないこと」ではなかった。一九九四年には旅客機をハイジャックしてエッフェル塔に突っ込むという計画が発覚した。一九九八年にはアメリカ連邦航空局が、テロリストがフェデックスの貨物機を乗っ取り、ワールド・トレード・センターに衝突するというシナリオを検討した。このような事象のリスクはセキュリティ業界では広く知られており、二〇〇一年八月には政府高官がハーバード大学のテロ専門家、ルイーズ・リチャードソンに、なぜ航空機を空飛ぶ爆弾として使うテロ集団が出てこないのかと尋ねたほどだ。「私は『この戦術はかなり研究されており、早晩どこかのテロ集団が実行に移すと思う』と答えた。まるで役には立たなかったが」とリチャードソンはのちに語っている。[5]

ブラックスワンと言われるほかの出来事も、やはり「想像もできない」という基準は満たさない。たとえば第一次世界大戦の勃発については、その一〇年以上前から大国間の戦争のリスクが懸念されていた。ブラックスワンが発生前には想像もできないものであるとすれば、ただでさえまれな該当例がますます減ることになる。

ただタレブは「きわめて蓋然性の低い重大な事象」という、もう少し控えめな定義も提供している。それなら歴史を振り返れば該当例は容易に見つかる。そしてタレブと私の共同論文にも書いたとおり、予測に対する彼の指摘が正しいのはまさにこの領域だ。(6)

予測者がほんの数カ月先の出来事について何百という予測を立てれば、その正確性を評価するのに十分なデータはすぐに集まる。だが「きわめて蓋然性の低い事象」とはその定義のとおり、めったに起きない。「きわめて蓋然性が低い」というのが、発生確率一%、〇・一%、あるいは〇・〇〇〇一%を指すのであれば、検証に十分なデータを集めるには数十年、数百年、あるいは数千年かかる。対象となる事象が単に蓋然性がきわめて低いだけでなく、影響力も大きいものに限られるなら、検証の難しさは倍加する。

ここから明らかなとおり、IARPAが実施した第一世代のトーナメントの結果は、超予測者がグレースワンやブラックスワンを予測する能力については何も語っていない。一般人と同じようにまるで予測できないかもしれないし、驚くべき予測能力を有しているかもしれない。答えは明らかではなく、明らかであるかのようなフリをすべきではない。

長期的に重要なのはブラックスワンだけという考えに立つなら、優れた判断力プロジェクトに興味を持つのは近視眼的な者だけかもしれない。だが歴史上、意味があるのはブラックスワンだけではない。たとえば平均寿命はわずかな増加が積み重なって現在の水準に達した。

また世界経済が一九世紀に年率平均一%ずつ、二〇世紀には年率平均二%ずつ成長してきたことで、一八世紀に至るまで何世紀にもわたって貧困にあえいできた世界は、二一世紀にかつてないほど豊かになった[7]。歴史はときに飛躍する。だが這って進むのもまた事実だ。ゆっくりとした漸進《ぜんしん》的変化も重大な意味を持つこともある。

ここで参考になるのが投資の世界だ。ビノッド・コースラはサン・マイクロシステムズの共同創業者で、現在はシリコンバレーのベンチャーキャピタリストだ。ナシーム・タレブの大ファンでもある。変化の激しさで有名なハイテク業界に投資してきたコースラは、数えきれないほどの予測が外れるのを目の当《ま》たりにしてきた。次の大きな波を正確に言い当てることができないこともわかっている。そこで投資を多数のベンチャー企業に分散し、ほとんどが失敗することを覚悟する一方、一つか二つが例外的に成功し、グーグル並みの投資リターンをもたらすことを期待する。

このような投資法に二の足を踏む人が多いのは、考え方が間違っているからだと、二〇一三年に私とのインタビューで語っている。「たいていの人は失敗する確率が九〇%と聞くと嫌がるくせに、世界を変える確率が一〇%あると言うと喜ぶんだ」。コースラの投資法はいわばブラックスワン型で、タレブも物書きになる以前はこの手法で大成功を収めた。だが投資法はほかにもある。まったく違うやり方として、ある事象が起こる確率を他の投資家が六〇%と見ているときに、実際には六八%だと的確に見抜くことで差をつけるというものがある。いわば一流のポーカープレーヤーの勝ち方だ。ブラックスワン型と比べて勝つ頻度は高まる一方、リターンは小さく、資産形成のペースは緩やかだ。ブラックスワン型と比べて優れているわけでも劣っているわけでもない。単に違うだけだ。

予測トーナメントの意義を否定すべきではない重要な理由がもう一つある。ある事象を単なるサプライズからブラックスワンに昇格させるのは、その事象のもたらす結果の重大性である。だが結果の重大性が明らかになるには時間がかかる。一七八九年七月一四日に群衆がパリ郊外のバスチーユ牢獄を占拠した。だが今日《こんにち》われわれが「バスチーユ襲撃」と言うとき、それはもっと大きな事象を指す。この言葉には群衆が牢獄を占拠したという事件に加えて、それに端を発してフランス革命に至るまでの一連の出来事がすべて含まれる。だからこそ七月一四日はフランスの国民的記念日なのだ。社会学者のダンカン・ワッツはこう語る。「バスチーユ襲撃のようなブラックスワン的事象について詳しく説明しようとすると、その事象の範囲を中核となる事件の周辺にかなり広げて考える必要が出てくる[8]」

こうした考えに立てば、ブラックスワンは言われているほど予測不可能ではない。

テロリストが旅客機をハイジャックしてニューヨークのワールド・トレード・センターと国防総省に突っ込んだ三日後、アメリカ政府はアフガニスタンのタリバン政権にウサマ・ビンラディンを筆頭にアルカイダのテロリストの身柄引き渡しを求めた。タリバン政権は、テロはアルカイダの犯行であったことを示す十分な証拠をアメリカ側が提示したら要求に応じると答えた。アメリカは侵攻の準備を始めたが、それでもタリバンはビンラディンの引き渡しを拒んだ。九月一一日からほぼ一カ月後、ついにアメリカは攻撃を開始した。

今日われわれがブラックスワンとして九・一一を語るとき、そこにはこの日のテロ攻撃に加えて、それに端を発したアフガニスタン侵攻などさまざまな結果が含まれている。ただ九月一一日のテロ後の事態の展開は、まったく違ったものになっていた可能性もある。アフガニスタンにとってビンラディンやアルカイダのメンバーはアラビア語を母語とする外国人であり、タリバン政権が彼らをかくまって世界唯一の超大国の怒りを買うのは割に合わないと判断してもおかしくなかった。タリバンが宿敵の北部同盟をまさに倒そうとしていた時期だったことを思えばなおさらだ。あるいはビンラディンや側近がアメリカに送還されるかもしれないとみて、パキスタン、ソマリア、イエメンなどに逃亡することも考えられた。九・一一がアフガニスタン侵攻や一〇年がかりのビンラディン追跡につながらなかったシナリオも十分想像できる。そう考えると九・一一への見方も変わってくる。もちろん悲劇ではあるが、必ずしも一〇年にわたる一連の戦争の幕を開ける号砲ではなかった。

超予測者が二〇〇一年九月一一日に起きたような出来事を予測できるというエビデンスはない。だが「タリバン政権がウサマ・ビンラディンを引き渡さなかった場合、アメリカは軍事行動に出ると脅すか」「タリバン政権はアメリカの要求に応じるか」「ビンラディンはアメリカの侵攻前にアフガニスタンから逃亡するか」といった問いの答えを予測できるというエビデンスはふんだんにある。ここに挙げた問いに答えるのは九・一一の結果を予測することであり、こうした結果によって事象がブラックスワンか否かが決まるという意味では、ブラックスワンは予測できるのである。

そうは言っても……

カーネマンとタレブの批判は、超予測力という概念に対する非常に強力な反論だと考えている。ただ私と彼らの研究はまったく逆の結果を示しているものの、根底にある考え方は非常に近く、議論のみならず共同研究さえ可能である。

両者の考えがどれほど近いものかを示すために、ある官僚の書いたメモをお見せしよう。本来であれば歴史に残るようなものではなかったが、書かれたタイミングゆえに注目されることになった。二〇〇一年四月一一日、アメリカ国防長官のドナルド・ラムズフェルドがジョージ・W・ブッシュ大統領とディック・チェイニー副大統領にメッセージを送った。「たまたま見つけたこのメモには、将来を見通すことの難しさが書かれている。お二人も興味を持たれるのではないかと思った」[9]。メモは一九〇〇年から二〇〇〇年まで、新たな一〇年が始まろうとするときの戦略的状況を分析していた。ここからは一〇年ごとに世界の現実が様変わりしていたことがわかる。筆者のリントン・ウェルズはこう結んでいる。「ここから言えるのは、二〇一〇年の状況はわからないが、少なくともわれわれが想定しているものとまるで違うことだけははっきりしているので、そうした認識に沿って計画を立てるべきだということだ」

Lin Wells
CF: Andy

2001年版「4年ごとの国防計画見直し（QDR）」についての私見

- 1900年、あなたが世界の超大国の政策立案者であるとすれば、イギリス政府の一員として宿敵フランスの動向を懸念しているだろう。
- 1910年、フランスとは同盟を結び、共通の敵ドイツと対峙している。
- 1920年、すでに第一次世界大戦で勝利を収め、大戦中は同盟を結んでいた米日との海軍の軍拡競争に励んでいる。
- 1930年、海軍軍縮条約が発効し、大恐慌が始まり、国防計画基準には「今後10年は戦争をしない」と書かれている。
- その9年後に第二次世界大戦が勃発。
- 1950年、英国は世界の超大国ではなくなり、核の時代が始まっている。朝鮮半島では「治安維持活動」が実施されている。
- 10年後、「ミサイルギャップ」が政治の焦点となり、戦略パラダイムは「大規模報復」から「機動的対応」へと変化している。アメリカ国民の大半はベトナムという言葉すら知らない。
- 1970年、アメリカのベトナムへの介入のピークは過ぎ、ソ連との緊張《デタ》緩和《ント》が始まろうとしている。湾岸地域ではイラン国王を支持。
- 1980年、ソ連はアフガニスタンに侵攻、イランは革命の混乱のさなかにあり、「軍の空洞化」「無防備な時間帯」に関する議論が活発に行なわれる。アメリカは史上類を見ない世界最大の債権国となる。
- 1990年、ソビエト連邦崩壊が始まって1年足らず、砂漠地帯ではアメリカ軍が空洞どころではない強さを見せつけようとしている。アメリカは史上類を見ない世界最大の債務国となる。ほとんどの人がまだ「インターネット」を知らない。
- 10年後、ワルシャワはNATO加盟国の首都となり、世界各地に非対称的脅威が拡散。情報、バイオテクノロジー、ロボティクス、ナノテクノロジー、高密度エネルギー源の各分野で同時並行的に革命が進み、予測不可能な変化の兆候が表れる。
- ここから言えるのは、2010年の状況はわからないが、少なくともわれわれが想定しているものとまるで違うことだけははっきりしているので、そうした認識に沿って計画を立てるべきだということだ。

リン・ウェルズ

ラムズフェルドがブッシュ大統領らにメッセージを送ったちょうど五カ月後、テロリスト集団がワールド・トレード・センターのツインタワーと国防総省に旅客機で突っ込んだ。それに続く一〇年はまたしても、訳知り顔の人々がその冒頭に予測していたものとはまるで違った展開になった。

タレブもカーネマンも私も、「世界のどこかで紛争が起きている」というバカバカしいほど当たり前の予測や、やまほど予測を立てれば必然的に生じるまぐれの大当たりをのぞけば、一〇年先の地政学的状況あるいは経済を予測できるというエビデンスは存在しないという点については意見が一致している。予測可能性に限界があるのは、非線形システムにおけるバタフライ効果の当然の帰結である。私の初期の研究「専門家の政治予測」では、専門家の予測の正確さは五年先を境に低下した。

それにもかかわらず、その不毛さをわかっていてもよさそうな機関も含めて、長期予想は広く行なわれている。たとえばアメリカ議会は四年に一度、国防総省に国家安全保障環境に関する二〇年予測を立てさせる。リチャード・ダンジグ元海軍長官は「『四年ごとの国防計画見直し（QDR）』の作成には膨大な労力がかかっている」と語る。[10] リントン・ウェルズがささやかな知的抵抗として先に挙げたメモを書いたのも、この空疎な試みへの反発からだ。ウェルズは締めくくりの一文で、進むべき道を示唆している。予測不能な未来への計画を立てるなら、想定外に備えよ、と。それはダンジグも勧めるように、適応力と抵抗力を高めることに他ならない。現実に横っ面《つら》を張り飛ばされるシナリオを想像し、それにどう対応するか考えてみよう。それからさらにむこうずねを蹴られることを想像し、対応策を検討しよう。アイゼンハワーは戦闘への準備についてこう語っている。「計画は役に立たない。だが計画を立てるプロセスは絶対的に必要だ(11)」

タレブはこの議論をさらに発展させ、国際銀行システムや核兵器などのきわめて重要なシステムは「反脆弱性《ぜいじゃく》」を備えるべきだと主張する。すなわち衝撃に対して抵抗力があるだけでなく、それによってさらに強くなる性質だ。基本的には私も賛成だ。しかし抵抗力あるいは反脆弱性を高めて想定外に備えよ、と言うときに見落とされがちなのは、それにはコストがかかるという事実だ。だから優先順位を決める必要があり、そうなるとまたしても予測が必要になる。

建築基準が良い例だ。東京で新たに建物を建てる場合、大地震に耐えられるだけの高度な技術が要求される。それにはお金がかかる。そこに合理性はあるのか？　地震がいつ発生するかを正確に予測することは不可能だが、地震学者は地震が起こりやすい場所や想定される規模を知っている。東京は地震が起こりやすいので、コストの高い建築基準を適用するのは妥当だ。しかし地震が起こりにくい地域、特に貧しい国では同じ基準を適用する合理性は低い。

確率の評価はあらゆる長期計画の土台となるべきものだが、地震への備えほど明確に実施されるケースは少ない。アメリカは数十年にわたり、二つの戦争を同時に戦える軍事能力を維持する方針を採ってきた。だがなぜ三つ、あるいは四つではないのか。他国との戦争中に異星人の侵略を受ける事態には備えないのか。その答えも確率にある。「二つの戦争ドクトリン」は軍が二つの戦争に同時に対応しなければならない可能性は、それにかかる膨大な費用を正当化するだけの高さである一方、三つあるいは四つの戦争、異星人の侵略の可能性はそうではないという前提に基づいている。

このような評価は不可欠だ。長期計画の中にそれを怠《おこた》ったものが見受けられるのは単に臭いものに蓋をしているだけで、憂慮すべきである。確率の評価がどのようになされたかは、その妥当性を検討できるように常に明確にすべきである。評価が単なる推測に過ぎず、それ以上は望めない場合には、はっきりそう言うべきだ。わかっていないという現実を認識するのは、わかっていないことをわかっていると思い込むよりましである。

予測についてしっかりと考えれば、当然このような事実に突き当たる。だが予測についてしっかり考える人は少ないので、二〇年先の地政学的状況を予測するとか、次の一世紀を占う本がベストセラーになるといったバカげた現象が起こる。なぜこのような過ちが絶えないのか、タレブとカーネマンの理論がその理由を示している。

カーネマンをはじめ現代心理学の先駆的研究者は、人間の心理は確実性を強く求め、それが得られなければ無理やり作ってしまうことを明らかにした。予測の世界において、後知恵バイアスはきわめて厄介な存在だ。専門家たちがゴルバチョフの登場というサプライズをまるで予想していなかったにもかかわらず、すぐにそれは当然の帰結であり、予測可能だったという見方に転換したのを思い出してほしい。

想定外の出来事をそうではなかったかのように扱うことで、過去は実際よりもずっと予測可能に思えてくる。それは未来も同じように予測可能だという考えを助長する。中国は二一世紀半ばに世界一の経済大国になるだろうか。それを確実視する者も多いし、実際そうなるかもしれない。だが一九八〇年代から一九九〇年代初頭にかけては、日本がまもなく世界一の経済大国になるという見方が強かった。その後の日本の衰退ぶりは、中国が世界一になるという主張に水をかけてもよさそうなものだ。[12]だがたいていそうはならない。過去を振り返ると、日本が世界一になるなどと考えた人がいたことすら奇異に思えてくる。日本が失速するのはわかりきっていた、と。今から振り返れば当然のことに思える。中国は今後も失速しないという予測が今、わかりきったことに思えるように。

このような心理的傾向がナシーム・タレブの語る現実と組み合わさると、何が起こるだろうか。

われわれが日常生活で目にする現象の多くは、グラフにすると典型的な正規分布に当てはまる。たとえばほとんどの成人男性の身長は一五〇センチから一八〇センチのあいだに収まる。一二〇センチや二一〇センチの周辺はぐっと減り、九〇センチ（世界で最も背の低い男性は九〇センチ弱）、二四〇センチ（世界で最も長身の男性は約二七〇センチ）となるとほぼいない。

だからといってあらゆる現象に正規分布が当てはまるわけではない。アメリカの不平等な富の分布がまさにその例だ。世帯あたりの平均資産が一〇万ドルとして、九五％の世帯が一

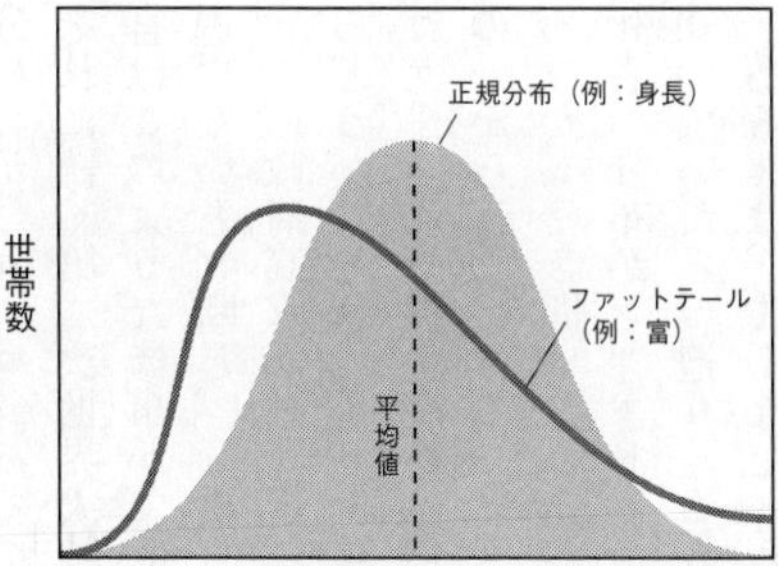

図12

万ドルから一〇〇万ドルのあいだに入るとしよう。富が図12のような典型的な正規分布であれば、資産一〇〇〇万ドル以上の世帯はほとんど見つからないはずだ。資産一〇億ドルの世帯となると、一兆分の一の確率だろう。しかしアメリカの世帯資産の実態は正規分布ではない。資産一〇億ドル以上の個人は五〇〇人近くおり、わずかだが一〇〇億ドルを超える人もいる。現実の富の分布は「ファットテール（太いしっぽ）型」なので、そのような極端な例が存在するのだ。アメリカで資産一〇億ドル以上の人の発生率は一兆分の一どころか、およそ七〇万人に一人である。

ここからがタレブの理論のなかで、特に理解しづらいところだ。歴史の確率、すなわち未来が辿りうるすべてのシナリオは、身長ではなく富のような分布になっているとタレブは考える。それは世界はわれわれが思うよりはるかに変動が激しく、われわれは重大な思い違いをするリスクと常に背中合わせであることを意味する。

時計の針を一九一四年夏に巻き戻してみよう。第一次世界大戦がまさに勃発しようとしている。イギリス外務省の高官が、過去のすべての戦争の戦死者数は一〇万人を平均値とする正規分布だという（誤った）思い込みを抱いていたとする。[13]この想定に基づけば、来《きた》るべき戦争の死者は最悪の場合でも一〇〇万人だ。そこへある分析官が、ヨーロッパでこれから始まろうとしている世界大戦の死者は一〇〇〇万人に達し、それに続く第二次世界大戦では六〇〇〇万人が戦死するという予測を示したとする。政府高官はこのような惨事が二度も続いて起こる確率は果てしなく低く、おそらく数百万分の一に過ぎないと判断し、分析官の予測をデタラメと切り捨てるだろう。

この政府高官が戦死者についてより現実に近い、ファットテール型の分布を想定していたらどうか。それでも分析官の予測はおよそありえない話に思えるが、正規分布を想定していたケースより発生確率は何千倍も高まる。[14]宝くじを一枚買ったときの当選確率が五〇〇万分の一から五〇〇分の一に上昇したようなもの、と言えば、その影響の大きさが実感できるだろうか。そう聞いたら走って宝くじを買いに行くのではないか。一九一四年の政府高官が戦死者の分布がファットテール型であり、膨大な戦死者が発生する可能性があるという真実を知っていたら、迫りくる戦争を回避するために一層の努力をしたのではないか。

あるいは、こんなたとえはどうか。身長が正規分布ではなくファットテール分布であったなら、街で三六〇センチの男性に出くわし、続いて四五〇センチの男性に出くわすという可能性は、やはりきわめて低いとはいえ一生に一度あってもおかしくはなくなる。同じように戦死者の分布はファットテール型であるとわかっていれば、ヒトラーが一九四一年のもっと早い時期にソ連に侵攻していたら、あるいは核爆弾の破壊力に気づいていたら、第二次世界大戦の死者数は六〇〇〇万よりはるかに膨らんでいたはずだと軍事史の専門家が言っても驚かないはずだ。このような可能性はかつて厳然と、それも無数に存在したのである。

起こりうる未来の統計的分布についてのタレブの考え方を理解不能と感じる人もいる。頭でっかちなナンセンスにも思える。過去に起きた現実、今われわれが生きている現実、これから起ころうとしている現実はどれも一つではないか、と。だがタレブのような数学的センスの持ち主なら、われわれが今生きている世界は、かつて存在していた膨大な選択肢のなかからほとんど行き当たりばったりに実現したものに過ぎないという考え方を受け入れられるだろう。過去にも、現在にも別の展開があったはずで、未来の展開はまだどうにでもなる。歴史には無限の可能性がある。優れたリーダーはそれを直観的に理解している。キューバミサイル危機に直面したときのジョン・F・ケネディ大統領は、その結末には平和から核戦争までさまざまな選択肢があることを理解していた。後者であれば第三次世界大戦となり、死者数は数億人に膨らんでいただろう。まさにファットテールである。[15]

ダニエル・カーネマンは、彼らしい洗練された思考実験でこれをわかりやすく説明している。二〇世紀の歴史に重大な影響を及ぼしたヒトラー、スターリン、毛沢東の三人の指導者について考えてみよう。それぞれ女性の指導者を絶対に受け入れない政治運動の支持を得て権力者となった。だが三人の起源は未受精の卵子であり、別の精子と結合して女児胎児となり、女児として生まれる可能性が五〇％あった。それは三人が全員男性として誕生する確率はわずか一二・五％、三人のうち少なくとも一人が女性だった確率は八七・五％あったことを意味する。三人の性別が実際とは違った場合の波及的影響はわからないが、とほうもなく大きいものだった可能性がある。一八八九年四月二〇日にオーストリアのブラウナウ・アム・インで誕生していたのがアンナ・ヒトラーであったなら第二次世界大戦は起こらなかったかもしれないし、あるいはナチスの独裁者としてより狡猾な意思決定をしてアドルフ・ヒトラー以上の恐怖を引き起こしたかもしれない。

　カーネマンとタレブと私はみな、このような歴史観を共有している。反事実的考察は、過去には多様な可能性が存在していたこと、蝶のはばたき一つでわれわれが精魂込めて練り上げた計画も簡単に吹き飛んでしまうことを浮き彫りにする。「もし〜だったら」という実現しなかった歴史に思いをはせると、タレブの過激な不確実性の理論が腑に落ちる。歴史が辿りえた道はほかにも無数にあったこと、これから辿りうる未来も無数にあることを受け入れるのは、銀河には一〇〇〇億個の星が、そしてその銀河の外には一〇〇〇億個の銀河が存在することを受け入れるのに似ている。それはわれわれをどこまでも謙虚にする。[16]

　ここまでは三人の意見が一致する。ただ謙虚になることと、われわれが相当な努力をすれば本当に重要な歴史的事件の先行きを正確に予測できるようになるという事実を否定することとは別問題だと私は考える。もちろん宇宙規模で考えれば、人間の予測能力などちっぽけなものだ。だがちっぽけな人間の世界で生きている以上、それを軽んじるのは筋違いだ。

第12章　進むべき道

何カ月にもわたって、結果はわかりきっているように思えた。「まだ決めていない」という人を除くと、スコットランド人の四三％が二〇一四年九月一八日の国民投票でスコットランドのイギリスからの独立に賛成すると言い、五七％が反対すると言っていた。だが投票の二週間前、世論調査の割合は急変し、賛成派が一気に増えた。投票日直前の数回の調査ではさらに差は縮まり、反対派のリードは鼻の差になった。ただこの時点でも有権者の九％は態度を決めかねていた。

今では結果は当然に思える。三〇七年にわたるイギリスの歴史は途絶えてしまうのか。

は違った。独立賛成派の陣営はスコットランド人の愛国心に訴え、反対派は独立すればスコットランド経済は崩壊すると主張していた。評論家のなかには愛国心に訴える政治が経済的打算に勝つと言う者もいれば、その逆を予測する者もいた。唯一ほぼ確実と言えたのは、どちらに転ぼうと専門家はすぐに訳知り顔でその理由を解説するだろうということぐらいだった。

フタを開けてみると、得票率五五・三％対四四・七％という驚くほどの大差で反対派が勝利した（ちなみにこの件では超予測者が大健闘し、ブックメーカー〔賭け業者〕の主催する本物のお金のかかった市場を上回る結果を出した）[1]。

そんななかで一人、型破りな評論家がいた。「今日はスコットランドの国民投票を受けて、『自分好みの分析を書く』という遊び心のある投稿をするつもりだった」。ワシントンポスト紙にブログを持つ政治学者のダニエル・ドレズナーはイギリス残留の決まった翌日、こう書いている。考えていたのは、次のような選択式の文章だ。

「昨日の国民投票は（「二一世紀にもナショナリズムの威力は衰えないこと」あるいは「欧米の有権者のなかで経済がどれほど重要なテーマか」）を明確に示した。（「残留」あるいは「独立」）を予測した評論家は（「経済というテーマの退屈さ」あるいは「ナショナリズムでは実現できないメリット」）を拙速に過小評価した」

ドレズナーがこの企画を実行に移してくれたらよかったのだが。自らを疑うことを知らない評論家たちが即席で書き上げる分析への愉快なあてつけになっていたはずだ。だがドレズナーは別の興味深い行動に出た。自分にも投票の結果は予想できず、反対派が大差で勝利したことに驚いた、と打ち明けたのである。「有識者を称する人々にとっては学びのタイミングである。このような事態を受けて、自らの世界観にどのような修正を加えるべきだろうか」と書いている[2]。

見事な問いかけである。大きな出来事があるたびに新聞などの論評を埋め尽くす、後知恵まみれの分析からは何も生まれない。スコットランドの国民投票にはさまざまな要因が絡んでいたのに、「経済がナショナリズムに勝った」で済ませればその多くが抜け落ちてしまう。スコットランドで「経済がナショナリズムに勝った」ので、他の国や地域でもそうなるだろうというお気楽な結論はさらに的外れだ。未来に対する予測は、世界はどのような仕組みで動いているのかというわれわれの心理モデルから生み出されることから、すべての出来事が学習し、心理モデルを研ぎ澄ます機会となる。

またドレズナーはこう指摘する。明確なフィードバックがなければ経験から効果的に学ぶことはできないし、予測自体が曖昧さのない採点可能なものでなければ明確なフィードバックは得られない、と。どこかで聞いた話ではないか。そう、ドレズナーはＩＡＲＰＡのトーナメントに関する記事を引用したのだ。

「私自身、気まぐれに予測をころころと変えていたのは事実だ」とドレズナーは言う。「国民投票まで、ずっと反対派が勝つと思っていたが、賛成派が勝つかもしれない理由についてもブログを書いている。いったいどちらが勝つと予測していたのか判然としない。投票結果を受けて、自らの思考モデルにどのような修正を加えるべきかもはっきりとしない。「こうした反省に基づいて、今後スコットランド国民投票のような個別の事象について書く場合は次の二点を心掛ける。まず明確な予測をすること、そして予測について信頼区間（一定の幅をもたせて行なった推定の幅のこと）を提示することだ。要するに、自分のスコアを記録したいのである」(3)

これこそ私の望んでいた反応だ。

スコアや順位表を用いる予測トーナメントは一見ゲームのようだが、そこには実社会に役立つ重大な成果が期待されている。産業界では優れた予測能力が企業の繁栄と衰退を左右する。政治においてはコミュニティを発展させる政策と、想定外の弊害をもたらして税金を無駄にする政策との違いを生む。国家の安全保障では平和と戦争の違いを分ける。アメリカのインテリジェンス・コミュニティが議会に、サダム・フセインは間違いなく大量破壊兵器を保有していると言わなければ、惨憺《さんたん》たる結果に終わったイラク侵攻は回避できたかもしれない。IARPAは予測を採点することの大きな可能性を理解している。だからこそこのプロジェクトを主催すると決めたのだ。

トーナメントは研究者には予測能力を高める方法を検証する機会を、予測者には練習とフィードバックを通じて能力を磨く機会を提供する。異なる政策を選択した場合、それぞれどのような結果につながるか論理的に予測するツールを提供するというかたちで、社会にも恩恵をもたらす可能性がある。はるか先の未来に対するぼんやりとした予測は役に立たない。曖昧な意見は誤りだと判断することもできない。自分でも認めざるを得ないほどはっきりと誤りを突きつけられて初めて、われわれは自らの世界に対する心理モデルを修正し、現実をよりはっきりと見られるようになる。予測し、測定し、修正する。それが予測能力を高める一番確実な方法だ。

ダン・ドレズナーのように、本書を読まれたみなさんもそれに気づき、そこから大きな変化が生まれることが私のひそかな願いである。予測にお金を払う人々は、魅力的なストーリーを語る評論家に騙されず、彼らに過去の予測の実績を尋ねてほしい。相手が自慢話や華やかな経歴ばかりを並べたら、それでは答えにならないと突っぱねてほしい。いまではわれわれの口にする医薬品はすべて実験で有効性が確認され、ピアレビューを受けている。それと同じように予測を受け入れる前に、それを立てた者が厳格な検証を通じて自らの予測が正確であると証明しているか確認するべきだ。ドレズナーがそうであったように、予測を立てる者たちもこのような高い要求基準はめぐりめぐって自分たちのプラスになることを理解するだろう。なぜなら厳格な検証のもたらす明確なフィードバックがあって初めて、彼らは予測能力を高められるからだ。その影響は絶大だろう。「エビデンスに基づく予測」は「エビデンスに基づく医学」と同じぐらい革命的で、大きな意味のある変化をもたらすはずだ。

とは言っても、何も変わらないかもしれない。革命をめざす者は失敗の可能性すら口にすべきではないかもしれないが、ここは超予測者にならい、物事はどちらに転ぶかわからないと認めよう。

この最終章では、変化への最も強力な抵抗勢力について触れ、それでもやはり現状はこれから大きく変わるかもしれないと私が期待する理由を説明する。続いて私自身が決められること、つまり今後の研究計画を説明しよう。それが私の期待どおり劇的な変化のなかで進むことになるのか、あるいは恐れているように停滞した現状のなかで行なうことになるのかは、政治学者が「意識の高い市民」と呼ぶ人々によって決まる。私はやや楽観しているが、最終的な予測は読者のみなさんにお任せしよう。

誰が《クトー》／誰を《カヴォー》

二〇一二年のアメリカ大統領選挙に先立つ数カ月、ネイト・シルバーは一貫して民主党のオバマ大統領が共和党のミット・ロムニー候補をリードしていると予測した。世論調査でロムニーがオバマに肉薄しているという結果が出ても、メディアに「五分五分」「接戦」という見出しが躍っても、シルバーの予測ではオバマの勝率が六一％を下回ったことはなかった。共和党はシルバーを罵倒し、予測は偏っていると批判した。一方民主党はシルバーは公正だと擁護し、予測能力の高さを称賛した。最終的にオバマ大統領が勝利を収めたときには賛辞の大盤振る舞いをした。だが二〇一四年三月、シルバーが同年一一月の中間選挙で共和党が連邦議会上院の過半数を占めるという予測を発表すると、民主党は手のひらを返した。幹部の中には、シルバーの過去の外れた予想を引っ張り出した者までいる[4]。同じ人物、同じ実績であるにもかかわらず、予測が政党の意向にそぐわないものになると、予言者からペテン師へと評価が変わったのだ。

これは私が第1章で「予測の唯一の目標は正確性であり、本書はこの点だけに注目する」とだけ書いて、敢《あ》えて蓋をした問題の極端なケースだ。現実には正確性は、数ある予測の目標の一つに過ぎず、ときには目標ですらないこともある。

この不都合な真実は通常は隠されているが、ときおり仮面が剝がれ落ちることがある。ブラジルの銀行「バンコ・サンタンデール・ブラジル」のアナリストが富裕層の顧客に対し、世論調査で左翼の大統領候補の躍進が続けば、ブラジルの株式市場と為替市場は悪化すると警告したときがまさにそうだった。候補者とその所属政党は激怒し、銀行にアナリストの解雇を要求した。そしてアナリストは即時に解雇された。ブラジルの銀行にとり、将来の大統領候補と関係がこじれるのはまずいからだ。アナリストの予測が正確か否かはまるで関係なかった[5]。

政敵には容赦ない政治家の常として、ウラジーミル・レーニンは政治とは突き詰めれば権力闘争にほかならないと考えていた。本人の有名な表現を借りれば「クトー／カヴォー？」、直訳すれば「誰が誰を（打ち倒すのか）？」が政治の本質である。議論や証拠というのも賑《にぎ》やかしとしては悪くないが、重要なのは「誰を《カヴォー》」ではなく「誰が《クトー》」の座を射止めるためのあくなき闘いだ。こうした立場に立てば、予測の目標は何が起こるかを正確に見通すことではない。予測を立てる者とその所属集団を利することだ。それに役立つなら正確性は歓迎される。しかし権力の追求に邪魔だと見られれば脇に追いやられる。

一九八二年にジョナサン・シェルが「核兵器を廃絶しなければ」近い将来ホロコーストが確実に起きると警告したことはすでに述べた。今では正確な予測ではなかったことは明らかだ。シェルの狙いは読者をたきつけ、勢いを増す反核運動に巻き込むことであり、それには成功した。だから彼の予測は正しくなかったが、失敗と言えるだろうか。レーニンなら期待された役割は果たしたと言うだろう。

共和党の世論調査専門家で、ビル・クリントン大統領の顧問も務めたディック・モリスが、二〇一二年の大統領選の直後に発したコメントにも、同じような発想がうかがえる。投票直前、モリスはロムニーの圧勝を予測した。このため結果が判明するとさんざんバカにされた。だがモリスはこう自己弁護した。「ロムニー陣営は崩壊しつつあった。誰もが悲観的で、勝利の見込みはないと考えていた。だからあの時点では、ああ言うことが自分の務めだと思った」[6]。もちろんわざと嘘をついたという発言自体が嘘なのかもしれないが、モリスがこのような言い訳が通ると思ったという事実が、彼の身を置く世界では予測の正確さ以上に我田引《がでんいん》水《すい》的な「誰が《クトー》／誰を《カウォー》」の論理が重要である証と言える。

マルクス・レーニン主義者ではなくても、レーニンの言い分には一理あると認めざるを得ないだろう。自分自身と所属集団の利益は重要である。自分たちの利益を守るのに予測が使えるなら、使うだろう。このような視点に立てば、予測の現状を見直し、質を高める必要などないし、変化も見込めないだろう。なぜならすでに主な目的を満たしているからだ。

ただ望みを捨てる前に、レーニンはやや独断的であったという事実を思い出そう。もちろん人は権力を求めるが、それだけを重視するわけではない。そう考えると、話は大きく変わってくる。

変化

一世紀前、医師の専門職化が進み、医学がようやく科学になろうとしていた時期、アーネスト・エイモリー・コッドマンというボストンの医師が「治療結果に基づく評価システム」

と称する、予測者のスコアを記録するのと同じようなアイデアを思いついた。病院は新規患者の症状、受けた治療、そして何より重要な項目として治療結果を記録する。記録はまとめて統計データとして発表し、消費者が実績に基づいて病院を選べるようにする。病院は消費者からのプレッシャーに対応して実績に基づいて優れた医師を採用したり昇進させたりする。医学は進歩し、誰もが恩恵を被《こうむ》るであろう。歴史家のアイラ・ラトコーは「コッドマンのシステムは、医師の病院内での評判や社会的立場、患者への接し方や専門能力などは一切考慮しなかった。重要なのは臨床的な治療結果だけだった」と指摘する。(7)

今日《こんにち》の病院はコッドマンの要求をほぼすべて満たすのはもちろん、はるかに先を行っているところも多く、反対する者がいたら医師はみな仰天するだろう。だがコッドマンがこのアイデアを提唱した当時、医学界のエスタブリッシュメントの見方は違った。病院はどこもこのアイデアを嫌った。記録をつける人員を雇わなければならないし、幹部医師には何のメリットもなかった。すでに尊敬を得ているのに、スコアをつけたら評判が落ちるかもしれない。当然ながらコッドマンの主張は受け入れられなかった。そこでさらに声をあげたところ村八分に遭い、マサチューセッツ州総合病院から追い出されてしまった。そこでコッドマンは自ら小さな病院を開き、担当者を採用して統計データを集め、発表した。また自分のアイデアを訴えつづけ、その方法は次第に過激になっていった。一九一五年の地元医師会の会合では、ハーバード大学学長を含めたさまざまな権力者を揶揄する巨大な風刺画を披露した。その結果、医師会から資格を停止され、ハーバード大の教職も失った。現状はどうにも変わらないように思われた。

だが「コッドマンの風刺画をめぐる大騒ぎは、全国的に話題を呼んだ」とラトコーは書いている。「医療の効率性や治療結果に基づく評価システムは突然、国民的関心事となった。医師や国民のあいだでコッドマンのアイデアが知れ渡ると、国中でそれを採用する病院が増えていった。コッドマンは講演に引っ張りだこになり、誕生したばかりのアメリカ外科学会が〈病院の標準化委員会〉を立ち上げると、コッドマンは初代委員長に選任された」(8)。どこまでも理想主義者であったコッドマンの提唱した事柄の多くは採用されなかったが、最終的に彼の中核となる思想は受け入れられた。

　レーニンらが考えていたように「誰《クトー》が／誰《カヴォー》を」の論理があらゆる人間の活動を支配していたら、医学界でそれなりの地位にいた者すべてにとって脅威であった「エビデンスに基づく医学」が実現することはなかっただろう。だがアーネスト・コッドマン、アーチー・コクランをはじめ既得権益の壁を打ち破った者は多い。城壁に砲撃を仕掛けるような暴力的手段に訴えたわけではなく、合理性に訴え、病める者を治すという唯一無二の目標をひたすら追い求めることでそれを成し遂げた。

　彼らの成功は他の人々への刺激となった。「エビデンスに基づく政策」はエビデンスに基づく医学をモデルにした取り組みで、政策を厳密に分析し、想定された効果を発揮するのか議員が（単に把握した気になるのではなく）本当に把握できるようにするのが目的だ。その結果、アメリカやイギリスなどではかつてないほど質の高い政策研究が行なわれるようになった。もちろん政治は政治であり、政治家は常に政党の利益やイデオロギーに影響されるが、厳密な分析が政府の政策にはっきりとした変化をもたらすことを示すエビデンスはたくさんある。(9)

同じ発想が慈善団体にも変化をもたらしており、厳格なプログラム評価に基づいて援助を配分する傾向が強まっている。成果を出したプログラムは拡大し、失敗したものは停止する。明確な目標と測定の必要性を訴えるビル・ゲイツの意向もあり、世界最大級の慈善団体であるゲイツ財団は評価の厳格さで知られる。

スポーツの世界にもまた、エビデンスに基づく思考の広がりと威力を示す驚くべき事例があふれている。ジェームズ・スロウィッキーがニューヨーカー誌に書いているとおり、個人競技、チーム競技の両方で過去三〇年から四〇年で劇的にパフォーマンスが伸びてきた。動くお金が大きくなったことも一因だが、その取り組みが一段とエビデンスに基づくものに変わってきたことも大きい。「ジョン・マッデンがオークランド・レイダーズのコーチだったころ、選手には八月の真昼間にフル装備で練習をさせた。ドン・シュラはボルチモア・コルツのヘッドコーチ時代、選手に練習中に水を飲むことを禁じた」とスロウィッキーは書いている。だが人間のパフォーマンスに関する科学的研究のおかげで、そうした勘に基づく訓練法は医学における瀉血《しゃけつ》法と同じ道をたどりつつある。「トレーニングははるかに合理的でデータに基づくものになった」とスロウィッキーは指摘する。チーム育成も「マネーボール流」と呼ばれる選手の統計データに基づく分析方法の急速な進歩によって同じように変わってきた。「ここから明らかなようにスポーツにおけるパフォーマンスの劇的な向上は、組織が従業員の効率性と生産性向上に向けた体系的取り組みをいかに進めてきたかによるところが大きい」(10)

ここまで挙げた変化はすべて、情報技術（IT）の急激な進歩によって促進されてきた。ITによってわれわれの測定、検証能力はかつてないほど高まっている。このように視点を広げると、エビデンスに基づく予測という取り組みが、突然降ってわいた驚くべき変化ではないことがわかる。経験、勘、権威（「専門家のオレがうまくいくと言っているのだから、やれ！」）に基づく意思決定から、定量化と分析に基づくものへという大きな潮流の一つの表れに過ぎない。意外な取り組みというより、「なぜこれまでやってこなかったんだ？」とすら思えるかもしれない。

変化が期待できる最も大きな理由は、IARPAのトーナメントそのものだろう。一〇年前に「予測に真剣に取り組むべきなのに、一番そうしそうにない組織はどこか」と聞かれたら、私は間違いなくインテリジェンス・コミュニティを筆頭に挙げていただろう。理由は「誰が《クトー》／誰を《カウオー》」、すなわち保身である。エビデンスに基づく予測は長期的には彼らの仕事の質を高めるが、短期的にはそれを脅《おびや》かすからだ。

「逆の可能性」にまつわる誤解を思い出してほしい。「ある事象が起こる確率は七〇％」と予測すると、その事象が起こらなかった場合、予測は間違ったと思われるという話だ。予測を立てる際に数字的範囲を示そうというシャーマン・ケントのささやかな提案が採用されなかった大きな理由もこれであった。数字を使うと不当な批判を受けるリスクが高まる。煙のようにぼんやりとした表現を使っていれば安全だ。

このような理屈は多くの組織に都合がいいが、特にさまざまな批判にさらされてきたインテリジェンス・コミュニティには抗いがたい魅力がある。九・一一のあと、インテリジェンス・コミュニティは点と点を結びつけることができず、テロ攻撃のリスクを過小評価したと責められた。一方、二〇〇三年のイラク侵攻後には、つながるはずのない点と点を結びつけ、大量破壊兵器のリスクを過大評価したと責められた。批判を受けるたびに、インテリジェンス・コミュニティは犯したばかりの失敗を避けるために極端な対応を取った。本当に脅威が存在したのに警報を発することができなかったあとには、ほんの些細な問題の兆しにも警報を発した。誤った警報を発したあとには、再び狼少年になるのを極端に恐れた。批判によって姿勢をころころ変えるのは、インテリジェンス・コミュニティの質を高めるうえでなんの役にも立たない。むしろ予測能力を高めるのに必要な長期投資の妨げにもなる。(11)

では質を高めるのに何が役立つかと言えば、予測の評価を徹底することだ。スコアをつける。結果を分析する。何がうまくいき、何がうまくいかないかを検証する。だがそれには数字が必要で、数字を使うとインテリジェンス・コミュニティは「逆の可能性」の誤解によって批判を受けるリスクを抱える。次に大きな失敗をしたときに曖昧な言葉という隠れ蓑はない。国家情報長官が議会の公聴会で、なぜ情報機関はある重大な事象（革命やテロ攻撃など）を手遅れになるまで予測できなかったのか問いただされたとき、こんな申し開きが通るだろうか。

「われわれの予測能力は全般的にかなり高く、さらに向上しています（と言って長官はグラフを取り出す）。ご覧ください。われわれの評価では分析官のブライアー・スコアは良好で、この間《かん》大幅な改善が見られました。いまいましい超予測者にも追いつきました。たしかに今回、この重要な事象とそれに続く恐ろしい結果を予測できませんでしたが、この統計データをご理解いただきたいと思います」

ただこうした事情があるにもかかわらず、結局インテリジェンス・コミュニティはＩＡＲＰＡのトーナメントに資金を出した。またスコアの記録を情報分析プロセスの重要な構成要素として取り組むことに国家情報長官が強い意欲を示すのを、私もこの目で見てきた。もちろんこのような機運があっという間にしぼんでしまうこともある。それでもこれは驚くべき、そして喜ばしい変化だ。歴史はわれわれに味方するかもしれない。長い目で見れば。

人文サイドからの批判

こうした状況をすべて勘案して、私は自分の研究がエビデンスに基づく予測を推進するかもしれないという控えめな楽観を抱いている。だが誰もがこのような見方に賛成するわけではない。どのような異論が出てくるかは、私が歩んだかもしれない別の道を想像してみればわかる。

一九七六年、私は右も左もわからない二二歳のカナダ人で、この年代の若者の多くがそうであるように、人生を決める選択をしようとしていた。ブリティッシュ・コロンビア大学を卒業したばかりで、イギリス連邦奨学金を受けてオックスフォード大学で人文科学を学ぼうかと思っていた。だが指導教官のピーター・スードフェルドはそれを最悪のアイデアだと考えた。アメリカに行って、科学的手法を学べと彼は言った。私はそのアドバイスを受け入れたが、全面的に納得していたわけではなかった。イギリス行きを選択していた可能性も十分あった。そしてもしオックスフォード大学に進んで人文学者となっていたら、本書で述べてきた研究や今後の計画についてどんな論評をするか、だいたい想像がつく。

「数字は結構で有益なものだが、それに幻惑されないように気をつけなければならない」と、このパラレルワールドの私は言うだろう。「重要な事柄がすべて数字で表せるわけではない」という言葉もあり、また数字で測れるものがすべて重要なわけでもない(12)。このコンピュータとアルゴリズムの時代にあって、社会科学者の中にはそれを忘れてしまった者もいる。文化評論家のレオン・ウィーゼルタイアーは《ニューヨーク・タイムズ》にこう書いている。「数値的に測れない現象の〝判定基準〟なるものまである。数値的に測れない事柄にその度合いを示す数値を付与するのだ(13)」。この浅はかな実証主義は野放図な広がりを見せ、まるで妥当性のない領域まで浸食している。ウィーゼルタイアーが詩的に表現しているように「かつて知恵が満たしていた場所を、いまは数字が埋めている」。

このような考えにはかなり賛同できる部分がある。数字を神の意向を伝える神聖なもののように崇める人が多すぎる。本当に数字を使える人はそれがツールに過ぎないこと、また数字の中にもお粗末なものもあれば質の高いものもあることをよくわかっている。コッドマンの提唱した治療結果に基づく評価システムでも、患者の生存率だけを追跡する粗削りなものでは、「患者の生存率一〇〇％」を謳う病院が実は症状の重い患者をすべて断っていても、そうした事実が覆い隠されてしまう。数字は常に吟味し、改善する必要がある。これは決して終わりのない、気の遠くなるような作業だ。常に改善を積み重ねていくことは可能だが、完成はありえない。(14)

予測の正確性を測るブライアー・スコアについても、私は同じような考えを持っている。ブライアー・スコアもまだ発展途上だ。問題点の一つが、虚報（偽陽性）を事象を見逃す（偽陰性）のと同等に扱うことだ。だがテロ攻撃などの重大な事象については、虚報より事象を見逃すほうがずっと深刻だ。幸い、この問題を解決するのは簡単だ。予測を立てる人々に「偽陽性による減点は偽陰性の一〇分の一である」という基本ルールを事前に伝えておけばいい。そうすればそれに従って予測を調整するだろう。

だが採点方法は常に見直す必要があるからと言って、それによる改善効果を軽く見るべきではない。問題点が多いと批判されることの多い、消費者の信用格付けが良い例だ。数十年前のまだ信用評価が存在しなかった時代には、融資担当はあなたが昔の恋人に似ているとか、自分が前の晩よく眠れなかった、あるいは「無能な黒人」「女は気まぐれだ」といった偏見を抱いているといった適当な理由で、あなたへの融資を決めることができた。信用格付けも完璧には程遠いが、そのような状況と比べれば大きな進歩だ。同じように私の予測評価システムも完璧ではないが、現行の評価基準（予測を立てた人の肩書、自信、口のうまさ、書籍の販売部数、CNNへの登場回数、ダボス会議への参加経験）と比べればはるかに優れている。

どれほど頭のかたい人文学者でも、ここまでは納得してもらえるのではないかと思う。本当の問題はもっと本質的なもので、再び「数字で測れるものがすべて重要なわけでもない」という点に目を向ける必要がある。

本当に重要な問題

二〇一三年春、私はシリコンバレーの未来予測学者でシナリオ・コンサルタントのポール・サフォーと会った。朝鮮半島で再び不気味な危機が進行していたので、私は予測トーナメントを説明しようとIARPAが出題した次の質問を紹介した。「北朝鮮は二〇一三年一月七日から九月一日までのあいだに多段式ロケットを発射するか」。サフォーはこの問いはつまらないと感じた。国防総省の職員には興味を持つ人もいるかもしれないが、大方の人はそうではないだろう、と。「もっと本質的な問いは『この事件は結局どうなるのか』だ。そのほうがずっと頭のひねりがいがある」と彼は言った。そして国から国へ、指導者から指導者へと縦横に話題を変えながら、シンクタンクの会議やテレビの有識者が集まったパネルディスカッションなどで見られるような鮮やかな弁舌をふるってみせた。だがサフォーの言ったことは正しいのか。今でも私にはわからない。彼の回答はあまりに曖昧で評価できない。

「この事件は結局どうなる？」というスケールの大きい重要な問いに答えようとすると、決まってそうなる。

ここでジレンマが生じる。重要なのはスケールの大きな問いだが、採点できない。小さな問いは重要ではないが採点できるので、IARPAトーナメントはそちらを選んだ。われわれは科学的体裁を整えるのに必死なあまり、重要ではないことを測定していると思われるかもしれない。

だがその見方はアンフェアだ。トーナメントの質問は、難易度と情報分析官が実際に日々直面する問題との類似性という観点から専門家のスクリーニングを受けている。ただ「この事件は結局どうなる？」といった誰もが答えてみたい質問と比べて、焦点を絞ってあるというのはフェアな評価だ。スケールが大きく重要だが採点できない問いと、スケールが小さく重要性も劣るが採点可能な問いのどちらかを本当に選ばなければならないのか。それでは不満が残るが、このジレンマを脱する方法はある。

ポール・サフォーの「この事件は結局どうなる」という問いには暗に、その直前に起きた朝鮮半島情勢を悪化させるようないくつもの出来事が含まれていた。北朝鮮は国連安全保障理事会の決議に反してロケットを発射し、新たな核実験も実施した。一九五三年に締結した韓国との停戦協定も破棄した。韓国にサイバー攻撃も仕掛け、両国政府のホットラインを切断し、アメリカへの核攻撃をちらつかせた。

このように考えると、大きな問いはたくさんの小さな問いから成り立っているのは明らか

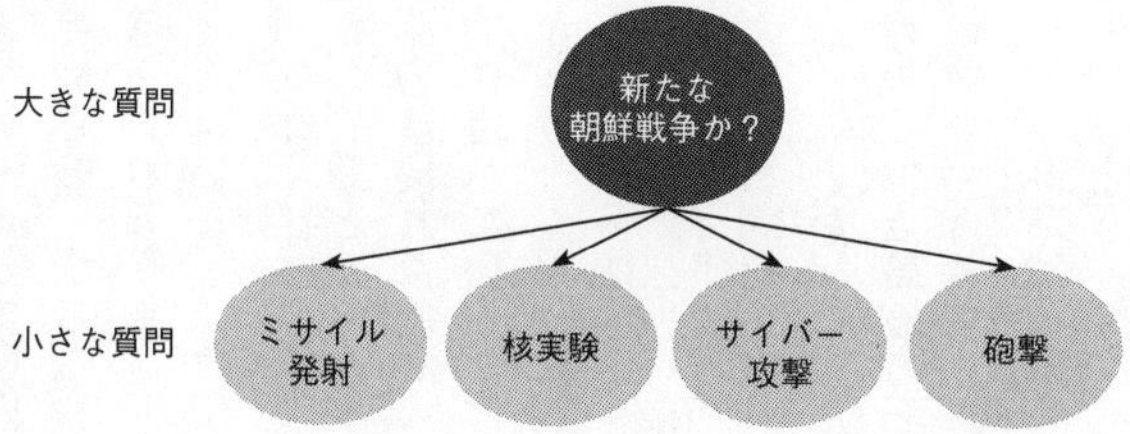

図13　効果的学習につながる質問のクラスタリング

だ。その一つが「北朝鮮はロケット実験をするか」で、実験するなら対立は少し激化する。しなければ緊張は少し和らぐ。このちっぽけな質問一つで大きな問いの答えはわからないが、多少情報は増える。そしてたくさんのちっぽけだが事件に関係する質問に答えていけば、大きな質問の答えに近づける。北朝鮮はもう一度核実験をするか。核開発計画についての外交交渉を放棄するか。韓国に対して武器を用いるか。北朝鮮の軍艦は韓国の軍艦を砲撃するか――。質問の答えは積み重なっていき、「イエス」が多いほど大きな質問の答えが「この事件はまずい結末を迎える」である可能性は高まる。

第7章で触れたベイズ式アップデートと類似していることから、私はこれを「ベイズ式質問のクラスタリング」と呼ぶ（図13）。点描画法という技法で絵を描くようなものと考えてもいい。点描画法はキャンバスの上にたくさんの点を打っていく。一つの点では何も変わらないが、点が集まるとパターンが浮かびあがり、十分な数の点が集まれば、鮮やかな肖像画にも壮大な風景画にもなる。

IARPAトーナメントにも質問のクラスタはあったが、

診断戦略として準備したというより成り行きで生まれたものだ。今後の研究ではこの概念を発展させ、小さな質問のクラスタによって、採点不可能な「大きな質問」にどれだけ正確に答えられるか検証してみたい。

とはいえ、これでもレオン・ウィーゼルタイアーのような人々はまだ納得しないだろう。まず私は自らの研究を「優れた判断力プロジェクト」と名づけたが、これは正確な予測は優れた判断とイコールであると示唆している印象を与える。だがそれは私の意図ではない。予測力は優れた判断の一つの要素ではあるが、必要なものは他にもある。たとえば判断が道徳的に優れているかは数値で評価できず、科学者のアルゴリズムにそぐわない。

もう一つ優れた判断に欠かせないのは、優れた問いかけである。大惨事やビッグチャンスの到来を予見する優れた予測は、優れた問いかけなしには生まれないと言っても過言ではない。優れた問いの条件とは何か。それはわれわれの関心を、考える価値のある対象に向けるような質問だ。優れた問いを見分ける方法として、私が「膝を打つテスト」と呼ぶものがある。ことが起こったあとにある問いを読んだとき、膝を打って「あのときこの点を考えておけば！」と言うなら、それは優れた問いである。

トーマス・フリードマンが二〇〇二年九月にそんな問いを発している。「サダム・フセインを倒し、イラクに民主主義を復活させようとするブッシュ大統領の計画を思うとき、一つの問いが頭を離れなくなる。イラクが今のような状況になったのは、サダム・フセインがあのような人間だからか。あるいはサダム・フセインがあんな指導者になったのは、イラクがそういう国だからか。つまりイラクが冷酷無残な独裁者の率いる全体主義国家になったのは、同国の実態がアラブ版ユーゴスラビアともいうべき部族主義の強い人工国家だからなのか。あるいはすでに本物の国家へと統合が進み、フセインの暴力支配が優れた指導者に変わるだけで、有能で教育水準の高いイラク国民は徐々に民主的な連邦国家を創りあげるのだろうか⑮」

フリードマンの問いかけは、イラクを悲惨な混乱に陥れた激しい宗派対立など、二〇〇三年のアメリカの侵攻後に起きた事態の重要な要因に光を当てるものだった。つまり「膝を打つテスト合格」の問いかけに他ならない。特にこれが注目に値するのは、フリードマンはその後イラク侵攻の熱心な支持者になったからだ。侵攻後の事態の展開を、おそらくかなり違うものになると予測していたのだろう。

超予測者は超設問者でもあり、その逆もまた真なりと思いたくなるが、実際のところはわからない。むしろこれまでの研究結果から推測すれば、おそらくそうではないだろう。理想的な超予測者に求められる心理的特徴は、理想的な超設問者に求められるものとはかなり違いそうだ。というのも優れた問いを生み出すには、ハリネズミ型予測者の特徴である明確さと、自分の思考回路に照らせば事象の根本原因は明らかであるという自信が必要だからだ。これは優れた予測力の特徴である、キツネ型の折衷《せっちゅう》的思考や不確実性への敏感さとはまるで違うマインドセットである。

こう考えると、フリードマンのような人々の分析に対する見方が変わってくる。たとえばフリードマンが二〇一四年一二月に、石油価格急落の波及的影響について書いたコラムを見てみよう。

「前回石油価格が長期にわたって大幅に下落したのは一九八六年から九九年で、それは石油依存度の高い国家やその資金力に依存していた勢力に重大な影響を及ぼした。ソビエト帝国は崩壊し、イランでは改革派大統領が選出され、イラクはクウェートに侵攻した。ソ連とアラブの富豪というスポンサーを失ったヤセル・アラファトはイスラエルを承認した。これも影響のほんの一部に過ぎない」。ここからフリードマンはどんな結論を導きだしたのか。「現在の石油価格低迷が長引けば、再び多くのサプライズが起こるだろう」。例として石油依存度の高いベネズエラ、イラン、ロシアを挙げている。[16]

時間軸もサプライズの内容も不明確な、曖昧な警告である。予測としてはあまり役に立たない。フリードマンについて、リスクをとっているように見せかけて実はまったくとらない、名は売れているが信用できない評論家という評価があるのはこのためだ。だがこのコラムは予測ではなく、先を読もうとする人々に本当に注目すべき点に目を向けさせようとする試みと見ることもできる。要するに答えではなく、問いかけなのだ。

超予測者の予測能力がフリードマンのそれより優れているか否かはわからないし、ここでは重要でもない。超予測者と超設問者は互いの弱みとされる部分に注目するのではなく、互いに補完しあう強みを持っていることを認めるべきだ。フリードマンの発する刺激的問いかけは、超予測者が予測を研ぎ澄ませるのに役立つ。反対に超設問者は超予測者が入念に導き出した予測を使って、自らの現実に対するとらえ方を調整し、場合によっては大きく変える必要がある。本書の冒頭で挙げた「トム・フリードマン対ビル・フラック」というとらえ方は、誤った二項対立である。必要なのは「トムとビルの協調」だ。

これがなかなか難しい。だが私は、それよりはるかに重要な協調を実現したいと思っている。それが研究の究極の目標と言ってもいい。予測トーナメントという手段を使って政策論議の無用な二極化を防ぎ、社会全体がより賢くなることを、私は望んでいる。

最後の提案

二〇一四年一〇月、ブルームバーグの記者がとても気の利いた試みをしてくれた。第3章で触れた書簡、つまり二〇一〇年一一月にベン・バーナンキFRB議長に送られた、「FRBの計画している資産購入は、ドル下落とインフレを招くおそれがある」という書簡に署名した人々に連絡をとったのだ。バーナンキ議長は警告を無視して資産購入を実施した。それ以降ずっとドルは下落せず、インフレ率も上昇しなかった。書簡に署名した人々は誤っていたという批判も多く聞かれたが、私は第3章で述べたとおり書簡の文言があまりに曖昧なので、そう断定はできないと考えていた。

私が第3章を書き上げた数カ月後、ブルームバーグの記者は書簡に署名した人々に、その内容について今の考えを聞かせてほしいと依頼した。回答を寄せた人々は一様に、自分たちは正しかったと答えた。今でも一言《いちごん》も変えるつもりはない、と。

その理由は大きく二つに分かれた。一つは予測が誤っているように見えるのは、そう批判する人々が誤った指標を見ているからである、というものだ。金融評論家のジェームズ・グラントはこう語った。「スーパーのレジでは感じないかもしれないが、ウォール街ではかなりのインフレが起きていると私は考える」。二つめは書簡の文言を慎重に読めば、誤りだと証明されていないことは明らかだという主張だ。『おそれがある』という言葉、そして期日がないことに注目してほしい。ドル下落とインフレのリスクは今でもある」とニーアル・ファーガソンはブルームバーグに語った[17]。

ここには今日《こんにち》の社会的論議のありかたのどこがまずいのかが凝縮されている。

二〇〇八年から〇九年にかけての深刻な経済の混乱によって、激しい政策論議が沸き起こったのを覚えているだろうか。対立したのはケインズ派と緊縮財政派である。ケインズ派は中央銀行による積極的介入と政府による大規模な赤字財政支出を訴えた。一方、緊縮財政派は緊縮政策、すなわち政府支出の削減を求め、ケインズ派の政策はインフレと通貨下落を招くと警告した。最終的な各国政府の対応は、折衷的なものだった。一部の国ではケインズ派の意見のほうが取り入れられ、他の国では緊縮派が勝利した。そして何年かが経過した今、何をすべきか。人々の予測と実際に起きたことを比較し、誤っていた人はそれを認め、意見を修正すべきである。きわめて当然の話だ。J・M・ケインズも言った（とされるが実際には言っていない）。「事実が変化したら私は意見を変える。あなたは？」

だが現実は違う。人は自分の意見をめったに変えない。緊縮派であったミネアポリス連銀総裁が、その後の状況を見てケインズ派のほうが正しかったと公《おおやけ》に認めたときには、「エビデンスに応じて意見を変えた者がいる！」という驚きからニュースになったほどである。二〇一四年にブルームバーグの記者が二〇一〇年のFRB議長への書簡をフォローアップしたときには、署名した人々にそうした姿勢は見られなかった。書簡の内容に問題があると言っているわけではない。それは私の専門外だ。問題があるのはプロセスだ。二〇一〇年に彼らは書面で、バーナンキ議長が政策を実行に移せば、特定の結果につながると警告を発した。一方、そうした見方に強く反発した人々もいた。それから四年が経過しても、どちらも譲らない。それは双方にとって不満の残る状態だろう。

この間《かん》の出来事から教訓を引き出そうとする試みはあったが、その多くはむやみに好戦的であった。ポール・クルーグマンはノーベル経済学賞の受賞に加えて《ニューヨーク・タイムズ》という絶好の発言の場を得たことで、ケインズ派の代表的な論客となったが、彼のコラムでは自らと違う立場をとる人々の予測の誤りをあげつらい、それを認めないことを批判するのが定番テーマとなっている。

クルーグマンの敵も反撃した。ニーアル・ファーガソンはクルーグマンの予測の失敗例とされるものを列挙する三ページにもわたる文書を発表した。どちらも相手の過去の予測を調べあげ、誤りを探し、自らへの攻撃をかわしつつ相手を非難するといった、不毛な応酬が続いた。クルーグマンやファーガソンのファンにはワクワクする光景かもしれない。だが社会が全体として賢明になることを望む人々から見れば、時代を代表する知識人同士の議論というより、男子学生寮対抗の大食い競争のようなばかばかしいケンカにしか見えない。優れた見識を持つ人々が重要な問題を議論しているのに、誰もが自らの立場を守るのに汲々《きゅうきゅう》として、新たな学びは何も得られていないようだ。

もっと良い方法があるはずだ。ダニエル・カーネマンとゲーリー・クラインの「敵対的協業」を思い出してほしい。二人の心理学者は互いに矛盾する理論によって名声を得たので、相手の理論を自らに対する脅威ととらえてもおかしくなかった。だが二人は科学の基本ルールに従って闘うことを誓い、自分たちの見解がなぜこれほど違うのか、両者の折り合いをつける方法がないかをともに議論することにした。同じことが予測という分野でもできるはずだ。

「ケインズ派対緊縮財政派」といった議論が生じたら、双方の主要な論客が信頼できる第三者を挟んで協力し、意見が対立する点はどこか、どのような予測を立てればそれぞれの意見を効果的に検証できるかを話しあえばいい。ここでカギを握るのが精緻さだ。緊縮派が政策はインフレにつながり、ケインズ派がそうはならないと主張するところまではわかったが、どの程度のインフレなのか。それはどの指標で測るのか。時間軸は？　そこから曖昧さがとことん排除された予測のための質問が生まれる。

キャンバス上のたった一つの点では絵にはならないのと同じように、単一の予測では込み入った理論上の意見対立の解決にはならない。たくさんの質問と質問クラスタが必要だ。もちろんたくさんの質問に答えれば、どちらの立場もいくつかの予測は正しく他は不正解となり、最終判定は有名人の予測にありがちな新聞の大見出しを飾るような劇的なものにはならないかもしれない。だがソフトウェア技術者の言葉を借りれば、「それは仕様であって、バグではない」

主要な意見が完全に誤っていることはめったにない。予測を比較した結果、引き分けという判定が出れば、現実は双方が考えていたよりはるかに複雑であったことがわかる。自己満足ではなく学ぶことが目的ならば、それは前進である。

一つ看過してはならないのは、カーネマンとクラインの協業は互いの誠意を前提としていた点だ。どちらも自分の正しさが証明されることを望んでいたが、それ以上に真実を求めていた。残念ながら公《おおやけ》の場の喧噪のなかでは、耳障りな大声が議論を支配し、参加者は敵対的協業にはまるで興味がない。だからといって議論に加わっているのは公の場のやかましい面々だけだという皮肉な思い込みは避けよう。彼らの声しか聞こえないのは声が一番大きいから、そしてメディアが拡声器で声を張り上げる人々を優遇するからだ。だが声は小さくても、もっと理性的な人々もいる。そうしたなかから異なる見解を持つ人々と進行役を集め、明確な検証方法を考えてもらおう。自らの見解を否定する結果が出たとき、事実を捻《ね》じ曲げて正当化しようとする人もいるかもしれないが、それは社会的評判を落とすことになる。「私は間違っていた」と正々堂々と認める者もいるだろう。だが何より重要なのは、このプロセスを通じて誰もが検証を見守り、結果を確認し、少し賢くなれることだ(18)。われわれに必要なのは、予測の評価に本気で取り組むことである。

結びに

本書の原稿がほぼ仕上がり、第1章をビル・フラックに見せたところ、「生粋《きっすい》のネブラスカ人」という私の表現は必ずしも正確ではないと指摘された。自分の生まれはミズーリ州カンザスシティで、家族とともにネブラスカ州に引っ越してきたのは七歳のときだったという。この場合「生粋」という表現が妥当かどうかは、どの辞書を引くかによって変わる。ビルを小事にこだわる男と思うかもしれない。だが私はそこに精密さを見る。それこそビル・フラックが超予測者である理由の一つだ。

別の例を挙げよう。ビルは自分がダボスに招かれるべきだとは思わない。「ファナティスタンという国があったとして、僕はまずその首相が誰かをググるところから始めなければならない。ダボスの席は、メモがなくてもファナティスタンの政治経済から人口動態までとうとうと説明し、首相と軍の最高司令官が不仲なのは首相の義理の兄が最高司令官の娘の結婚式で飲みすぎて醜態を演じたからだといったこぼれ話まで語れる人のためにある」。ここから何が読み取れるだろうか。そう、知的謙虚さである。ビルは自分が何を知らないかをわかっており、それを知っている人々に敬意を払う。「トーマス・フリードマンのような人々はそんな深い知識を持っており、だからこそ貴重な存在なんだ」

だがビル・フラックには現実世界にかかわる難しい問題の予測において傑出した実績があり、ブライアー・スコアがそれを証明している。「トーマス・フリードマンのような人々」にはそれがない。ビルのような立場になれば自惚《うぬぼ》れる人もいるかもしれないが、ビルは違う。専門家をバカにするのではなく活用する。

「もちろん僕の目的に有用な専門家もいれば、有害な人もいる。有害なのはなんの根拠も示さずに予測を出し、聞き手にそれをシナイ山から降り注いだ神のお告げのように拝聴することを期待する人、あるいは予測の裏づけとして有益な事実ではなく個別の逸話を出す人だ。一方、有用な専門家は自らの予測の根拠を説明する。たとえて言えば法廷弁護士のようなものだ。『Xという事象が起こる』という説得力のある根拠を説明する。僕は全員の主張に耳を傾け、必要ならその背景をさらに調べ、さまざまな見解に重みづけをしながら自分の予測を立てる」

自分とトーマス・フリードマンのような人々が補完しあえば、「トンボの視点」が生まれるというビルの考えに私も同意する。そして法廷という比喩を使った彼に倣《なら》って、私は野球の比喩を使いたい。フリードマンのような全体戦略を考えるのを得意とする人々がバッターボックスに立ち、自分の打率とビルのような超予測者のそれとを比較させてくれることはおそらくないだろう。だが良い打者になりたいというプレーヤーに、予測のための優れた問いを投げてほしいという依頼には快く応じるかもしれない。フリードマンは二〇〇二年にはイラクについてすばらしい問いをいくつも投げかけ、二〇一四年にも石油国家についてなかなかトリッキーな球を投げた。

ビルは自分がすばらしいバッターでありつづけるという保証などないことはわかっている。質の高い球さえ飛んで来れば、予測の質が高まるわけではないことも。歴史にはどうしても不確実性が高まる時期、すなわち実力より運がモノを言う時期というのが頻繁にあり、スランプは避けられない。統計学の原則をおとなしく受け入れ、平均への回帰に賭けるべきタイミングもある。

そんな逆境に直面したとき、ビルはどう対応するだろうか。「そういった可能性は十分意識しているよ。ここまでの成功は運による部分もあることはわかっている」とビルは言う。運は反転することもある。「自信過剰な予測がはずれ、ブライアー・スコアが一気に低下することもあるだろう。それがいくつか重なれば、最高のシーズンが一転して最悪になることもある。だからといって『それなりに有能な超予測者』という自己イメージが崩れ去ることもないだろうが、少し慎重になり、極端な予測はしなくなるかもしれない。もちろん僕にとって良い薬になると思う。ブライアー・スコアは自信過剰なのか過少なのかというフィードバックを与えてくれるので、それに対応して予測行動を修正すればいい(1)」

ここには「挑戦、失敗、分析、修正、再挑戦」のサイクル、そして努力し、自らを磨きつづけようとするやり抜く力の大切さが見事に表現されている。ビル・フラックは「永遠のベータ」だ。そしてそれも彼が超予測者である所以《ゆえん》なのだ。

お誘い

本書で超予測者と「優れた判断力プロジェクト」に興味を持たれたら、ぜひわれわれのプロジェクトに加わっていただきたい。予測力を磨きながら、科学的研究に貢献できる機会だ。詳しくはウェブサイト（www.goodjudgment.com）を参照してほしい。

付録　超予測者をめざすための一〇の心得

この手引きは本書のなかで、あるいは予測コンテスト参加者の正確性向上のために実験的に実施された訓練のなかで伝えられた主な項目を簡潔にまとめたものだ。ウェブサイトにさらに詳しい説明を載せている(www.goodjudgment.com)。

(1)トリアージ

努力が報われそうな質問に集中しよう。簡単な「時計型」の質問(単純な経験則を当てはめれば正解に近づけるもの)、あるいはどうにも見通せない「雲型」の質問(凝った統計モデルを使っても、正解率はチンパンジーの投げるダーツ並み)に無駄に時間をかけるべきではない。難易度が適度な範囲に収まっている質問に集中すれば、努力に対して最も大きな見返りが得られる。

たとえば「一二年後の二〇二八年のアメリカ大統領選挙で誰が勝つか」を今予測するのは不可能だ。挑戦するだけ無駄である。一九四〇年の時点で、一二年後の一九五二年の大統領を占うことができたと思うだろうか。当時アメリカ陸軍の無名の大佐だったドワイト・アイゼンハワーが正解だとわかったはずだと思うなら、心理学者もびっくりの深刻な後知恵バイアスに毒されているのではないか。

もちろんトリアージ（選別格付け）の判断は、身近なテーマほど難しくなる。二〇一五年三月の段階で二〇一六年の大統領選挙の勝者を占うのに、どれくらいの自信を持つことが妥当だろうか。単純に考えれば、自信満々というほどではないが二〇二八年の選挙と比べればはるかに大きいはずだ。少なくとも二〇一六年については出馬しそうな候補者を何人かに絞り込むことができる。二〇二八年の候補者の多くが（アイゼンハワーのように）今は無名であることを思えば、ずっとましである。

結果の予測がきわめて困難という評価が定着している分野（石油価格や為替相場など）もあるが、たいていはしばらく予測に取り組んでみるまで、分析が順調に進むかなど予測の難易度はわからない。だからこの段階で起こりやすい二つの基本的な失敗を頭に入れておこう。一つは予測可能かもしれない事柄を予測しようとしないこと、もう一つは予測不可能な事柄を予測しようとすることだ。あなたが今直面している状況では、どちらの失敗のほうがダメージは大きいだろうか。

（2）一見手に負えない問題は、手に負えるサブ問題に分解せよ

エンリコ・フェルミの遊び心と厳密な思考を思い出そう。フェルミは世界初の原子炉を開発する合間に、「宇宙には地球以外の文明がいくつ存在するか」といった難問・奇問の答えを予測するのを楽しんだ。問題を知りえる要素と知りえない要素に分解しよう。無知をさらけ出し、自らの仮説をはっきりさせ、吟味しよう。誤ることを恐れず、できるだけ頭を使って推測しよう。曖昧な言葉で問題を覆い隠すより、誤りは早いタイミングで見つけたほうがいい。

超予測者にとって、フェルミ推定は予測作業の一部だ。そうしなければアラファトの遺体解剖、鳥インフルエンザの大流行、石油価格、ボコ・ハラム、アレッポの戦闘、債券の利回り格差《イールドスプレッド》について予測することなどできない。

フェルミ推定を最も数量化にはそぐわない恋愛というテーマに応用した例もある。ロンドンの孤独な独身男性ピーター・バッカスは身近にいる女性パートナー候補を大胆に予測してみた。ロンドンの人口を母集団とし（約六〇〇万人）、それを人口に占める女性の割合（約五〇％）、独身者の割合（約五〇％）、適切な年齢層の割合（約二〇％）、大卒者の割合（約二六％）、自分が魅力的と感じる割合（わずか五％）、自分を魅力的と感じてくれる割合（わずか五％）、両者の相性が良い割合（約一〇％）で絞り込んでいった。最終的に母集団のなかでおよそ二六人が候補者となり、おそろしく少ないが探せないわけではないという結論になった[1]。

真の愛にかかわる問題に客観的に正しい答えはない。だが超予測者がＩＡＲＰＡトーナメントで生み出したフェルミ推定に基づく予測の正確性は、採点によって検証されている。きわめて粗削りな仮説と大胆な推測から生まれる確率予測の正確さは、驚くほどである。

(3) 外側と内側の視点の適度なバランスを保て

超予測者は「太陽の下に新しいものなし」とわかっている。一〇〇%「唯一無二」なものはない。言葉の定義にうるさい人には申し訳ないが、唯一無二かどうかは程度の問題である。だから超予測者は、大物テロリスト(ジョセフ・コニー)が見つかるか否か、ギリシャの新たな社会主義政権と同国の債権者の対立の行方といった一見唯一無二と思われる事象についても、比較対象を探してみる。超予測者は外側の視点を確認するために「この手の事象がこの手の状況で発生する頻度はどれくらいなのか」と自問する習性がある。

元アメリカ財務長官でハーバード大学教授のラリー・サマーズも同様だ。サマーズは「計画のまやかし」をよく知っている。上司にプロジェクトの見通しを聞かれた部下は、たいてい所要期間を二分の一、三分の一程度に少なく見積もる。サマーズは自分の部下も同様だと考えた。元部下の一人でいまや自身も有名な経済学者となったグレゴリー・マンキューは、サマーズの対応法をこう語る。常に部下の見積もりを二倍に増やし、さらに時間の単位を一つ上げるのだ。「たとえば調査助手が『この仕事には一時間かかる』と言えば、二日ということ。『二日』と言えば、四週間かかるということだ」(2)。オタクの喜びそうなジョークである。サマーズは、予測を立てるときに外側の視点に立てないという部下の弱点を、部下の予測に対する外側の視点をとることで克服し、おかしな修正係数まで発明したのだ。もちろん部下が予想に反して申告どおりの期日までに仕事を仕上げれば、サマーズは修正係数を調整するだろう。外側の視点に基づく部下の期日遅れに対する予測を、その部下は例外であるという内側の視点に基づく新たなエビデンスに応じて修正するのである。そうは言ってもわれわれはみなそれなりに唯一無二な存在なのだから。

（4）エビデンスに対する過少反応と過剰反応を避けよ

優れた予測を立てるうえで意見のアップデートは、歯の健康における歯磨きとフロス仕上げのようなものだ。退屈で、ときには面倒だが、長期的な見返りは大きい。とはいえ意見のアップデートが必ずしも簡単だとは思わないほうがいい（ときには簡単なこともあるが）。巧みなアップデートにはニュースの奔流のなかから微妙なシグナルを読み取る能力が必要だ。同時に希望的観測に引きずられないよう常に注意しなければならない。

優れた予測者は、一般人より先に有力な手がかりを見つけ出す方法を心得ている。対象が北極海の氷の面積であっても朝鮮半島の核戦争であっても、それが起こる必要条件にかかわるちょっとした先行指標に目を光らせる。気をつけなければならないのは、ほかの人々が気づく前に小さな手がかりを見つけるのと、誤った手がかりに踊らされることの差はわずかだということだ。中国の国営メディアに北朝鮮に関する批判的記事が載ったのは、中国が北朝鮮政府を締めつけようとする兆しなのか、それとも編集部の手違いに過ぎないのか。最高の予測者は確率四〇%から三五%へ、あるいは六〇%から六五%へといった具合に、アップデートを小刻みにする傾向がある。「かもしれない」や「可能性がある」といった曖昧な表現ではとらえられない微妙な差だが、長期的に見ればこれが「優れた予測者」と「最高の予測者」を分ける。

ただ超予測者は、ときには重要なシグナルにすばやく対応するために予測を一気に動かすすべも心得ている。彼らは完璧なベイズ理論の実践者ではないが、一般人よりはずっと優れている。それはこの能力の重要性を理解し、磨きあげる努力を怠らないからだ。

(5) どんな問題でも自らと対立する見解を考えよ

優れた政策論争では、少なくとも頭には入れておくべき反論が常に存在する。たとえばあなたが軍事行動をちらつかせることは決して平和につながらないと信じる熱心なハト派なら、イランについては必ずしもそうではない可能性に耳を傾けるべきだ。同じアドバイスが、なまぬるい融和策が絶対に成功することはないと信じるタカ派にも言える。どちらも主張を固める前に、どんな兆候があれば自らの意見を逆方向に修正すべきか考えてみるべきだ。

本当に難しいのはここからだ。古典的な弁証法では、定立（テーゼ）と反定立（アンチテーゼ）が出会い、総合（ジンテーゼ）が生まれる。トンボの目では、一つの視点が別の、そのまた別の視点と出会い、それが単一のイメージに統合される。そこには確立された方法論はない。統合はさまざまな主観的判断を融和させる技だ。習熟すれば、統合のプロセスを通じて典型的ハト派やタカ派ではなく、強硬型と融和型の戦術のどちらがうまくいきそうか状況に応じて見きわめられる珍種のハイブリッド「ハトタカ」になれるだろう。

（6）問題に応じて不確実性はできるだけ細かく予測しよう

世の中には絶対確実、あるいは絶対ありえないということは少ない。また「どちらとも言えない」という言葉は何も言っていないのに等しい。だから不確実性について、頭のなかに三つ以上の選択肢を持とう。細かなニュアンスが重要だ。不確実性の段階を細かく区別できるほど、予測の質は高まるだろう。ポーカーと同じで、「60対40」と「40対60」、あるいは「55対45」と「45対55」のベットの違いを敵よりもうまく見きわめることができれば優位に立てる。曖昧な言葉で語っていた直観を数値的確率に転換するのは当初違和感があるかもしれないが、できるようになる。忍耐と練習が必要なだけだ。超予測者がそれは可能であることを証明している。

たいていの人はそれほど時間をかけなくても、不確実性について細かい刻みで考える習慣を身に着けられるはずだ。オバマ大統領がアボッターバードの壁に囲まれた屋敷の謎めいた住人がウサマ・ビンラディンか見きわめようとしていたエピソードを思い出してほしい。情報分析官らの予測した確率と、それに対する大統領の反応も。「五分五分だな。コイン投げのようなものだ」

ここで視点を変え、オバマ大統領がバスケットボール仲間と話している場面を想像しよう。みんなで大学チームの試合結果を予測したとする。それぞれが挙げた確率は、ウサマ・ビンラディンの居場所について情報分析官が挙げた数字と同じだとする。それでも大統領は「五分五分」と言うだろうか。それとも肩をすくめて「みんなの話を聞いていると、確率は三対一から四対一のあいだといったところだな」と言うだろうか。私は後者だと思う。大統領はスポーツの世界では細かい刻みで考えることに慣れている。毎年プロの統計学者も本気で勝率予想に取り組むバスケットボール・トーナメント「マーチ・マッドネス」では、大統領も勝者を予測するのを楽しんでいる。しかし民主党、共和党を問わず過去の大統領がみなそうであったように、オバマ大統領も同じ厳密さを国家の安全保障にかかわる意思決定には適用しない。なぜか。それは異なる領域の思考には、異なる規範が適用されるからだ。スポーツの世界では複雑な直観を数値的確率に置き換えることが広く行なわれているが、国家安全保障についてはそうではない[3]。

厳密な思考プロセスを用いるのを、些末な問題だけに限定するのはやめよう。ジョージ・W・ブッシュ政権が、スポーツ界の確率予測では当然のように求められる厳正な根拠や証拠を要求していたら、ジョージ・テネットCIA長官が大量破壊兵器の存在は「スラムダンク

（絶対確実）」と言い切ることはなかっただろう。スラムダンクは上限なしのオッズをオファーすること、つまり予測が外れたらすべてを失うことを意味する。

（7）自信過少と自信過剰、慎重さと決断力の適度なバランスを見つけよう

超予測者は拙速に判断に飛びつくリスクと、いつまでも「どちらとも言えない」のあたりをうろうろしているリスクの両方をわきまえている。決断力を発揮するタイミング（煮え切らない指導者についていく者はいない）と自己主張を抑えるべきタイミング（他人の意見に耳を傾けない指導者には誰も従わない）の切り替えを常に意識している。長期間にわたって正確性を維持するには、予測の正確さと明確さの両面で高スコアをとる必要があり、世間の非難に応じて予測のスタンスをころころ変えるようではいけない。直前の失敗を避けるよう努力するだけでは不十分だ。この気まぐれな世界で可能なかぎり予測の正確さを高めていくには、兆候を見逃す、虚報を発するという二種類の予測ミスのどちらも減らす方法を工夫しなければならない。

（8）失敗したときは原因を検証する。ただし後知恵バイアスにはご用心

自分の失敗を正当化したり言い訳をしたりするのはやめよう。しっかり向き合うのだ。決

然と事後分析に取り組もう。具体的にどこで誤ったのか。そして最もありがちな過ちは、失敗から十分に学ばず、基本的仮説に誤りがあったのを見逃すことだが、失敗から学びすぎるのも問題だと頭に入れておこう（基本的な考え方は間違っていなかったが、細かい技術的ミスが命取りとなったのかもしれない）。また成功したときもしっかり事後分析しよう。すべての成功があなたの思考プロセスが正しかったことを示しているわけではない。たまたま誤りが打ち消しあって、良い結果が出ただけかもしれない。自信満々に同じ方法を続けていると、手痛い失敗につながりかねない。

(9) 仲間の最良の部分を引き出し、自分の最良の部分を引き出してもらおう

高度なチーム・マネジメント技術を身につけよう。特に重要なのが、相手の立場を理解すること（相手の主張を深く理解し、相手が満足するほど自分の言葉で再現できる）、正確な問いかけ（相手が誤解されないように、その主張内容を明確にする手助けをする）、そして建設的対立（相手を不快な気持ちにさせずに異論を述べること）である。

賢明なリーダーは、有益な提案とマイクロマネジメントの違い、あるいは硬直的組織と決断力のある組織、焦点の定まらない組織と柔軟な組織との差がいかに微妙なものかを理解している。ロサンゼルス・ドジャースの元コーチ、トミー・ラソーダがうまい表現をしている。「マネジメントは鳩を手に抱くようなものだ。強く握りすぎると殺してしまい、緩く握りす

ぎると逃げられてしまう」[4]

(10) ミスをバランスよくかわして予測の自転車を乗りこなそう

ここまで挙げた心得を実践するには、対になったミスをバランスよくかわすことが必要だ。物理学の教科書を読んでいるだけでは自転車に乗れるようにならないのと同じで、訓練の手引きを読んでいるだけでは超予測者にはなれない。何かを習得するには実際にやってみる必要があり、そこにはうまくいっているのか（「順調に前進しているな！」）、いないのか（ガシャン！）、はっきりわかるようなフィードバックが必要だ。また練習とは単に予測を立てる動作をなぞったり、適当にニュースを見て確率をはじきだしたりすることではない。どんな専門能力を身につけるときも同じだが、超予測力は真剣かつ意識的練習から生まれる。

(11) 心得を絶対視しない

ヘルムート・フォン・モルトケはこう警告した。「まったく同じ状況は二つとないのだから、絶対的ルールを定めるのは不可能だ」[5]。戦争に限らず、これは何事にも通じる。確実なことや同じことの繰り返しが一切ない現実世界に対処するために作れるのは、絶対的ルールではなく、せいぜい手引きだ。超予測者にはここに挙げた心得を忠実に実践しようとしているときでさえ、むしろそういうときにこそ、自らのふるまいに自覚的であることが求められる。

謝 辞

本書は一人称で執筆したが、優れた判断力プロジェクトは紛れもなく共同作業の産物である。研究パートナーのバーバラ・メラーズは、私の人生のパートナーでもある。このプロジェクトが始まったのは、ちょうど私たち夫婦が愛娘ジェニーを失うという悲劇に見舞われたころで、本書は娘に捧げる。このやりがいのあるプロジェクトが、娘を失った空白を埋めてくれた。本書のメッセージが人々の心に届けば、このとんでもない世界が多少なりとも健全な方向へ向かう可能性があるとわれわれは信じている。

本書の主な立役者を挙げていくと、相当な数になる。テリー・マレーとデビッド・ウェイリネンがいなければ、プロジェクトは何度も頓挫していたはずだ。スティーブ・リーバーとジェイソン・マセニーがいなければ、巨人ゴリアテのような官僚機構であるインテリジェンス・コミュニティが、ダビデのような弱小研究者たちに資金を出してくれることもなかっただろう。ライル・アンガー、アンジェラ・ミンスター、デビッド・スコット、ジョン・バロン、エリック・ストーン、サム・スウィフト、フィリップ・レスコバー、ヴィーレ・サトパーの統計学の知識やプログラミング力がなければ、われわれがＩＡＲＰＡの予測トーナメントに勝利することはなかったはずだ。マイケル・ホロウィッツ率いる出題チーム（カティ・コクラン、ジェイ・ウルフェルダー、アリソン・ボールズ、ジャンナ・ラッポポート、レジーナ・ジョセフ）の政治科学における深い知識なくして、トーナメントにこれほど多くのシナプスを刺激する質問が出されることはなく、次世代のトーナメントをよりおもしろく有益なものにする道筋も今ほどはっきりとわからなかったはずだ。テリー・マレー、エバ・チェン、トム・ホフマン、マイケル・ビショップ、キャサリン・ライトがいなければ、プロジェクトの運営はカオスに陥っていただろう。

博士課程修了の研究者と大学院生のなかでも、プロジェクトのためにあらゆる努力を惜しまなかったエバ・チェンの献身と意欲は特筆に値する。パヴェル・アタナソフとフィリップ・レスコバーは予測市場の運営で中心的役割を果たした。エバとパヴェル、そしてカトリーナ・フィンチャーとウェルトン・チャンは、教育によって実用的な予測能力を身につけさせられるという実例になってくれた。これはすばらしい発見である。

そして本書の草稿にコメントを寄せてくれた友人と同僚にも感謝したい。ダニエル・カーネマン、ポール・シューメーカー、テリー・マレー、ウェルトン・チャン、ジェイソン・マセニー、アンジェラ・ダックワース、アーロン・ブラウン、マイケル・モーブッシン、カトリーナ・フィンチャー、エバ・チェン、マイケル・ホロウィッツ、ドン・ムーア、ジョン・カッツ、ジョン・ブロックマン、グレッグ・ミッチェル、そして言うまでもなくバーバラ・メラーズに心から感謝している。

最後に三つ、感謝したいことがある。まずは長く苦楽をともにしてくれた共著者のダン・ガードナーと編集者のアマンダ・クックに。私が書きたかったことを、私ひとりではとてもできなかったような文章にまとめるのを手伝ってくれた。二人は二年にわたり、基本的にはとてもシンプルなことを敢《あ》えて「小難しく」しようとする私の職業病と闘い、たいていは幸いにして彼らが勝利した。小難しいのがお好みの方々はぜひ巻末の注を参照してほしい。次に「ダビデ対ゴリアテ」とも言うべき予測トーナメントに資金を出すというIARPAの大胆な決断がなければ、超予測者を発見することはできなかった。このような完全公開のトーナメントを認め、その結果について研究者が論文を発表することに何の制約も課さないような情報機関が、地球上にほかに存在するとは思えない。そして最後にもちろん、超予測者のみなさんに感謝したい。ここに名前をすべて挙げることはできないが、彼らがいなければ本書が誕生することもなかった。優秀な人々が自らの限界に挑戦したときどれほどのことが可能になるのか、彼らは身をもって示してくれた。その成果はわれわれの想像を超えていた。次は本書の読者の刺激となり、予測能力を磨こうという意欲を奮い立たせてくれることを期待したい。

フィリップ・テトロック

フィリップの謝辞に全面的に同意するとともに、感謝する方々のリストにフィリップの名を加えたい。セント・ポール大聖堂の再建を担った建築家クリストファー・レンの墓標に刻まれた言葉とともに。「汝の創りしものを見よ」

さらにすばらしい女性四人の名前を加えたい。アマンダ・クック、私の妻、母、そしてエリザベス女王である。アマンダは本書の編集者であり、彼女の驚くべき忍耐力と粘り強さがなければ本書が日の目を見ることはなかった。同じことが妻サンドラについても言える。彼女がいなければ私は何もできない。そして私を生んでくれた母ジューンなくして、私が本書の制作にかかわることもなかった。そしてなんといっても女王は女王である。御代《みよ》の長からんことを。

ダン・ガードナー

訳者あとがき

「見通しが甘かった……」。仕事でもプライベートでも、そう言ってほぞをかんだ経験のない人はおそらくいないだろう。もっと先を読む力があれば、他の人より早く正確に将来を見通す力があれば、人生の想定外が減り、成功や幸せをたぐりよせることができるのではないか。みなさんが本書を手に取られたのは、そんな期待からかもしれない。その一方で疑念も抱いておられるのではないか。将来を予測する力というのは、特別な水晶玉を持って生まれた幸運な人だけに備わった才能ではないか、と。本書はその期待と疑念の双方に、明確な答えを提示する。

本書『超予測力』（原題は *Superforecasting*）の土台となっているのは、「ソ連で赤軍がパレードをしていたロナルド・レーガン政権時代」から一貫して予測力を研究してきたペンシルバニア大学教授、フィリップ・テトロックの研究成果である。テトロックの率いる研究チーム「優れた判断力プロジェクト（ＧＪＰ）」は、二〇一一年から一五年までアメリカ国家情報長官直属の組織であるＩＡＲＰＡが主催した予測トーナメントに出場、圧倒的な成績を収めた。予測する内容が「金相場は暴落するか」「朝鮮半島で戦争が勃発するか」といった複雑で重大な世界的問題であったにもかかわらず、ＧＪＰの予測の正確性は他大学の研究チームはもちろん、ＣＩＡ（中央情報局）などの諜報機関で働くプロの情報分析官のそれさえも上回った。原動力となったのが、テトロックが「超予測者」と名づけた一群のボランティアだ。

超予測者はどのような人々か、彼らはどのように予測を立てるのか、徹底的に分析した結果、テトロックがたどり着いた結論はこうだ。「予測力は生まれつき備わった神秘的な才能などではない。特定のモノの考え方、情報の集め方、自らの考えを更新していく方法の産物である。知的で思慮深く意志の強い人なら、だれでもこの思考法を身に着け、伸ばしていくことができる」。超予測者の流儀をつまびらかにするのが本書であり、二〇一五年のアメリカでの刊行後、「意思決定の領域における、ダニエル・カーネマンの『ファスト&スロー――あなたの意思はどのように決まるか？』以来の秀作」（ウォール・ストリート・ジャーナル紙）などと各メディアで絶賛されている理由はここにある。

超予測者はどこが特別なのか

ＧＪＰにボランティアとして協力した数千人の一般人のうち、上位二％の成績を収め、「超予測者」の称号を得た人々の顔ぶれはさまざまだ。職業は技術者、法律家、芸術家、科学者など多岐にわたり、ウォール街のエリートや大学教授もいれば学生や退職者もいる。傑出した予測力の持ち主というと、おそろしく頭が良いのだろうと思われがちだが、数千人のボランティアの平均と比べて超予測者の知能や知識は格別高いわけではなく、いわゆる天才（ＩＱ一三五以上など）の領域にははるかに及ばない。つまり地頭の良さは超予測力の必要条件でも十分条件でもない。またテトロックは「数学は苦手という超予測者にはまだお目にかかったことがない」とは言うものの、彼らは予測をするうえで複雑な数式を駆使するわけではない。

では彼らのどこが特別なのか。テトロックによると「優れた予測を立てるのに確立された方法はないが、超予測者はだいたい同じ手順を踏む」という。まず質問を分解し、知りえる情報と知りえない情報に選別する。また、一般人が予測すべき事象そのものに注目する傾向があるのに対し、超予測者は事象と距離を置き、それを同じような現象の一つの事例に過ぎないととらえ、発生確率の「基準値」を導き出そうとする。さらには自分の見解をほかの人々の見解などと比較・統合し、結論にまとめる。その後も新たな事実が判明するのにしたがい、予測はアップデートしていく。

詳しくは本文を参照していただくとして、厳密にやろうとするととても手間のかかるプロセスだ。だが、それを繰り返すことで超予測者たちの成績は向上しつづけ、トーナメント開始から四年後には一般のボランティア予測者を六〇％上回るまでになった。一般の予測者の視力を〇・二だとすれば、超予測者のそれは〇・五になる。テトロックはこれを「人生を変えるような変化」と語る。

また超予測者には人生に対する基本姿勢においても、いくつか共通項が見られる。まず知的刺激への欲求（認知欲求）が高く、常に異なる視点に対してオープンであろうとする「積極的柔軟性」がある。また努力をいとわず自らを向上させていこうとする強い意思、いまどきの言葉で言うと「やり抜く力」がある。そして運命論的ではなく「確率論的にモノを考える傾向」がある。事象が起きたときに、それを「そうなる定めだった」ととらえるのか、「さまざまな展開がありえたなかで、特定の条件が重なった結果、たまたまその事象が起きた」ととらえるのか。テトロックの研究では予測者の運命論的思考の度合いと予測の正確性を比較したところ、両者のあいだに有意な相関がみられた。正確に将来を予測するには、さまざまな選択肢を比較検討する確率論的思考が欠かせない。

このような超予測者のモノの考え方の特色は、巻末の付録「超予測者をめざすための一〇の心得」にまとめられている。予測トーナメントの参加者にこの心得を読ませたところ、その後一年間の予測の正確性が一〇％向上したという。わずかな差に思えるが、蓄積すれば人生に大きな違いが生まれるだろう。

予測の正確性に無頓着であることの社会的弊害

とはいえ本書の真の目的は、単に予測力を高めるノウハウを伝授し、読者の人生を豊かにすることではないようだ。テトロックは予測の正確性への鈍感さが、社会全体におよぼす弊害についても鋭く指摘する。

たとえば二〇〇八年の金融危機のあと、政府の積極的な財政支出を支持する「ケインズ派」と、インフレを警戒して緊縮財政を支持する陣営のあいだで激しい対立が起きた。だがそれから何年経っても、結局どちらの言い分が正しかったのか検証されることはない。どちらの陣営も自らの見通しが正しかったと主張して譲らない。テトロックは最大の原因は、世の中で流布する予測の曖昧さにあると見る。「FRB（連邦準備制度理事会）による資産購入はインフレを引き起こすリスクがある」という場合、「インフレ」とはどの程度の物価上昇率を想定し、「リスク」とは何％の発生確率を意味しているのか。曖昧な言葉遣いは予測が外れた場合の隠れ蓑になり、誰もメンツを失わずに済むが、どちらの政策が正しかったのか、社会が教訓を学ぶことはできない。

問題は予測を消費する側にもある。「企業経営者、政府高官から一般人まで、有効性や安全性の確認されていない得体の知れない薬なら絶対に飲まないが、こと予測については行商人が荷台から出してくる不老不死の薬と同じぐらい怪しいものでもさっさと金を払う」とテトロックは指摘する。われわれは自らの予測力を高めると同時に、政治家、評論家、学者など権威とされる人々の予測を無批判に受け入れる前に、「この人物の過去の予測は正確だったのか」と問いかける必要がある。それが空疎な議論を防ぎ、予測と検証のプロセスを通じて社会が賢くなることにつながる。

本書がその一助となることを訳者として祈念している。

本書の翻訳では早川書房の伊藤浩氏、そして校正の労をお取りいただいた林清次氏に大変お世話になった。この場を借りて感謝申し上げる。

二〇一六年九月

文庫版に寄せて

アメリカでドナルド・トランプ氏が大方の予想を裏切って大統領に当選したのは、本書単行本が刊行された翌月だった。以降、世界情勢がますます混迷を深めるなか、予測力研究の第一人者であるフィリップ・テトロック博士の三〇年以上におよぶ研究成果が凝縮された本書の価値は一段と高まっていると言えよう。

博士が研究成果を社会に還元するため、妻で共同研究者のバーバラ・メラーズ博士と二〇一五年に設立した「グッド・ジャッジメント・インク」は、企業の予測力向上支援や超予測者の紹介サービスなど、活発に活動を続けているようだ。ご関心がある方は、本書に登場する「優れた判断力プロジェクト」のウェブサイト（www.goodjudgment.com）を参照していただきたい。

文庫化を機に、『超予測力』をより多くの読者に手に取っていただければ幸いである。

二〇一八年四月

注

第１章　楽観的な懐疑論者

1. なぜあまたの著名な評論家のなかからトーマス・フリードマンを選んだのか。それは単純な計算式の結果、すなわち「評論家の社会的地位」と「評論家の予測のつかみどころのなさ」と「評論家の仕事と世界政治との関連性」の掛け合わせである。スコアが最も高い者が勝つ。フリードマンは社会的地位が高く、彼の将来予測はきわめてつかみどころがなく、しかも彼の仕事は地政学的予測ときわめて関連性が高い。フリードマンを選んだのは、彼の著作への反感からでは毛頭ない。むしろ最終章で述べたとおり、彼の著作には感心している部分もある。フリードマンの予測は絶望的なほど評価にそぐわないが、予測のための質問を生み出すことにかけては傑出した能力を発揮している。
2. ここでもフリードマンが特別だと言うつもりはない。基本的に地球上のすべての政治評論家は同じ行動原理で動いている。将来どうなるかという多数の予測を発しつつ、それを曖昧な言葉で包むことで検証を不可能にしている。「NATO 拡大は獰猛なロシア熊から猛烈な反応を引き起こす可能性があり、新たな冷戦につながることもある」や「アラブの春はアラブ世界のアカウンタビリティを持たない専制政治がまもなく終焉を迎える予兆かもしれない」といった興味深い主張を、どう解釈すればよいのだろうか。この華麗な言葉の羅列においてキーワードとなる「可能性がある」「こともある」「かもしれない」を、どう解釈すべきかという指針は示されていない。「可能性がある」には、「今後 100 年以内に巨大な小惑星が地球に衝突する」という 1000 万分の 1 の確率から、「ヒラリー・クリントンが 2016 年の大統領選で勝利する」という 70%の確率までが含まれる。これでは長期間にわたってさまざまな質問の予測の正確さを追跡するのは不可能だ。またこのような表現をすることで、何かが実際に起きたときには手柄を主張し（「ほら、起こると言っただろう」）、起きなかったときには批

判をかわすことができる（「起こるかもしれない、と言っただけだ」）。本書ではこのような言葉づかいの問題の例を数多く見ていく。

3. これではまるでヤンキースのスターティングメンバーを予測するときには、南スーダンの大虐殺のリスクを予測するときより慎重に検討すべきだとわれわれが考えているようだ。もちろん野球と政治は比較対象として完璧ではない。野球ゲームは標準化された条件下で繰り返し行なわれる。一方政治はルールが歪められ、無効にされることが絶えない独特のゲームである。だから政治予測のスコアをつけるのは、野球の統計データをまとめるよりずっと難しい。ただ「難しい」からと言って不可能なわけではない。むしろ多分に可能である。

 両者を比較することには、別の批判もある。評論家は単に予測をするだけではない、と。事象を歴史的文脈のなかに位置づけ、説明し、政策を主張し、刺激的な質問を投げかける。たしかにそうだが、評論家が多数の暗示的あるいは明示的予測を立てるのも事実だ。評論家がよく使う歴史的事象との比較は、暗示的予測である。たとえばミュンヘン会談は、「ある国に対して融和策をとれば、相手は要求を増やすだけ」という条件的予測を支持する例として使われる。第一次世界大戦は「相手を脅せば対立はエスカレートする」という主張を支持する例として使われる。ある政策を採ることが吉と出るか凶と出るか予測せずに、（評論家の主な仕事である）政策提言をすることは不可能だというのが私の主張である。暗示的予測すら立てない評論家の例を示してくれたら、代わりに無益な禅問答に終始する評論家の例を示そう。

4. 以下を参照。James Gleick, *Chaos: Making a New Science* (New York: Viking, 1987)（『カオス――新しい科学をつくる』大貫昌子訳、新潮文庫、1991年）; Donald N. McCloskey, "History, Differential Equations, and the Problem of Narration," *History and Theory* 30 (1991): 21-36.

5. Pierre-Simon Laplace, *A Philosophical Essay on Probabilities*, trans. Frederick Wilson Truscott and Frederick Lincoln Emory (New York: Dover Publications, 1951), p. 4.（『確率の哲学的試論』内井惣七訳、岩波文庫、1997年）

6. それにもかかわらず、モノをわかっていそうな歴史家でさえ、次のような

壮大な予測を語ったりする。2014年9月7日付《ニューヨーク・タイムズ》のコラムにマウリーン・ドウドが引用した、オックスフォード大学のマーガレット・マクミラン教授のものだ。「21世紀にはさまざまな低次元の、非常に忌まわしい戦争が明白な結果が出ないまま継続し、その過程で多くの市民が悲惨な目に遭うだろう」と。近年の歴史の要約としては優れているが、2083年までの世界予測としては疑わしい。『100年予測』（櫻井祐子訳、ハヤカワ・ノンフィクション文庫、2014年）のような本がいまだにベストセラーになる。この本の著者ジョージ・フリードマンは、資金力のある官民セクターに地政学的予測を販売する会社ストラトフォーのCEOでもある。同書が刊行されてまだ2年しか経っていないが、アラブの春によって中東世界は一変した。それについてフリードマンの本に一言の記載もないところを見ると、残る98年の予測についても疑問を抱かざるを得ない。フリードマンは1991年には『ザ・カミング・ウォー・ウィズ・ジャパン――「第二次太平洋戦争」は不可避だ』（古賀林幸訳、徳間書店、1991年）を発表している。ここではアメリカと日本との戦争を予測しているが、その正しさはまだ証明されていない。

7. お粗末な行ないが蔓延する業界での一抹のプロフェッショナリズムを知るには、以下の文献が参考になる。Nate Silver, *The Signal and the Noise: Why So Many Predictions Fail – but Some Don't* (New York: Penguin Press, 2012)（『シグナル&ノイズ――天才データアナリストの「予測学」』川添節子訳、日経BP社、2013年）; J. Scott Armstrong, ed., *Principles of Forecasting: A Handbook for Researchers and Practitioners* (Boston: Kluwer, 2001); and Bruce Bueno de Mesquita, *The Predictioneer's Game* (New York: Random House, 2009). このような優れた行ないは、これまでのところなかなか広がらない。統計学で教えられる「平均への回帰」といった概念を、学生が卒業後に現実生活で直面するような問題に応用する試みはほとんど行なわれていない。以下を参照。D. Kahneman and A. Tversky, "On the Study of Statistical Intuitions," *Cognition* 11 (1982): 123-41. これは優れた判断力プロジェクトが、超予測者のような思考法を広めていくうえで大きな障害となる。

8. "Bill Gates: My Plan to Fix the World's Biggest Problems," *Wall Street*

Journal, January 25, 2013, http://www.wsj.com/articles/SB10001424127887323539804578261780648285770.

9. B. Fischhoff and C. Chauvin, eds., *Intelligence Analysis: Behavioral and Social Scientific Foundations* (Washington, DC: National Academies Press, 2011); Committee on Behavioral and Social Science Research to Improve Intelligence Analysis for National Security, Board on Behavioral, Cognitive, and Sensory Sciences, Division of Behavioral and Social Sciences and Education, National Research Council, *Intelligence Analysis for Tomorrow: Advances from the Behavioral and Social Sciences* (Washington, DC: National Academies Press, 2011).
10. P. E. Tetlock, B. Mellers, N. Rohrbaugh, and E. Chen, "Forecasting Tournaments: Tools for Increasing Transparency and Improving the Quality of Debate," *Current Directions in Psychological Science* (2014): 290-95.
11. 2013年4月30日の著者とアーロン・ブラウンとの対話より。
12. Paul Meehl, *Clinical Versus Statistical Prediction* (Minneapolis: University of Minnesota Press, 1954).
13. Stephen Baker, *Final Jeopardy* (Boston: Houghton Mifflin Harcourt, 2011), p. 35.
14. 2014年7月8日の著者とデビッド・フェルッチとの対話より。

第2章 「知っている」という錯覚

1. Archibald L. Cochrane with Max Blythe, *One Man's Medicine: An Autobiography of Professor Archie Cochrane* (London: British Medical Journal, 1989).
2. 同前。p. 171.
3. 同前。
4. Druin Burch, *Taking the Medicine: A Short History of Medicine's Beautiful Idea, and Our Difficulty Swallowing It* (London: Vintage, 2010), p. 4.
5. 同前。p. 37.
6. Ira Rutkow, *Seeking the Cure: A History of Medicine in America* (New York:

Scribner, 2010), p. 98.
7. 同前。p. 94.
8. Burch, *Taking the Medicine*, p. 158.
9. 1974年、カリフォルニア州パサデナのカリフォルニア工科大学卒業式でのリチャード・ファインマンのスピーチより。
10. Richard Feynman, *The Meaning of It All: Thoughts of a Citizen-Scientist* (New York: Basic Books, 2005), p. 28.（『科学は不確かだ！』大貫昌子訳、岩波書店、1998年）
11. 同前。p. 27.
12. Cochrane with Blythe, *One Man's Medicine*, pp. 46, 157, 211, 190.
13. Daniel Kahneman, *Thinking, Fast and Slow* (New York: Farrar, Straus and Giroux, 2011), p. 209.（『ファスト＆スロー――あなたの意思はどのように決まるか？』村井章子訳、ハヤカワ・ノンフィクション文庫、2014年）
14. 認知心理学に詳しい読者なら、ヒューリスティック（発見的問題解決法）や認知バイアス理論にも批判があることをご存じだろう。システム1でも驚くほどの正確さを発揮することもある。人間は自然に、意味のない音や光を意味のある言葉に最適なかたちで統合しているように見える。以下を参照。Steven Pinker, *How the Mind Works*, New York: Norton, 1997.（『心の仕組み』椋田直子・山下篤子訳、筑摩書房、2013年）

システム1が失敗につながる頻度について（Gerd Gigerenzer and Peter Todd, *Simple Heuristics that Make Us Smart*, New York: Oxford University Press, 1999）、またWYSIATIの錯覚を克服することの難しさについて（Philip Tetlock and Barbara Mellers, "The Great Rationality Debate: The Impact of the Kahneman and Tversky Research Program," *Psychological Science* 13, no. 5 [2002]: 94-99）は、意見が分かれている。心理学がこのモザイクを読み解くのはこれからだ。それでもヒューリスティックと認知バイアスという考え方が、現実世界で予測を立てる人々が犯しがちな過ちを最もよく表しており、不正解の割合を下げるのに最も有益な手引きになるというのが私の考えである。
15. Michael Gazzaniga, *The Mind's Past* (Berkeley: University of California Press, 1998), pp. 24-25.

16. Ziva Kunda, *Social Cognition: Making Sense of People* (Cambridge, MA: MIT Press, 1999).
17. Kahneman, *Thinking, Fast and Slow*, p. 212.
18. 選挙のときにはまさにこのようなことが起こる。再選をめざす現職大統領について有権者が知りたいのは「1期めは良い仕事をしたのか」だ。よく考えると、これは難しい質問である。まず過去4年で大統領がしたこと、しなかったことを振り返る必要がある。そしてここからが難しいのだが、別の人物であれば結果はどう違っていたかを考えなければならない。ホワイトハウス担当記者でも難しく、日ごろから政治を追っていない人には不可能だ。当然のように有権者は「すり替え」をする。選挙直前の半年間の地元の、あるいは国の経済状況に対する国民の感情が、過去4年間の大統領の仕事ぶりに対する評価を大きく左右する。つまり「この国は過去半年にわたり、だいたい順調であったか」という問いが、「大統領は過去4年間しっかりとした仕事をしてきたか」に置き換わる。「大統領の実績を評価するのは難しすぎるから、代わりの質問に答えよう」と自覚している有権者はほとんどいない。だが多くの人が暗黙のうちにそれを行なう。たとえば2004年にシカゴで開かれたアメリカ政治学会の総会で紹介された以下の論文を参照。Christopher Achen and Larry Bartels, "Musical Chairs: Pocketbook Voting and the Limits of Democratic Accountability."
19. Daniel Kahneman and Gary Klein, "Conditions for Intuitive Expertise: A Failure to Disagree," *American Psychologist* 64, no. 6 (September 2009): 515-26.
20. W. G. Chase and H. A. Simon, "The Mind's Eye in Chess," in *Visual Information Processing*, ed. W. G. Chase (New York: Academic Press, 1973).
21. Kahneman and Klein, "Conditions for Intuitive Expertise," p. 520.
22. 同前。
23. Nigel Farndale, "Magnus Carlsen: Grandmaster Flash," *Observer*, October 19, 2013.
24. Peggy Noonan, "Monday Morning," *Wall Street Journal*, November 5, 2012, http://blogs.wsj.com/peggynoonan/2012/11/05/monday-morning/.

第3章　予測を評価する

1. Mark Spoonauer, "The Ten Worst Tech Predictions of All Time," *Laptop*, August 7, 2013, blog.laptopmag.com/10-worst-tech-predictions-of-all-time.
2. Bryan Glick, "Timing Is Everything in Steve Ballmer's Departure — Why Microsoft Needs a New Vision," *Computer Weekly Editor's Blog*, August 27, 2013, http://www.computerweekly.com/blogs/editors-blog/2013/08/timing-is-everything-in-steve.html.
3. "Starr Report: Narrative." Nature of President Clinton's Relationship with Monica Lewinsky (Washington, DC: US Government Printing Office, 2004), footnote 1128.
4. Sameer Singh, *Tech-Thoughts*, November 18, 2013, http://www.tech-thoughts.net/2013/11/smartphone-market-share-by-country-q3-2013.html#.VQM0QEJYW-Q.
5. Barry Ritholtz, "2010 Reminder: QE = Currency Debasement and Inflation," *The Big Picture*, November 15, 2013, http://www.ritholtz.com/blog/2013/11/qe-debasement-inflation/print/.
6. 同じような問題が、スティーブ・バルマーのiPhoneに関する予測にも見られる。私がここで示したiPhoneの市場シェアは発売から6年後のものであり、7年めにはさらに高くなった。つまり理屈の上では、バルマーは自分の予測は暗黙のうちに発売から2、3年、あるいは5年後を想定していたと主張できる。これは「もう少し待て、いずれ起こるから」という弁明の逆である。偏向的で我田引水的だが、成立しうる主張であり、われわれが予測の正確性を評価するときにまさに避けたいのはこのような不毛なやりとりである。
7. Jonathan Schell, *The Fate of the Earth*（『地球の運命』斎田一路・西俣総平訳、朝日新聞社、1982年）、および *The Abolition* (Stanford, CA: Stanford University Press, 2000), p. 183.
8. Brian Till, "Mikhail Gorbachev: The West Could Have Saved the Russian Economy," *Atlantic*, June 16, 2001, http://www.theatlantic.com/international/archive/2011/06/mikhail-gorbachev-the-west-could-have-

saved-the-russian-economy/240466/.

9. Sherman Kent, "Estimates and Influence," *Studies in Intelligence* (Summer 1968): 35.
10. Sherman Kent, "Words of Estimative Probability," in *Sherman Kent and the Board of National Estimates*, ed. Donald P. Steury (Washington, DC: History Staff, Center for the Study of Intelligence, CIA, 1994), pp. 134-35.
11. 同前。p. 135.
12. Richard E. Neustadt and Ernest R. May, *Thinking in Time* (New York: Free Press, 1988).（『ハーバード流歴史活用法――政策決定の成功と失敗』臼井久和・斎藤元秀・滝田賢治・阿部松盛訳、三嶺書房、1996 年）
13. *Sherman Kent and the Profession of Intelligence Analysis*, Center for the Study of Intelligence, Central Intelligence Agency, November 2002, p. 55.
14. 同前。
15. David Leonhardt, "When the Crowd Isn't Wise," *New York Times*, July 7, 2012.
16. Henry Blodget, "Niall Ferguson: Okay, I Admit It — Paul Krugman Was Right," *Business Insider*, January 30, 2012, http://www.businessinsider.com/niall-ferguson-paul-krugman-was-right-2012-1.
17. ブライアー・スコアが「妥当」なのは、予測を立てる者に政治的圧力に屈せず、本当の考えを述べるインセンティブを与えるためだ。ブライアー・スコアしか気にしない者は、イランが 2015 年中に核実験を行なう確率は 4%という本音を申告するはずだが、あとから「確率はわずか 4%と言ったじゃないか」という批判を恐れる者はおそらく予測数値を高めに言うだろう。自信過剰なギャンブラーが金銭的ペナルティを支払うのと同じように、自信過剰な予測者はブライアー・スコアの低下というペナルティを負う。自分の確率予測が示すオッズには賭けたくないと思うなら、予測を見直したほうがいい。Glenn W. Brier, "Verification of Forecasts Expressed in Terms of Probability," *Monthly Weather Review* 78, no. 1 (1950): 1-3; Robert L. Winkler, "Evaluating Probabilities: Asymmetric Scoring Rules," *Management Science* 40, no. 11 (1994): 1395-405.
18. ラリー・カドロウは「専門家の政治予測（EPJ）」のハリネズミ型の特徴

にぴったりだが、EPJに参加した匿名の被験者には含まれていない。また決して彼が保守派だから選んだわけではない。EPJにはハリネズミ型の左翼の例もたくさんいた。私がEPJに書いたように、左翼か右翼かにかかわらず、ハリネズミ型の多くは「ハリネズミ型」と言われるのを侮辱ではなく賛辞と受け取る。優柔不断のキツネと比べて明確で決断力がある。2004年の大統領選挙での各党のスポークスマンの舌戦を覚えているだろうか。ジョン・ケリーは柔軟な策士なのか、あるいはころころ意見を変える日和見主義者か。ジョージ・W・ブッシュはぶれないリーダーなのか、それとも独断的まぬけなのか。「キツネ」や「ハリネズミ」というのも変わりやすいレッテルに過ぎない。

19. Larry Kudlow, "Bush Boom Continues," *National Review*, December 10, 2007, http://nationalreview.com/article/223061/bush-boom-continues/larry-kudlow.
20. Larry Kudlow, "Bush's 'R' is for 'Right', " Creators.com, May 2, 2008, http://www.creators.com/opinion/lawrence-kudlow-bush-s-r-is-for-right.html.
21. Larry Kudlow, "If Things Are So Bad...," *National Review*, July 25, 2008.
22. 2013年4月30日の著者とアニー・デュークとの対話より。これはポーカープレーヤー特有の奇癖ではない。あなたが不眠症を患っている、あるいは前日よく眠れなかったために、職場で短気をおこして同僚を怒鳴りつけたとしよう。その後謝った。この事件からあなたについて何が言えるのか。きちんと眠るべきだ、ということ。それだけだ。では別の誰かが職場でガミガミ言ったり怒鳴ったりしたあと、謝罪し、実は不眠症を患っている、あるいは昨日よく眠れなかったと説明したとしよう。そこからその人物について何が言えるのか。論理的に考えれば、自分のときと同じように、きちんと眠るべきだということだけだ。だが長年の研究では、われわれはそのような結論を導き出さないことが明らかになっている。不愉快な人間だと思うのだ。心理学者はこれを「基本的な帰属の誤り」と呼ぶ。われわれは不眠症のような状況要因に自らの行動が影響されることをよくわかっており、自らの行動の原因をこうした要因に帰す。だが他人に対しては同じ扱いをせず、彼らの行動をその人格に帰す。「なぜ彼は不愉快な行動をと

ったのか。それは彼が不愉快な人間だからだ」といった具合に。これは強力なバイアスである。学生が共和党の候補者を支持する発言をするように指示され、それに従うと、観察者は学生を共和党支持者だと考える。発言を指示したのが観察者自身で、学生はその指示に従っているだけという状況でも、そうなる。自分自身から距離を置き、他人の視点からモノを見るのはことほどさように難しい。以下を参照。Lee Ross, "The Intuitive Psychologist and His Shortcomings: Distortions in the Attribution Process," in *Advances in Experimental Social Psychology*, ed. Leonard Berkowitz, vol. 10 (New York: Academic Press, 1977), 173-220; Daniel T. Gilbert, "Ordinary Personology," in *The Handbook of Social Psychology*, vol. 2, ed. Daniel T. Gilbert, Susan T. Fiske, and Gardner Lindzey (New York: Oxford University Press, 1998): 89-150.

23. 学術界においては、真実が「どちらとも言えない」あたりに収まりそうな問題について、敢えて刺激的な極端な立場をとっておくのがキャリア上得策なのかもしれない。証拠その①。「われわれの思考スタイルは性格によって決まっているのか、それとも社会的立場の変化に応じて変わるのか」という問いの答えは「どちらとも言えない」、すなわち当人の柔軟性や状況次第である。証拠その②。競争内容がオープンで順位も公表されているIARPAトーナメントでは、匿名性が約束されていたEPJと比べて自信過剰な予測は大幅に少なかった。以上の結果、IARPAのトーナメントではハリネズミとキツネの違いがそれほど重要な意味を持たなかった。

第4章 超予測力

1. 2001年10月、ホワイトハウスで行なわれたイラクの大量破壊兵器に関する国家情報評価書（NIE）の説明より。http://fas.org/irp/cia/product/iraq-wmd.html.
2. ウォルフ・ブリッツァーによるコンドリーザ・ライスのインタビューより。CNN, September 8, 2002.
3. Committee on Behavioral and Social Science Research to Improve Intelligence Analysis for National Security, Board on Behavioral, Cognitive,

and Sensory Sciences, Division of Behavioral and Social Sciences and Education, National Research Council, *Intelligence Analysis for Tomorrow: Advances from the Behavioral and Social Sciences* (Washington, DC: National Academies Press, 2011).

4. 費用対効果分析の観点から言えば、問題は確率予測システムの改善によって、2兆ドルの損失を引き起こす決定的な「失敗」のリスクを20～30%低くすることに、アメリカ政府はいくら支出すべきかだ。期待値理論にもとづけば、数千億ドル払ってもおかしくない。こうした水準に照らせば「優れた判断力プロジェクト」は類を見ない割の良い投資だった。ただここで「失敗」と括弧を付けたことに注目してほしい。2003年のイラク侵攻は一般に失敗と見られているが、サダム・フセインが権力の座にとどまっていたら事態は今よりどれほど酷いものであったか、そのとき国家安全保障の費用はどれだけかかっていたかは誰にもわからない。私自身の憶測では、「もし～だったら」のパラレルワールドを考慮しても、IARPAのトーナメントが割の良い投資であることに変わりはないと考えている。

5. The Commission on the Intelligence Capabilities of the United States Regarding Weapons of Mass Destruction, *Report to the President of the United States* (Washington, DC: March 31, 2005), p. 155.

6. 2013年3月27日の著者とロバート・ジャービスとの対話より。

7. Committee on Behavioral and Social Science Research to Improve Intelligence Analysis for National Security, *Intelligence Analysis for Tomorrow*, National Academies Press, 2011.

8. 適切な問題を考えるのは難しい。簡単すぎる質問（発生確率が10%未満、あるいは90%以上）や難しすぎる質問（合理的に答えを導きだすことが不可能な質問）は排除しなければならない。マイケル・ホロウィッツ率いる出題チームはすばらしかった。

9. この発見はペンシルバニア大学の私の同僚であるライル・アンガーとジョナサン・バロンの功績である。ライルは「L2E」を除くわれわれのプロジェクトのアルゴリズムをすべて開発した（L2Eはライス大学のデビッド・スコットが開発した）。

10. David Ignatius, "More Chatter Than Needed," *Washington Post*, November

1, 2013. イグナティウスはアメリカ政府内の機密資料を閲覧できる人物に話を聞いたはずである。

11. 同前。IC はイグナティウスの記事を話題にしたことはないが、私は記事の内容は真実だと考えている。むしろ超予測者は比較可能なすべての年において情報分析官をしのぐ成績をあげたというほうに、私の社会的評価を賭けたいと思うぐらいだ。

超予測者が情報分析官を上回る成績をあげた本当の理由はわからない。ただ超予測者のほうが頭がいい、あるいは柔軟性が高いといった理由ではないだろう。超予測者が予測力とは伸ばすことができる能力だと考えているのに対し、情報機関で働く分析官はそれを自らの本業ではなく、付随的業務と考えているためだと私は見ている。国家情報委員会の元委員長トーマス・フィンガーはこう語っている。「予測は戦略分析の目標ではなく、また目標とすべきでもない。（中略）目標は、重要な事態の進展、それらが互いにどのように影響しあうのか、どこに向かっていくのか、そのプロセスを動かす要因は何か、どのような兆しが軌道の変化を示唆するかを見きわめることだ」。以下を参照。Thomas Fingar, *Reducing Uncertainty: Intelligence Analysis and National Security* (Stanford, CA: Stanford University Press, 2011), pp. 53, 74.

トム・フィンガーと私は 2010 年にアメリカ学術研究会議（NRC）の委員会のメンバーとして、IC に優れた手法を検討するための IARPA 流トーナメントの実施を促した。フィンガーは優秀で献身的な公僕である。だからこそフィンガーの先の発言は、IC が近い将来、内部で超予測者の育成に投資する可能性が低いことを示唆している。予測を立てることなしに、どうやって「重要な事態の進展、それらが互いにどのように影響しあうのかを見きわめる」というのだろう。

自らが仕事をするうえで、暗黙のうちに予測を立てていることを認めないのは情報分析官だけではない。ジャーナリストのジョー・クラインの例を見てみよう。私が彼をはじめとする専門家に予測トーナメントに参加してほしいと打診したところ、タイム誌に勤務するクラインはこう書いた。「ペンシルバニア大学ウォートン校の教授が、私をコンピュータにつないで予測能力を試したいと言ってきた。わざわざそんなことをする必要はな

いのだ。ジャーナリストは過去や現在起きていることの分析においてはすばらしいが、明後日のことを占う能力はおそろしく低い。私は2000年にジョージ・W・ブッシュがニューハンプシャー州の予備選挙で負けたときに、CNNのジェイク・タッパーに『ブッシュが共和党の大統領候補になることは絶対にない』と言い切ってしまったのをきっかけに、予測を立てるのをやめた」。以下を参照。http://swampland.time.com/2013/04/11/congress-may-finally-do-a-budget-deal/.

クラインに敬意を表しつつ（私は自らの予測の失敗を認める者は尊敬する)、彼は間違っていると指摘したい。クラインは予測を立てるのをやめてはいない。自分が予測を立てていることに気づいていないだけだ。予測を立てるのはやめたと書く少し前には、こう書いている。「北朝鮮のかつてないほど派手な軍事的脅威が、アメリカでほとんど関心を集めていないのは興味深くないか。戦争が起こると予想している者は誰もいない。だが起こったらどうなのか。韓国とアメリカを攻撃すると言った金正恩が引っ込みがつかなくなったら？　可能性は低いが、ありえないことではない」。以下を参照。http://swampland.time.com/2013/03/29/the-kim-who-cried-wolf/.

「可能性は低いがありえないことではない」は予測である。クラインの記事に限らず、あらゆる専門家の文章にはこのような記述があふれている。誰の思考もそうだ。われわれはみな、絶えず予測を立てている。

結論を言えば、自分がしていることにさえ気づかなければ、その能力を磨くことは難しい。

12. Ellen Langer, "The Illusion of Control," *Journal of Personality and Social Psychology* 32, no. 2 (August 1975): 311-28.

13. この分野のなかには、あっという間に評判が悪くなるものもある。たとえば企業にノーテルやエンロンのようになれと説いた *Radical E* という本は、エンロンが破産申請をするわずか8カ月前に出版された。しかしこのようにはっきりと判断できるものは少ない。こうした作品に予測能力が欠如していることが、主要なビジネススクールでも何十年も知られずにいることも多い。1994年にジム・コリンズとジェリー・ポラスが出した『ビジョナリー・カンパニー——時代を超える生存の原則』（山岡洋一訳、日経

BP社、1995年）は、18社の優れた企業を調べ、それをもとに「長きにわたって繁栄する企業を創るための法則」を作成した。読みごたえのある作品で、高い評価を得た。しかし経営学教授のフィル・ローゼンツワイグが指摘したように、コリンズとポラスが正しければ、少なくとも同書に取り上げられた18社は成功を続けるはずだ。コリンズらの研究は1990年で終わっているので、ローゼンツワイグはその後の10年の18社の状況を調べた結果、こう結論づけている。「コリンズとポラスの選んだビジョナリー・カンパニーに投資するより、株価指数連動型の投資ファンドを買ったほうが儲かったはずだ」。以下を参照。Phil Rosenzweig, *The Halo Effect...and the Eight Other Business Delusions That Deceive Managers* (New York: Free Press, 2014), p. 98（『なぜビジネス書は間違うのか――ハロー効果という妄想』桃井緑美子訳、日経BP社、2008年). ここでもダーツを投げるチンパンジーが勝利したわけだ。

14. 父親と息子の身長の相関により、息子の身長を予測する際にどれだけ成人男性の平均である5フィート8インチに寄せるべきかが決まる。父親と息子の身長が完全な相関（1.0）ならば、父親の身長だけを頼りに予測すればよい（平均への回帰は一切考えない）。相関がゼロなら、父親の身長は一切考慮せず、平均だけをもとに予測する。われわれの例では、相関は0.5としたので、父親の身長から平均まで、半分だけ戻すのが正解だ。
15. Michael J. Mauboussin, *The Success Equation: Untangling Skill and Luck in Business, Sports, and Investing* (Boston: Harvard Business Review Press, 2012), p. 73.（『偶然と必然の方程式――仕事に役立つデータサイエンス入門』田淵健太訳、日経BP社、2013年）
16. http://fivethirtyeight.com/features/the-conventional-wisdom-on-oil-is-always-wrong/.
17. そして「現役」（毎年少なくとも50個の質問に回答している）の超予測者の約90%が、成績トップ20%に入っている。つまりたとえ成績が落ちても、大幅には落ちることはめったにないわけだ。これは「能力と運」の割合が、超予測者では一般の予測者より能力の割合が多いことを示唆している。割合が正確にいくつかを見積もるのは難しい。予測者のサンプル、歴史的時期、質問の種類によっても変わるだろう。だが全4年間の現役の

超予測者について強いて割合を言うなら、能力と運の割合は少なくとも60対40、ことによると90対10ぐらいになるかもしれない。

第5章　「超頭がいい」のか

1. 2013年2月15日、および2014年5月19日の著者とサンフォード・シルマンとの対話より。
2. B. A. Mellers, L. Ungar, K. Fincher, M. Horowitz, P. Atanasov, S. Swift, T. Murray, and P. Tetlock, "The Psychology of Intelligence Analysis: Drivers of Prediction Accuracy in World Politics," *Journal of Experimental Psychology: Applied* 21, no. 1 (March 2015): 1-14; B. A. Mellers, E. Stone, T. Murray, A. Minster, N. Rohrbaugh, M. Bishop, E. Chen, J. Baker, Y. Hou, M. Horowitz, L. Ungar, and P. E. Tetlock, "Identifying and Cultivating 'Superforecasters' as a Method of Improving Probabilistic Predictions," *Perspectives in Psychological Science* vol. 10 (2015): 267-281.
3. 項目はグレッグ・ミッチェルとフレッド・オズワルドが開発した「Forecasting Aptitude Inventory（予測適性記録）」より。
4. 分析を命じたのはCIA長官だ。結論は、ベトナムを失うことはコストを伴うが、政策立案者が危惧するほど悲惨なものではないというもので、この予測はのちに正しかったことが証明された。長官は報告書を直接ジョンソン大統領に渡したが、すでに50万人の兵士が泥沼にはまっている状況では歓迎されなかった。ジョンソン大統領はこの報告書を結局誰にも見せなかった。マクナマラがその存在を知ったのは数十年後である。
5. Robert McNamara, *In Retrospect* (New York: Vintage, 1996), p. 33.（『マクナマラ回顧録——ベトナムの悲劇と教訓』仲晃訳、共同通信社、1997年）
6. Daniel J. Levitin, *The Organized Mind: Thinking Straight in the Age of Information Overload* (New York: Dutton, 2014).
7. 超予測者はフェルミの流儀、すなわち誤りを恐れないことが、予測において重要であると考えている。「コブラー」というハンドルネームを名乗る超予測者の例を考えてみよう。バージニア州在住のソフトウエア技術者で、2012年にナイジェリア政府がジハード集団「ボコ・ハラム」と正式な交渉

を始めるか、という質問が出たときにはナイジェリアについてほとんど何も知らなかった。そこでまず外側の視点に立ち、テロ集団と交渉した過去の事例の成功率、そして過去のボコ・ハラムとの交渉の成功率を調べるところから始めた。そして2つの予測（ボコ・ハラムとの交渉の成功率は0%、テロ集団全般との交渉の成功率は40%）の平均を計算した。それから内側の視点に転換し、双方の選択肢を評価した。政府はイスラム穏健派と良好な関係を保ちたいと思っていた。イスラム穏健派は政府とテロ組織の仲介役を果たそうともくろんでいた。一方ボコ・ハラムは少なくとも交渉に応じる姿勢は見せたいと思うかもしれない。また数多くの話し合いが続いているという噂も多いことに気づいた。ただこうした情報に、ボコ・ハラムの残虐性を考え合わせ、確率は30%と予測した。それから外側と内側の視点を統合し、25%という予測を出したうえで、締め切りが近づくにつれて数字は低下すると考えた。一連の推測の結果、話し合いが続いているという噂に惑わされて偽陽性の回答をした被験者が多いなか、コブラーのブライアー・スコアは上位10%に入った。

レジーナ・ジョセフという別の超予測者のケースも考えてみよう。レジーナは中国で鳥インフルエンザが再び大流行するかという問題に取り組んだ。本業は政治リスク・アナリストで、デジタルメディア業界で働いたり、女子フェンシングのオリンピック代表チームで活躍したりといった経歴を持っていたが、疫学にはまったく土地勘がなかった。そこでレジーナも外側の視点から始めた。鳥インフルエンザの死者が閾値を超える頻度はどれくらいか、と。答えは80%だった。ただインフルエンザの流行期の4分の1がすでに終わっていたので、60%に減らした。次に内側の視点に転換し、中国の公共医療政策は改善し、警告指標も改善していることに注目した。こうした情報から予測は40%とし、時間の経過とともにさらに低くした。最終結果は目を見張るほどではなかったがそれでも予測者全体の上位15%に入った。

ウェルトン・チャンの事例も見てみよう。イラクでの戦闘経験もある元軍人である。2013年中に自由シリア軍がアレッポを制圧するかという質問に対し、まず外側の視点から検討した。軍備で明らかに優れている軍でも、アレッポほどの大きな都市を制圧するにはどれぐらいの時間がかかるのか、

と。結論から言えば、自由シリア軍が成功するベースレートは10%〜20%だった。ウェルトンは続いて内側の視点に転換し、自由シリア軍はおよそ「軍備が明らかに優れている」とは言えないことがわかったので、成功率を引き下げた。最終的にこの質問のチャンのブライアー・スコアは上位5%に入った。

非常に優れた予測の土台が、きわめて恣意的な仮説であるというのは驚きである。われわれに与えられた選択肢は、粗削りな推測をするか否かではない。それを大っぴらにやるか、こっそりやるかのどちらかである。

8. 2014年8月5日の著者とビル・フラックとの対話より。
9. Peggy Noonan, "The Presidential Wheel Turns," *Wall Street Journal*, April 26, 2013.
10. Amos Tversky and Daniel Kahneman, "Judgment Under Uncertainty: Heuristics and Biases," *Science* 185 (4157): 1124-31.
11. 以下の本は、内側の視点による確率予測にゲーム理論を応用する優れた方法を示している。Bruce Bueno de Mesquita, *The Predictioneer's Game* (New York: Random House, 2009)（『ゲーム理論で不幸な未来が変わる！——21世紀のノストラダムスがついに明かした破綻脱出プログラム』田村源二訳、徳間書店、2010年）.「主要プレーヤーは誰か」「それぞれの力の強さは」「それぞれの望みは」「望みの強さは」といった具体的な質問を積み重ねていく。続いてどのような連携が可能か検証する。ブエノ・デ・メスキータは群衆の英知をうまく使っている。内側の視点から問いに答えるため、通常複数の専門家の回答を入手している。メスキータの手法が超予測者と比べて優れているかどうかはわからないが、それを検証するのは理屈のうえでは可能である。
12. この問いの答えは最終的に「イエス」だったので、デビッドのブライアー・スコアは鼻先越しの視点を使ったほうが高かったかもしれない。シャルリー・エブドへのテロ攻撃の直後なら新たなテロが起こることは容易に想像でき、それは可能性は高いという判断につながり、正解となっていたはずだ。しかし（多数の質問に対して）超予測者がこれほど一貫して優れた成績を収められるのは、システム1の直観をシステム2で吟味するからである。鋭い読者の指摘を受けて、デビッドは自らの予測を以下のように

修正した。1日あたりのテロ攻撃発生の確率が1.8/365であれば、締め切りまでの69日間にテロが発生する確率を求める式は $1.0-(1.0-1.8/365)^{69}$、それゆえに答えは（34%ではなく）29%である。

13. Stefan Herzog and Ralph Hertwig, "The Wisdom of Many in One Mind," *Psychological Science* 20, no. 2 (February 2009): 231-37.
14. George Soros, *Soros on Soros: Staying Ahead of the Curve* (New York: Wiley, 1995).（『ジョージ・ソロス』テレコムスタッフ訳、テレコムスタッフ、1996年）
15. 研究者はこの「テーゼ・アンチテーゼ・ジンテーゼ」という論理パターンを測定するため、「統合的複雑度」コーディングシステムを使う（私の最初の指導教官だったピーター・スードフェルドが開発した）。その結果、統合的複雑度の高い思考をする者は、システム1に起因するバイアスへの抵抗力が強いことが繰り返し確認されている。以下を参照。P. E. Tetlock and J. I. Kim, "Accountability and Judgment in a Personality Prediction Task," *Journal of Personality and Social Psychology* 52 (1987): 700-709; P. E. Tetlock, L. Skitka, and R. Boettger, "Social and Cognitive Strategies of Coping with Accountability: Conformity, Complexity, and Bolstering," *Journal of Personality and Social Psychology* 57 (1989): 632-41. ただ複雑度の高い思考が不利に働く場合もある。以下を参照。P. E. Tetlock and R. Boettger, "Accountability: A Social Magnifier of the Dilution Effect," *Journal of Personality and Social Psychology* 57 (1989): 388-98; P. E. Tetlock and R. Boettger, "Accountability Amplifies the Status Quo Effect When Change Creates Victims," *Journal of Behavioral Decision Making* 7 (1994): 1-23; P. E. Tetlock and A. Tyler, "Churchill's Cognitive and Rhetorical Style: The Debates Over Nazi Intentions and Self-Government for India," *Political Psychology* 17 (1996): 149-70.
16. 5つの特徴と柔軟性という要因については以下を参照。Oliver P. John and Sanjay Srivastava, "The Big Five Trait Taxonomy: History, Measurement, and Theoretical Perspectives," in *Handbook of Personality: Theory and Research*, 2nd ed., ed. Lawrence A. Pervin and Oliver P. John (New York: Guilford Press, 1999), 102-38; Robert R. McCrae, "Social Consequences of

Experiential Openness," *Psychological Bulletin* 120, no. 3 (1996): 323-37. 認知欲求と積極的柔軟性は一般的柔軟性と相関性がある。

第6章　「超数字に強い」のか

1. 2013年2月14日の著者とライオネル・レヴィンとの対話より。
2. 2014年1月6日の著者とレオン・パネッタとの対話より。
3. 実在のマヤも超予測者のような思考の持ち主かもしれない。パネッタは回顧録（*Worthy Fights*〔New York: Penguin, 2014〕）のなかで、マヤのモデルとなった人物に建物にウサマ・ビンラディンがいる確率を尋ねたときのことについて述べている。この人物は「100％」とは言わず、即座にはっきりと「95％」と答えた。
4. Mark Bowden, *The Finish: The Killing of Osama Bin Laden* (New York: Atlantic Monthly Press, 2012), pp. 158-62.
5. Baruch Fischhoff and Wändi Bruine de Bruin, "Fifty-Fifty = 50%?," *Journal of Behavioural Decision Making* 12 (1999): 149-63.
6. この議論から、意思決定において確率予測がどのように使われるかという点についての重要な論点が浮かびあがる。古典的な期待効用モデルでは、確率の変化はすべて重要である。なぜならわれわれは1つの選択肢の想定される結果の確率にその効用を掛け合わせ、積の合計によってその選択肢の魅力を算出するからである。攻撃という選択肢の結果が1つしかないという単純な仮定をすれば、ビンラディンがそこにいる確率が当初の50％から75％に上昇することで、攻撃するという選択肢の最終的な魅力度が50％上昇する。一方、より定性的で心理的に現実味があるのが、理由に基づく選択モデルである。確率の変化に意味があるのは、それによってある要因が、特定の行動を実行する、あるいは実行しない優れた理由になるときだけである、という考え方だ。オバマ大統領が会議開始前に心を決めかねており、会議後も「五分五分」と言ったのであれば、選択できるほど十分な情報を何も聞いていないというシグナルになる。以下を参照。Eldar Shafir, Itamar Simonson, and Amos Tversky, "Reason-based Choice," *Cognition* 49 (1993): 11-36. このような状況では先述の確率予測の合計を

「極端化」するという手法が、大きな意味を持つ。アドバイザーの視点の多様性に応じて、平均的なアドバイザーの75%という予測が90%になる可能性がある。その結果、大統領が「わかった、これでようやく行動を起こす十分な理由ができた」と言うかもしれない。この視点に立てば、確率の変化が意味を持つのは、理由に基づく選択の基準を超えたときだけである。

7. この点について説得力のある論説として以下を参照。Richard Zeckhauser and Jeffrey Friedman, "Handling and Mishandling Estimative Probability: Likelihood, Confidence, and the Search for Bin Laden," *Intelligence and National Security* 30, no. 1 (January 2015): 77-99.
8. この研究は以下の本にまとめられている。Daniel Kahneman, *Thinking, Fast and Slow* (New York: Farrar, Straus and Giroux, 2011).（『ファスト&スロー——あなたの意思はどのように決まるか？』村井章子訳、ハヤカワ・ノンフィクション文庫、2014年）
9. 不確実性の忌避は「エルスバーグ・パラドクス」の土台となるものだ。「エルスバーグ・パラドクス」は発見者のダニエル・エルスバーグにちなんで命名されたもので、エルスバーグがペンタゴン文書の漏洩によって有名になるはるか以前、学部生時代の論文で考察したものだ。一番単純な例を挙げれば、壺が2つある。1つめの壺には白い石が50個、黒い石が50個入っている。2つめの壺にも白と黒の石が入っているが、割合はわからない。白が99個で黒が1個かもしれないし、98個対2個かもしれない。そんな具合に白1個に黒99個までさまざまな可能性がある。そこであなたがどちらかの壺から石を1つ取り出すとする。黒石に当たれば、現金がもらえる。どちらの壺から取り出すか。少し考えれば、どちらの壺から取っても黒石に当たる確率は同じだとわかるが、われわれは1つめの壺を選ぶほうが圧倒的に多いことをエルスバーグは明らかにした。違いは不確実性である。どちらの壺でも黒か白に当たるかは不確実だが、1つめの壺なら中身について不確実性はない。それだけでわれわれは圧倒的に1つめを選ぶ。不確実性を忌避するがゆえに、可能性が1つしかないという理由だけで、確実だが自分にとって好ましくないことを受け入れるケースさえある。たとえば研究では、人工肛門形成をした患者のなかで、それが恒久的

だとわかっている人のほうが、恒久的か否かわからない人より半年後の幸福感が大きかった。以下を参照。Daniel Gilbert, "What You Don't Know Makes You Nervous," *New York Times*, May 20, 2009, http://opinionator.blogs.nytimes.com/2009/05/20/what-you-dont-know-makes-you-nervous/.

10. J. F. Yates, P. C. Price, J. Lee, and J. Ramirez, "Good Probabilistic Forecasters: The 'Consumer's' Perspective," *International Journal of Forecasting* 12 (1996): 41-56.

11. 心理学者のゲルト・ギーゲレンツァーは著書 *Risk Savvy* (New York: Viking, 2014)（『賢く決めるリスク思考——ビジネス・投資から、恋愛・健康・買い物まで』田沢恭子訳、インターシフト、2015年）で、ベルリンの人々が日々の天気予報をいかに誤解しているか示した。「明日の降水確率30%」に対する誤解には、以下の例が含まれている。(a) 明日のうち30%の時間は雨が降る、(b) 明日、ベルリンの総面積の30%で雨が降る、(c) 天気予報士の30%が明日は雨だと予想している。正しい解釈は、もっと直観に反するものだ。気象学者が今、ベルリンの気象条件を定量化し、現存する最高のモデルに入力した場合、アルゴリズムによって明日の降雨確率は30%という結果が出るということだ。あるいは気象学者のエドワード・ローレンツ流のコンピュータ・シミュレーションを使った、こういう理解のしかたも正しい——「風や気圧などの前提条件の測定ミスといったささやかなバタフライ効果を盛り込んだうえでベルリンの天気を何千回とリプレイすると、コンピュータ・シミュレーション上の世界では30%の確率で雨が降る」。ベルリンの人々がよりわかりやすい単純化した解釈に飛びつくのも当然と言える。

12. David Leonhardt, "How Not to Be Fooled by Odds," *New York Times*, October 15, 2014.

13. 2012年6月28日の著者とロバート・ルービンとの対話より。

14. William Byers, *The Blind Spot: Science and the Crisis of Uncertainty* (Princeton, NJ: Princeton University Press, 2011), p. vii.

15. 同前。p. 56.

16. たとえば以下を参照。Samuel Arbesman, *The Half-Life of Facts: Why Everything We Know Has an Expiration Date* (New York: Current, 2012).

17. Jacob Weisberg, "Keeping the Boom from Busting," *New York Times*, July 19, 1998.
18. ルービンと著者との対話より。
19. 予測者もアルゴリズムも、予測不可能性（金融用語で言う「ボラティリティ」）を予測できたら大きなメリットがあるだろう。たとえば予測を統合して極端化するアルゴリズムに極端化を控えるべきタイミングが「わかったら」、75％という予測結果を自動的に90％に極端化するアルゴリズムでは必然的に発生するブライアー・スコア上のペナルティを回避できるはずだ。超予測者がこの神秘的な職人技（あるいは科学）に習熟していると言うつもりはない。超予測者の成績は歴史的な激動期か平時かを問わず一般人より優れているが、激動期には差が縮まる。この問題については、ナシーム・タレブのIARPAのトーナメントへの批判を取り上げる第11章で再び触れる。
20. 予測初心者は、「何も知らない」問題に直面したら、コイン投げのように「確率50％」と答えればいいのではないかと考えがちだ。そうしてはいけない理由はいくつかある。1つは、自己矛盾に陥るリスクがあることだ。「2015年6月30日までに日経平均が2万円を超えるか」という質問を考えてみよう。あなたが何も知らないので、「50％」と答えたとする。続いて「2万2000円を超えるか」と質問され、また50％と答える。さらに「2万円から2万2000円で終わるか」と聞かれ、それもまた50％と答える。質問者があれこれと問いかければ問いかけるほど、合計100％を超えてしまう一貫性のない確率予測をしていることが明らかになる。以下を参照。Amos Tversky and Derek Koehler, "Support Theory: A Nonextensional Representation of Subjective Probability," *Psychological Review* 101, no. 4 (1994): 547-67.

　また何も知らないと思っていても、たいていは少しは情報を持っており、それを使えば多少なりとも「何も知らない」状態から脱することができるはずだ。天文物理学者のJ・リチャード・ゴットは、予測を立てるとき、その事象（内戦、不況、伝染病）のこれまでの継続期間くらいしかわからないときに何をすべきか示している。ゴットいわく、正しい行動とは「コペルニクス的謙虚さ」をもって、あなたがその事象を見ているこの瞬間は

他の瞬間と同じで、まったく特別なものではないと考えることだ。たとえばIARPAがシリア内戦についての質問をしたのが内戦勃発から2年後の時点であったなら、内戦がまだ始まったばかり（戦争期間の5%しか終わっていない）であるという事象と、95%完了しているという事象は確率的に同様に確からしいと考えるのだ。そうすることで可能性の95%信頼帯ができる。戦争はあと2年の39分の1（あと1カ月ほど）しか続かないか、39×2年、すなわちあと78年続くと、確率95%の確かさをもって断言できるようになるのだ。あまり前進したようには思えないかもしれないが、「ゼロから無限」というよりましである。78年というのが長すぎると言うなら、それはあなたが「何も知らない」という前提を覆したことを意味する。一般的に戦争はどれぐらい続くかという外側の視点を取り入れたのだ（戦争がそれほど長く続いた例はほとんどない、と）。これであなたも優れた予測者になるための一歩を踏み出したことになる。以下を参照。Richard Gott, "Implications of the Copernican Principle for Our Future Prospects," *Nature* 363 (May 27, 1993): 315-20.

21. 2014年9月30日の著者とブライアン・ラバッテとの対話より。

22. B. A. Mellers, E. Stone, T. Murray, A. Minster, N. Rohrbaugh, M. Bishop, E. Chen, J. Baker, Y. Hou, M. Horowitz, L. Ungar, and P. E. Tetlock, "Identifying and Cultivating 'Superforecasters' as a Method of Improving Probabilistic Predictions," *Perspectives in Psychological Science* no. 10 (2015): 267-281.

23. Charlie Munger, "A Lesson on Elementary Worldly Wisdom," address to the University of Southern California Marshall School of Business, April 14, 1994, http://www.farnamstreetblog.com/a-lesson-on-worldly-wisdom/.

24. ここで思い浮かぶのは「政府の仕事ならこれで充分」という表現である。金融アナリストは、市場の激変の確率が1000分の1なのか、あるいは10万分の1なのかといった違いがオプション価格に織り込まれているかを精査する。常識的に考えれば、実現可能で利益につながることであれば、たいてい人はその手立てを見つける。ただ民間セクターのほうが公共セクターと比べて精緻さの限界を追求することに関心が高いというのは憂慮すべきである。国土安全保障省のテロの脅威にかかわる予測にも、ゴールドマ

ン・サックスの市場トレンド予測と同等の厳格さを求めるべきではないか。もちろん精緻さを高める努力が、正確さの向上につながる保証はない。NICが扱う水準の問題については、彼らが採用した5～7段階の評価が最適なのかもしれない。ただ数値的表現を嫌うアナリストの関心の欠如によって、本来は実行可能な改善策の検討すら難しくなっている。

25. Kurt Vonnegut, *Slaughterhouse-Five* (New York: Dell Publishing, 1969), pp. 116, 76-77.（『スローターハウス5』伊藤典夫訳、ハヤカワ文庫、1978年）
26. 2013年5月30日にオプラ・ウィンフリーがハーバード大学の卒業式で行なったスピーチ。http://news.harvard.edu/gazette/story/2013/05/winfreys-commencement-address/.
27. Konika Banerjee and Paul Bloom, "Does Everything Happen for a Reason?," *New York Times*, October 17, 2014.
28. J. A. Updegraff, R. Cohen Silver, and E. A. Holman, "Searching for and Finding Meaning in Collective Trauma: Results from a National Longitudinal Study of the 9/11 Terrorist Attacks," *Journal of Personality and Social Psychology* 95, no. 3 (2008): 709-22.
29. Laura Kray, Linda George, Katie Liljenquist, Adam Galinsky, Neal Roese, and Philip Tetlock, "From What Might Have Been to What Must Have Been: Counterfactual Thinking Creates Meaning," *Journal of Personality and Social Psychology* 98, no. 1 (2010): 106-18.
30. 2013年8月13日の著者とロバート・シラーとの対話より。

第7章　「超ニュースオタク」なのか

1. デビッド・ブデシュとエバ・チェンは、他の人々より早く物事に気づく人に特別な重みづけをする「貢献度を考慮した予測者の採点方法」を考案した。以下を参照。D. V. Budescu and E. Chen, "Identifying Expertise to Extract the Wisdom of Crowds," *Management Science* 61, no. 2 (2015): 267-80.
2. 2014年9月30日のダグ・ローチと著者との対話より。北極海の問題はアラファトのポロニウム汚染問題（ほかにもたくさんあるが）と同じように、

多くのトーナメント参加者がイデオロギー的こだわりを持つものだった。彼らは小さな質問の背後に大きな問題の存在を感じた。この大きな問題は「地球温暖化は本当に起きているのか」「イスラエルはアラファトを殺害したのか」など、いずれも物議をかもすものだった。そこで彼らは典型的な「すり替え」をした。専門的で答えるのが難しい小さな質問を、断固たる回答が求められる感情に訴える大きな質問とすり替えたのだ。こうしたすり替えをした人々は、ブライアー・スコアの悪化という大きな代償を支払うことになった。

3. 2014年8月5日のビル・フラックと著者との対話より。
4. G. Edward White, *Earl Warren: A Public Life* (New York: Oxford University Press, 1987), p. 69.
5. ウォーレンを擁護する立場に立てば、脅威を過小評価するリスクのほうが過大評価するリスクより大きかったため、努めて慎重な判断をしたのだという見方もできる。ロバート・ゲイツはCIA分析官としてゴルバチョフの意図を疑っていたことの弁解として、同じような主張をしていた。EPJでは、私はこのような行為を「私は正しい過ちを犯した」論と命名した。それが時には通用することもある。しかしウォーレンが戦争が終わるまで非を認めなかった事実を考慮すれば、そうした弁明は疑わしい。戦争終結後ですら、ウォーレンは自分は正しかったと主張した。ようやく悔悟の念を口にしたのは、1971年に書いた回顧録のなかである。以下を参照。G. Edward White, "The Unacknowledged Lesson: Earl Warren and the Japanese Relocation Controversy," *Virginia Quarterly Review* 55 (Autumn 1979): 613-29.
6. John DeWitt, *Final Report: Japanese Evacuation from the West Coast, 1942*, https://archive.org/details/japaneseevacuati00dewi.
7. Jason Zweig, "Keynes: He Didn't Say Half of What He Said. Or Did He?," *Wall Street Journal*, February 11, 2011, http://blogs.wsj.com/marketbeat/2011/02/11/keynes-he-didnt-say-half-of-what-he-said-or-did-he/.
8. Charles A. Kiesler, *The Psychology of Commitment: Experiments Linking Behavior to Belief* (New York: Academic Press, 1971).
9. 2013年3月4日の著者とジャン＝ピエール・ベゴムズとの対話より。

10. P. E. Tetlock and Richard Boettger, "Accountability: A Social Magnifier of the Dilution Effect," *Journal of Personality and Social Psychology* 57 (1989): 388-98.
11. 資産市場の過剰なボラティリティを示した初期の研究として、以下を参照。Robert Shiller, "Do Stock Prices Move Too Much to Be Justified by Subsequent Changes in Dividends?," National Bureau of Economic Research Working Paper no. 456, 1980; Terrance Odean, "Do Investors Trade Too Much?," *American Economic Review* 89, no. 5 (1999): 1279-98.
12. John Maynard Keynes, *The General Theory of Employment, Interest, and Money* (CreateSpace Independent Publishing Platform, 2011), p. 63.（『雇用・利子および貨幣の一般理論』山形浩生訳、講談社学術文庫、2012 年）
13. Burton Malkiel, *A Random Walk Down Wall Street*, rev. and updated ed. (New York: W. W. Norton, 2012), p. 240.（『ウォール街のランダム・ウォーカー――株式投資の不滅の真理』井出正介訳、日本経済新聞出版社、2016 年）
14. 同前。p. 241. ここで言う取引頻度の比較では、いずれも取引の意思決定に人間が絡むケースを比較している。いわゆる高頻度取引はコンピュータとアルゴリズムを使うもので、まったく別の話である。
15. 2013 年 2 月 15 日のティム・ミントと著者との対話より。
16. Sharon Bertsch McGrayne, *The Theory that Would Not Die*, Yale University Press, 2011, p. 7.（『異端の統計学 ベイズ』冨永星訳、草思社、2013 年）
17. Jay Ulfelder, "Will Chuck Hagel Be the Next SecDef? A Case Study in How (Not) to Forecast," *Dart-Throwing Chimp*, February 9, 2013, http://dartthrowingchimp.wordpress.com/2013/02/09/will-chuck-hagel-win-senate-approval-a-case-study-in-how-not-to-forecast/. リックスが犯したのは、よくある過ちだ。2015 年 3 月 16 日付の《ニューヨーク・タイムズ》の記事で、デビッド・レオンハルトは専門家が政治家の失態に過剰反応する傾向があると指摘した。たとえばバラク・オバマがアメリカの労働者階級の人々が銃や宗教に関心が高いことを不況と結び付けたり、ジョージ・W・ブッシュが録音テープが回っているのにあるジャーナリストを口汚くののしったりといったことだ。レオンハルトは選挙結果を主に決定づけるのは、

経済や人口動態といった基礎的条件であると正しく指摘した（“From the Upshot's Editor: Political Mysteries”）。

18. 私の意見では、ウルフェルダーの議論が優勢だ。ただこれはあくまで「意見」であり「数学的事実」ではない。ベイズ定理を使ってリックスを擁護することもできる。その方法は、最初の確率を決めるための妥当な基準値をもう一つ見つけるのである。96％（防衛長官の指名が上院で承認される確率）の代わりに、次の方法で別の基準値を決めるのである。指名された者に否定的ニュースが流れた場合、指名が承認される確率はどれくらいか、と。おそらく60～70％だろう。2つの基準値を統合すると、事前確率は約80％となる。この結果、リックスの誤りはそれほどひどいものには思えなくなる。一つ頭に刻んでおこう。現実世界の事象の予測は、科学であると同時にアートなのだ。以下を参照。Ulfelder, “Will Chuck Hagel Be the Next SecDef?.”

19. 心理学者は研究室のコントロールされた条件下で、被験者のベイズ流アップデート能力を測る実験を何百と行なっている。IARPAが出題するような現実社会の複雑な問題と異なり、実験で出題される問題にはベイズ流の明確な正解と不正解がある。あなたが壺から無作為にボールを取り出すとしよう（ボールは取り出すたびに補充される）。壺の中身が赤ボール70個と青ボール30個、あるいは赤ボール30個に青ボール70個である確率は50％である。取り出したボールは赤8個、青5個であった。壺の中身が50個ずつという予測を、どの程度修正すべきだろうか。ベイズ定理によると、正解は0.92だが、たいていの人はエビデンスに過少反応し、70％前後の数字をあげる。このような実験を通じてバーバラ・メラーズは、超予測者が一般人と比べてベイズ流の考え方に明らかに優れていることを示した。以下を参照。B. A. Mellers, E. Stone, T. Murray, A. Minster, N. Rohrbaugh, M. Bishop, E. Chen, J. Baker, Y. Hou, M. Horowitz, L. Ungar, and P. E. Tetlock, “Identifying and Cultivating ‘Superforecasters’ as a Method of Improving Probabilistic Predictions,” *Perspectives in Psychological Science* no. 10 (2015): 267-281.

第8章　永遠のベータ

1. 2013年4月26日の著者とメアリー・シンプソンとの対話より。
2. ドゥエックの研究を一般向けにまとめたのが以下の本である。Carol Dweck, *Mindset: The New Psychology of Success* (New York: Ballantine Books, 2006), pp. 23, 18.（『「やればできる！」の研究――能力を開花させるマインドセットの力』今西康子訳、草思社、2008年〔のちの新装版で『マインドセット――「やればできる！」の研究』と改題〕）
3. こちこちマインドセットの人は、人生でさまざまな不利益を被るのではないかと思うかもしれない。第一にしなやかマインドセットの人ならつかめるチャンスを逸するため、第二に挑戦して失敗するより、挑戦すらしないほうがよくないからだ。しかし「こちこち」と「しなやか」のどちらのほうが客観的現実に近いのだろうか。これは「生まれか育ちか」という昔ながらの議論を想起させるが、私はこんな落とし穴は避けたいと思う。ただこれも誤った二項対立ではないかとだけ指摘しておこう。行動遺伝学によって明らかになりつつあるように、「生まれか育ちか」より「生まれも育ちも」というほうが現実に近いことが多い。われわれの体を構成するすべての細胞内にあるDNAと、われわれが生を受けた世界は複雑に相互作用する。「生まれ」だけを見ると、すべての赤ん坊がアインシュタイン、ベートーベン、プロバスケットボール選手や超予測者になる可能性を持っているわけではないが、彼らほどではなくても相当なレベルに達する者もいれば、そうではない者もいる。われわれが何者になるか、何を達成するかは、どのような機会があるかと同時に、われわれにそれをつかむ意欲があるかで決まる。
4. John F. Wasik, "John Maynard Keynes's Own Portfolio Not Too Dismal," *New York Times*, February 11, 2014, http://www.nytimes.com/2014/02/11/your-money/john-maynard-keyness-own-portfolio-not-too-dismal.html. 以下も参照。David Chambers and Elroy Dimson, "Retrospectives: John Maynard Keynes, Investment Innovator," *Journal of Economic Perspectives* 27, no. 3 (Summer 2013): 213-28.
5. Wasik, "John Maynard Keynes's Own Portfolio Not Too Dismal."
6. John Maynard Keynes, *Essays in Biography* (Eastford, CT: Martino Fine

Books, 2012), p. 175.（『人物評伝』大野忠男訳〔『ケインズ全集第10巻』東洋経済新報社、1980年所収〕）

7. Noel F. Busch, "Lord Keynes," *Life*, September 17, 1945, p. 122.

8. Michael Polanyi, *Personal Knowledge* (Chicago: University of Chicago Press, 1958), p. 238.（『個人的知識——脱批判哲学をめざして』長尾史郎訳、ハーベスト社、1985年）

9. この分析が正しければ、超予測者にかぎらずIARPAのトーナメントに参加して継続した人はみな、練習とともに予測力が向上するはずである。本当だろうか。理想的世界では、検証は容易なはずだ。参加者のブライアー・スコアを記録して、時間の経過とともに向上するか見ればよい。だがわれわれが身を置くのは理想的世界ではなく、これを実践するのは難しい。優れた判断力プロジェクトのボランティアは、問題の難易度を一定に保てる実験室で問題を解いているわけではない。実験室では時間の経過とともにスコアが向上すれば、問題解決能力が高まっていると言える。現実世界で予測の対象となる事象は、気まぐれだ。歴史は常に変化している。そして予測の難易度はまちまちだ。このため予測者の正確性が上昇しても、それが能力の向上を意味するのか、あるいは問題が簡単になったのかはわからない。一つの解決策は、その間《かん》の知能と正確性の相関を調べることだ。それが一定であれば、トーナメントを通じて獲得した能力は伸びていないということになる。一方、相関性が低下すれば、本来の知能の役割が縮小し、能力の役割が高まっていることになる。理想的な測定方法ではないが、プラトン並みの完璧さを求めるなら、実験室にとどまるべきである。フタを開けてみると、知能と正確性の相関は低下した。つまりこの測定方法では、練習によって予測能力は本当に高まることが示されている。

10. この注を読むことで、本書の購入費用は楽に回収できるだろう。自信過剰は高くつく。2人の人物が老後のたくわえの10万ドルを、基準値（S&P500）のリターンをもたらす株価指数連動（パッシブ）ファンドに投資するか、それとも市場平均を上回るリターンを出すと主張する、アルファ社の専門家の運用するアクティブファンドに投資するか、決めようとしている。アクティブファンドがパッシブファンドを何年も一貫して上回りつづけることはないという通説、そしてアルファ社が毎年、管理報酬と

して1%を徴収するのに対してパッシブファンドの手数料が0.1%であることを考慮すると、勝てる銘柄を選ぶ能力を過信することが30年でどれほどの負担を生むかがわかる。どちらのファンドも手数料を引く前のリターンが毎年10%だとしよう（パッシブファンドの最終リターンは9.9%、アクティブファンドのリターンは9%ということだ)。リターンを再投資に回し続けると、控えめな投資家は最終的に169万8973ドルを手にするのに対し、自信過剰な投資家は132万7000ドルしか取り分はない。その差は実に37万1973ドルと、認知的錯覚のコストは甚大だ。もちろんここで前提としているのは通説であり、それを変えれば優れたアクティブファンドのマネージャーを探すほうがよいというシナリオになるかもしれない。ただ現状手に入るエビデンスは、謙虚で怠惰な投資戦略のほうが得をすることを示している。以下を参照。Jeff Sommer, "How Many Mutual Funds Routinely Rout the Market? Zero," *New York Times*, March 15, 2015. このような研究は、たとえ超予測者でも規模の大きい流動的市場、すなわち多数のきわめて優秀で資金力のあるトレーダーがお互いの意図を読みあっている市場には勝つことができないことを示唆している。この仮説はまだ検証されていないが、超予測者はより浅く、流動性の低い市場には勝てることもある（第9章を参照)。

11. B. R. Forer, "The Fallacy of Personal Validation: A Classroom Demonstration of Gullibility," *Journal of Abnormal and Social Psychology* 44, no. 1 (1949): 118-23.

12. 2013年3月4日のジャン＝ピエール・ベゴムズと著者との対話より。

13. エネルギーの専門家であるバーツラフ・シュミルは1975年に、1985年と1990年の中国のエネルギー消費量を完璧に予想した、また1983年に2000年の世界エネルギー需要を正確に予測したと語る。以下を参照。Vaclav Smil, *Energy at the Crossroads* (Cambridge, MA: MIT Press, 2005), p. 138. 驚くべき手腕だ。シュミルは予測の舞台裏を明らかにした。どれも多数の予測に基づいており、個別に見れば間違っていたが、それを統合すると最終的に偶然、正確な数値になったという。残念ながらシュミルのような経験をすれば、たいていの人が「完璧だ！」と言って同じ方法で予測を続けることだろう。

14. 2013年2月18日のデビン・ダフィとの対話より。私のかつてのEPJの研究では、キツネタイプの専門家のほうが、予測ですばらしい結果が出たときに運に恵まれただけかもしれない可能性を進んで受け入れようとした。P. E. Tetlock, "Close-Call Counterfactuals and Belief-System Defenses: I Was Not Almost Wrong But I Was Almost Right," *Journal of Personality and Social Psychology* 75 (1998): 639-52.
15. トーナメントにおいて結果が運に左右される度合いが大きくなるほど、参加者が能力を磨くことをあきらめるリスクは高まる。ただ運にもワクワクする要素があり、参加者に問題解決に努め、パフォーマンスレベルをさらに高めようとする意欲を持たせるのに最適な運のさじ加減というものがあるかもしれない。ポーカーには最適量の運が含まれているようだ。ただポーカーとは異なり、地政学的問題を扱うトーナメントでは運と能力の相対量が急激に変化することもある。たとえば90%が能力で決まっていたのが、90%運で決まる状況に変化するといった具合に。突然別世界に姿を変えることもある世界に対処するため、予測者には予測能力を高めるために何年も努力したローマ皇帝マルクス・アウレリウス並みの意思の強さが求められる。キャリア人生でそのような世界の激変は何度も起こるかもしれない。コンサート・ピアニストがときたま、鍵盤が暗号化されたピアノで演奏しなければならないとしたらどうだろう。かなり狼狽するのではないか。
16. 以下のPolitiFact.comの分析を参照。http://www.politifact.com/truth-o-meter/article/2008/sep/09/e-mail-heard-round-world/.
17. 2014年1月5日に著者とアン・キルケニーが交わしたEメールより。

第9章　スーパーチーム

1. シュレジンガーの言葉は以下に引用されている。Irving L. Janis, *Victims of Groupthink: A Psychological Study of Foreign-Policy Decisions and Fiascoes* (Boston: Houghton Mifflin, 1972), p. 20.
2. 同前。

3. 同前。
4. 同前。p. 26.
5. 2014年11月13日のマーティ・ローゼンタールと著者との対話より。
6. 2014年11月20日のエレイン・リッチと著者との対話より。
7. 2014年11月16日のポール・セロンと著者との対話より。
8. 集団的知性に関するクリストファー・チャブリスらの研究は、群衆の英知が創発的なものであることを裏づけている。以下を参照。A. W. Wooley, C. Chabris, S. Pentland, N. Hashmi, and T. Malone, "Evidence for a Collective Intelligence Factor in the Performance of Human Groups," *Science* 330 (October 2010): 686-88, http://www.sciencemag.org/content/330/6004/686.full.
9. 与えるマインドセットはスーパーチームの中に限った話ではない。超予測者で政治学者のカレン・アダムズは、社会全体に貢献するためにプロジェクトに参加した。アダムズはモンタナ州ミズーラで、模擬国連に参加する学生にIARPAのトーナメントで学んだ教訓を伝えている。もしかすると、アダムズは次世代の超予測者を育てているのかもしれない。
10. Scott Page, *The Difference: How the Power of Diversity Creates Better Groups, Firms, Schools, and Societies* (Princeton, NJ: Princeton University Press, 2008).（『「多様な意見」はなぜ正しいのか――衆愚が集合知に変わるとき』水谷淳訳、日経BP社、2009年）
11. ここに挙げたトーナメントに勝つための戦略の詳細については以下を参照。P. E. Tetlock, B. Mellers, N. Rohrbaugh, and E. Chen, "Forecasting Tournaments: Tools for Increasing Transparency and Improving the Quality of Debate," *Current Directions in Psychological Science* 23, no. 4 (2014): 290-95; B. A. Mellers, L. Ungar, J. Baron, J. Ramos, B. Gurcay, K. Fincher, S. Scott, D. Moore, P. Atanasov, S. Swift, T. Murray, E. Stone, and P. Tetlock, "Psychological Strategies for Winning a Geopolitical Tournament," *Psychological Science* 25, no. 5 (2014): 1106-15; V. A. Satopää, J. Baron, D. P. Foster, B. A. Mellers, P. E. Tetlock, and L. H. Ungar, "Combining Multiple Probability Predictions Using a Simple Logit Model," *International Journal of Forecasting* 30, no. 2 (2014): 344-56; J. Baron, L. Ungar, B. Mellers, and P.

E. Tetlock, "Two Reasons to Make Aggregated Probability Forecasts More Extreme," *Decision Analysis* 11, no. 2 (2014): 133-45; V. Satopää, S. Jensen, B. A. Mellers, P. E. Tetlock, and L. Ungar, "Probability Aggregation in the Time-Series: Dynamic Hierarchical Modeling of Sparse Expert Beliefs," *Annals of Applied Statistics* 8, no. 2 (2014): 1256-80.

第10章　リーダーのジレンマ

1. Helmuth von Moltke, *Moltke on the Art of War: Selected Writings*, ed. Daniel J. Hughes, trans. Daniel J. Hughes and Harry Bell (New York: Ballantine Books, 1993), p. 175.
2. 同前。p. 228.
3. Jörg Muth, *Command Culture: Officer Education in the U.S. Army and the German Armed Forces, 1901-1940, and the Consequences for World War II* (Denton, TX: University of North Texas Press, 2011), p. 167.（『コマンド・カルチャー——米独将校教育の比較文化史』大木毅訳、中央公論新社、2015年）
4. 同前。p. 169.
5. Bruce Condell and David T. Zabecki, eds., *On the German Art of War: Truppenführung. German Army Manual for Unit Command in World War II* (Mechanicsburg, PA: Stackpole Books, 2009), p. 19.
6. Moltke, *Moltke on the Art of War*, p. 173.
7. Condell and Zabecki, *On the German Art of War*, p. 23.
8. Moltke, *Moltke on the Art of War*, p. 77.
9. 同前。p. 230.
10. Muth, *Command Culture*, p. 174.
11. Condell and Zabecki, *On the German Art of War*, p. 18.
12. Werner Widder, "Battle Command: Auftragstaktik and Innere Führung: Trademarks of German Leadership," *Military Review* 82, no. 5 (September-October 2002): 3.
13. Condell and Zabecki, *On the German Art of War*, p. 22.

14. 同前。p. ix.
15. 以下に引用されている。Jean Edward Smith, *Eisenhower in War and Peace* (New York: Random House, 2012), p. 55.
16. Muth, *Command Culture*, p. 174. これはもっぱら陸軍の事情である。海軍と海兵隊では文化も伝統も異なっていた。
17. George S. Patton, *War as I Knew It* (New York: Houghton Mifflin Harcourt, 1995), p. 357.
18. Jean Edward Smith, *Eisenhower in War and Peace*, p. 612.
19. Eitan Shamir, *Transforming Command: The Pursuit of Mission Command in the U.S., British, and Israeli Armies* (Stanford, CA: Stanford University Press, 2011), p. 90.
20. Fred Kaplan, *The Insurgents* (New York: Simon and Schuster, 2013), p. 74.
21. Thomas Ricks, *The Generals* (New York: Penguin, 2012), p. 433.
22. Ralph Peters, "Learning to Lose," *American Interest* 2, no. 6 (July/August 2007), http://www.the-american-interest.com/2007/07/01/learning-to-lose/.
23. 2013年8月16日のデビッド・ペトレイアスと著者との対話より。
24. ペトレイアス元陸軍大将は毀誉褒貶相半ばする人物だ。ペトレイアスを、本書で良い例あるいは悪い例としてとりあげた他の人物（ラリー・カドロウ、ペギー・ヌーナン、ロバート・ルービン、ヘルムート・フォン・モルトケ、ラリー・サマーズ）と同一視する読者もいるかもしれない。ただ本書のテーマが正確性であることを忘れないでほしい。すり替えのワナにはまらないでほしい。予測力と人物評を混同してはならない。予測力はその人物が不倫をした、お茶の間で人気のテレビ司会者である、腕利きのスピーチライターである、ウォール街のインサイダーである、プロイセンの帝国主義者である、あるいはアイビーリーグ出身の性差別主義者であるといったことは関係ない。たとえ相手がアドルフ・ヒトラーでも関係ない。ヒトラーは第三帝国が誕生した当初、西側諸国がどれほど自分に譲歩しそうか、ドイツのほかのリーダーよりもはっきりと見抜いていた。予測者についてこのような無関係な要素がたびたび話題になるのは、予測で重要なのは正確さだけであるという概念を浸透させるのがいかに難しいかを示して

いる。私は別の研究で、この傾向を「機能主義的曖昧化」と呼んだ。P. E. Tetlock, "Social Functionalist Frameworks for Judgment and Choice: Intuitive Politicians, Theologians, and Prosecutors," *Psychological Review* 109, no. 3 (2002): 451-71.

25. 3M Company, *A Century of Innovation: The 3M Story* (St. Paul, MN: 3M Company, 2002), p. 156.（『3M100 年史』住友スリーエム、2002 年）
26. Drake Baer, "5 Brilliant Strategies Jeff Bezos Used to Build the Amazon Empire," *Business Insider*, March 17, 2014.
27. Andrew Hill, "Business Lessons from the Front Line," *Financial Times*, October 8, 2012.
28. Maxine Boersma, "Interview: 'Company Leaders Need Battlefield Values'," *Financial Times*, April 10, 2013.
29. Stephen Ambrose, *Eisenhower: Soldier and President* (New York: Simon and Schuster, 1990), p. 267.
30. 2013 年 4 月 30 日のアニー・デュークと著者との対話より。
31. 2013 年 2 月 13 日のジョシュア・フランケルと著者との対話より。

第 11 章　超予測者は本当にそんなにすごいのか

1. James Kitfield, "Flynn's Last Interview: Iconoclast Departs DIA with a Warning," *Breaking Defense*, August 7, 2014, http://breakingdefense.com/2014/08/flynns-last-interview-intel-iconoclast-departs-dia-with-a-warning/.
2. 以下の報告書を参照。The Stockholm International Peace Research Institute and the Human Security Report Project: *Human Security Report 2013: The Decline in Global Violence* (Vancouver, BC: Human Security Press, Simon Fraser University, 2013).
3. Daniel Kahneman and Shane Frederick, "Representativeness Revisited: Attribute Substitution in Intuitive Judgment," in *Heuristics and Biases: The Psychology of Intuitive Judgment*, ed. Thomas Gilovich, Dale Griffin, and Daniel Kahneman (Cambridge: Cambridge University Press, 2002), pp. 49-

81.

4. Nassim Taleb, *The Black Swan: The Impact of the Highly Improbable* (New York: Random House, 2010), p.10.（『ブラック・スワン――不確実性とリスクの本質』望月衛訳、ダイヤモンド社、2009 年）
5. Louise Richardson, *What Terrorists Want* (New York: Random House, 2007), pp. xviii-xix.
6. Taleb, *The Black Swan*, p. 50.
7. J. Bradford DeLong, "Cornucopia: The Pace of Economic Growth in the Twentieth Century," National Bureau of Economic Research Working Paper Series, Working Paper 7602, National Bureau of Economic Research, March 2000.
8. Duncan Watts, *Everything Is Obvious: *Once You Know the Answer* (New York: Crown Business, 2011), p. 153.（『偶然の科学』青木創訳、早川書房、2012 年）
9. 2001 年 4 月 12 日、ドナルド・ラムズフェルドからジョージ・ブッシュ大統領へのメモ。http://library.rumsfeld.com/doclib/sp/2382/2001-04-12%20To%20George%20W%20Bush%20et%20al%20re%20Predicting%20the%20Future.pdf.
10. Richard Danzig, *Driving in the Dark: Ten Propositions About Prediction and National Security* (Washington, DC: Center for a New American Security, October 2011), p. 8.
11. *Oxford Essential Quotations* (New York: Oxford University Press, 2014).
12. 1 冊だけ例を挙げると、MIT スローンスクールの元学長、レスター・サローが書いてベストセラーとなった『大接戦――日米欧どこが勝つか』（土屋尚彦訳、講談社、1992 年）がそうだ。21 世紀初頭の世界経済を生き生きと描いた説得力のある作品だが、誤っていた。日本とドイツをアメリカへの主要な挑戦者として描き、中国にはほとんど触れていなかった。発売当時は大きな話題となった同書は、今日完全に忘れ去られている。
13. 戦争による死者の推計にはときとして大きなばらつきがある。何が「戦争」に当てはまるかという議論も際限がない。
14. 大量殺人技術が急速に進歩していることを考慮すれば、慎重な政策立案

者はすでに数百万人の死者が出る戦争が起こるリスクを20%、40%、あるいは80%に引き上げているかもしれない。これも歴史的基準値という外側の視点と、目の前の問題についての情報という新鮮な内側の視点をバランスさせて判断する必要がある。

15. ナシーム・タレブから難しい質問を受けたことがある。「数十年に1度しか起こらないような出来事について、予測の正確さを測ることなどできるのか」と。簡単に言ってしまえば、できない。もう少し詳しく説明すると、少なくともウィジャ盤よりはましな結果を出せるような、巧妙な方法はいくつかある。たとえば第11章で取り上げた「スコープ無反応性」に関する研究を参考に、予測者が頻度の低い事象の可能性について、どれぐらい論理的一貫性のある予測をできるか評価する、というものだ。たとえば1年に1度自動車事故で負傷する確率と、10年に1度自動車事故で負傷する確率をどう予測するかだ。予測者の答えがどちらもほぼ同じなら、基本的な論理的一貫性テストには不合格だ。彼らに合格する方法を教えれば、予測の論理的一貫性は高まるだろう。論理的一貫性は正確性の十分条件ではないが、必要条件である。もう1つの方法は、頻度の低い大事件について早期警告指標をつくり、その警告指標について予測者の正確性を評価し、正確性の高い者のほうが歴史の軌道を正しく予測しているとみなすというやり方だ。どちらの手法もタレブの提示した問題の解決にはならないが、何もないよりましである。また最悪のシナリオを「想定」できるような変化をことごとく拒絶するような、極端な予防原則を採択するよりましである。

16. カーネマンの思考実験は「もし〜だったら」という荒れ狂う可能性の海に踏み出すようなものだ。実現しなかった歴史を振り返ると、ほんのちっぽけな違いが大きな変化につながることがよくわかる。たとえばゲティスバーグでのほんの数人の勇敢な男たちの行動がもたらしたとされる南部連合軍の勝利から、第一次世界大戦でのドイツの勝利までを追跡したウィンストン・チャーチルのエッセイなどが好例だ。私はこの手の反事実的歴史を想像するのが好きで、歴史家のジェフリー・パーカーとともに別の歴史の可能性を評価することの難しさについて書いている。以下を参照。P. E. Tetlock, R. N. Lebow, and N. G. Parker, eds., *Unmaking the West: "What-*

If?" Scenarios That Rewrite World History (Ann Arbor: University of Michigan Press, 2006). 以下も参照のこと。P. E. Tetlock and A. Belkin, "Counterfactual Thought Experiments in World Politics: Logical, Methodological, and Psychological Perspectives," in *Counterfactual Thought Experiments in World Politics*, ed. P. E. Tetlock and A. Belkin (Princeton, NJ: Princeton University Press, 1996); P. E. Tetlock and R. N. Lebow, "Poking Counterfactual Holes in Covering Laws: Cognitive Styles and Historical Reasoning," *American Political Science Review* 95 (2001): 829-43.

第12章　進むべき道

1. この問題について、超予測者の成績はどうだったか。彼らは適切な因果関係のモデルを構築したおかげで、関連性のあるエビデンスのみに集中し、関連性のないエビデンスにはほとんどまどわされなかった。彼らは他国の投票パターンから、「現状維持」の選択肢は事前の世論調査より本番での得票率が高くなる傾向があることを知っていた。有権者には世論調査員に「退屈な側」の人間だと思われたくないという心理が働く場合もあるからだ。これは1995年のカナダからのケベックの独立を問う国民投票でも見られた。また超予測者は統合の威力も理解していた。すべての世論調査が僅差で「独立せず」を示しており、それをすべて合算すると最初から「独立せず」優位だとはっきりわかったはずだ。YouGovの世論調査で「独立派」が7%差で優位という結果が出ても、超予測者はまどわされなかった。一時的に独立派の勝利の可能性を30%に引き上げたものの、YouGovの結果はその後の世論調査と一致しなかったため、再び当初の10%に戻した。対照的に投票日前日、イギリスのブックメーカーが主催する賭け市場は、3対1で国民投票で独立が否決されるとみていた。方向性としては正しいが、その時点の超予測者の9対1という予測にははるかに及ばない。以下を参照。Simon Neville, "Scottish Independence: Late Surge at the Bookies as Punters Catch Referendum Fever," *The Independent*, September 18, 2014, http://www.independent.co.uk/news/business/news/scottish-independence-late-surge-at-the-bookies-as-punters-catch-referendum-

fever-9739753.html.

2. Daniel W. Drezner, "What Scotland's Referendum Teaches Me About Punditry," *Washington Post*, September 19, 2014, http://www.washingtonpost.com/posteverything/wp/2014/09/19/what-scotlands-referendum-teaches-me-about-punditry.
3. 同前。
4. "Silver Speaks. Democrats Despair," *Slate*, March 24, 2014.
5. Mac Margolis, "Brazil Threatens Banks for Honesty," *Bloomberg View*, August 1, 2014, http://www.bloombergview.com/articles/2014-08-01/brazil-threatens-banks-for-honesty.
6. http://www.nydailynews.com/news/election-2012/dick-morris-offers-explanation-predicting-romney-landslide-article-1.1201635.
7. Ira Rutkow, *Seeking the Cure: A History of Medicine in America* (New York: Scribner, 2010), p. 143.
8. 同前。p. 145.
9. エビデンスに基づく政策連合（Coalition for Evidence-Based Policy）のウェブサイト（coalition4evidence.org）を参照。あるいは以下の書籍を参照。Ron Haskins and Greg Margolis, *Show Me the Evidence: Obama's Fight for Rigor and Results in Social Policy* (Washington, DC: Brookings Press, 2014).
10. James Surowiecki, "Better All the Time," *New Yorker*, November 10, 2014, http://www.newyorker.com/magazine/2014/11/10/better-time.
11. 批判によって態度を変えるといえば、FRB でさえ曖昧な言葉遣いをやめない理由もここにある。「でさえ」と言ったのは、FRB は IC と異なり、内部の議論では定量的（マクロ経済的）モデルを採用しているためだ。その気になれば、自らの意図をもっと明確に伝えることもできる。しかしそうしない。ベン・バーナンキ元議長が大学教授時代、FRB の難解で退屈な言葉遣いをやめるよう訴えていたにもかかわらず、である。ここでわれわれが直面しているのは、科学的に知りえることの限界ではなく、政治的に可能なことの限界である。FRB には曖昧な言葉遣いで身を守る理由がたくさんある。「逆の可能性」が実現したときに批判を受けたくない、というのが一つ。最高の予測者でも、そういう立場に置かれることは珍しくない。

また国民に、考えをころころ変えると思われたくないという理由もある。国民は意見のアップデートを、合理性ではなく無能の表れと見ることが多いためだ。

こうした事情からFRBは、国民は真実を求めるかもしれないが、真実を受け入れる心の準備はできていないと判断したようだ。穏やかなベン・バーナンキが、映画『ア・フュー・グッドメン』のジャック・ニコルソンばりに「おまえに真実はわからん！」と怒鳴る場面を想像してほしい。こうした視点に立てば、われわれはまだ数字を扱うほど成熟していないのかもしれない。だから2015年2月のジャネット・イエレン議長の発言のようなFRBの声明を解読しつづけるはめになる。「フォワード・ガイダンスの修正は、委員会が今後数回の会議のあいだに目標幅を引き上げることを必ずしも示唆するものではないことを強調することが必要である」。以下を参照。James Stewart, "Wondering What the Fed's Statements Mean? Be Patient," *New York Times*, March 13, 2015, C1.

これがICにとって、どのような意味はもつかは明白である。ICがいずれFRBのように内部では不確実性を定量評価するようになっても、外部へのメッセージは謎めいたものであり続けるだろう。

12. クォート・インベスティゲーターによると、この発言はアインシュタインのものとされることが多いが、実際は社会学者ウィリアム・ブルース・キャメロンのもののようだ。http://quoteinvestigator.com/2010/05/26/everything-counts-einstein/.
13. Leon Wieseltier, "Among the Disrupted," *New York Times*, January 18, 2015.
14. Elisabeth Rosenthal, "The Hype over Hospital Rankings," *New York Times*, July 27, 2013.「超優秀」な組織や人（超優秀な病院、教師、情報分析官など）を見つける試みは、2つの理由から思いとどまるべきである。(1) 優秀さには複数の面があり、なかには明確に把握できないものもある（患者の寿命、テスト結果、ブライアー・スコア）、(2) 正式な評価指標を公表したとたん、新しいシステムにおもねろうとするインセンティブが生まれる。たとえば症状の重い患者の受け入れを断ったり、厄介な学生を拒否したりといったことだ。ただその解決策は評価指標そのものを使わないこと

ではなく、その過大解釈をしないよう努めることだ。

15. Thomas Friedman, "Iraq Without Saddam," *New York Times*, September 1, 2002.

16. Thomas Friedman, "Is Vacation Over?" *New York Times*, December 23, 2014.

17. Caleb Melby, Laura Marcinek, and Danielle Burger, "Fed Critics Say '10 Letter Warning Inflation Still Right," *Bloomberg*, October 2, 2014, http://www.bloomberg.com/news/articles/2014-10-02/fed-critics-say-10-letter-warning-inflation-still-right.

18. 私はこれを「ホーリー・グレイル（聖杯）・プロジェクト」と名づけたが、それをはなはだしく世間知らずな内容にぴったりだと評する者もいる。意見の対立する陣営を引き合わせようと思っても、互いの敵意が強すぎることも多い。ジョナサン・ハイトは著書『社会はなぜ左と右にわかれるのか——対立を超えるための道徳心理学』（高橋洋訳、紀伊國屋書店、2014年）のなかで、悲観的な見方を提示している。ただほんのわずかの成功例が出てくれば、すばらしい先例となるだろう。予測をトーナメントで競いあい、勝者が公表されるという試みが広がれば、予測を立てる人々がよりオープンマインドになると信じる合理的理由がある。IARPAの公開トーナメントの参加者の予測は、私が初期に行なった匿名性のEPJトーナメントの参加者のそれより、驚くほど優れている。研究室での実験結果はさらに明白だ。公開トーナメントは参加者にある種の説明責任をもたせるので、自分は間違っているかもしれないという可能性に注意を向けるようになる。サミュエル・ジョンソンは絞首刑には意識を集中させる効果があると語ったが、トーナメントにも同じ効果がある（トーナメントの場合は「社会的死」を避けることに意識が集中する）。以下を参照。P. E. Tetlock and B. A. Mellers, "Structuring Accountability Systems in Organizations," in *Intelligence Analysis: Behavioral and Social Scientific Foundations*, ed. B. Fischhoff and C. Chauvin (Washington, DC: National Academies Press, 2011), pp. 249-70; J. Lerner and P. E. Tetlock, "Accounting for the Effects of Accountability," *Psychological Bulletin* 125 (1999): 255-75.

結びに

1. 2014年8月5日、ビル・フラックと著者との対話より。

付録　超予測者をめざすための10の心得

1. Jo Graven McGinty, "To Find a Romantic Match, Try Some Love Math," *Wall Street Journal*, February 14, 2015.
2. Greg Mankiw, "The Overoptimism of Research Assistants," http://gregmankiw.blogspot.com/2013/11/the-excessive-optimism-of-research.html.
3. これについては別の仮説がある。バスケットボールとテロのアドバイザーの確率評価の扱いが違うのは、スポーツは反復的であるのに対し、ビンラディン捜索は一度限りの事象であることを考慮すれば妥当である、という考え方だ。オバマ大統領がバスケットボールに関する予測を過去のパフォーマンスについての客観的データから導き出されたものとして信頼したのに対し、テロに関する予測を根拠薄弱と思ったのも無理からぬことかもしれない。以下のようなエビデンスは、この問題の解決につながるかもしれない。(1) オバマは国家安全保障における反復的事象（ドローン攻撃）について議論するときも、スポーツのときと同じような精緻さで語るか。(2) 一般に政策立案者は、それほど反復的ではない事象の確率予測について、それが反復的事象と同等の信頼性を持つことがわかっていれば、信頼性に欠けるという「偏見」を捨てられるか。残念ながら、一見一度限りの事象について確率予測を集めること、その正確性を評価することに政策立案者が価値を見いださないかぎり、後者を検証するのは不可能だ。
4. Tommy Lasorda and David Fisher, *The Artful Dodger* (New York: HarperCollins, 1986), p. 213.
5. 自己矛盾的な11番めの「心得」は、創意工夫の重要性を改めて示している。たとえば「前例のないこと」、たとえば核兵器、スーパーコンピュータ、遺伝子工学の発明といったブラック・スワン的事象に備えるには、主な「心得」をしっかり守る必要がある。歴史的基準値に頼らず、オオカミ少

年になることを恐れず「とんでもない」シナリオを想定してみるのだ。ただもちろんそれは代償をともなう。想像力豊かにシナリオを考える人は、めったに起きない影響の大きな事象の発生確率を高く見積もる。それは当たることもあるが、外れること（偽陽性）もある。当たりの確率を高める代償が高すぎるかどうかは、偽陽性の誤りをどれだけ抑えられるか、そしてほかの人々が想像もできない事象に対してどれだけ巧みにヘッジできるかにかかっている。やはり超予測者には常にバランス能力を発揮することが欠かせない。

本書は、二〇一六年十月に早川書房より単行本
として刊行された作品を文庫化したものです。

Risk

〈数理を愉しむ〉シリーズ

リスクにあなたは騙される

ダン・ガードナー
田淵健太訳
ハヤカワ文庫NF

池田信夫氏推薦！
現代人がリスクに抱く過剰な恐怖心を徹底解明

環境汚染やネット犯罪など新たなリスクを抱える現代人。実際に災難に遭う率はどれほどか？　気鋭のジャーナリストがその確率を具体的に示し、言葉やイメージで判断が揺らぐ人間の心理と、恐怖をあおる資本主義社会の構造を鋭く暴く必読書。解説／佐藤健太郎

100年予測

The Next 100 Years

ジョージ・フリードマン
櫻井祐子訳
ハヤカワ文庫ＮＦ

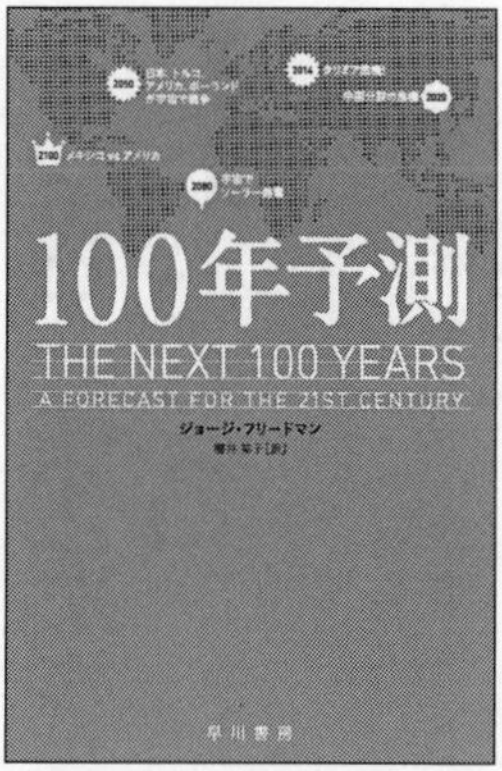

各国政府や一流企業に助言する
政治アナリストによる衝撃の未来予想

「影のＣＩＡ」の異名をもつ情報機関が21世紀を大胆予測。ローソン社長・玉塚元一氏、ＪＳＲ社長・小柴満信氏推薦！　21世紀半ば、日本は米国に対抗する国家となりやがて世界戦争へ？　地政学的視点から世界勢力の変貌を徹底予測する。解説／奥山真司

ウォール街の物理学者

THE PHYSICS OF WALL STREET

ジェイムズ・オーウェン・ウェザーオール

高橋璃子訳

ハヤカワ文庫ＮＦ

「証券取引所だってカジノみたいなもの」確率論とギャンブルを愛する男による世界初の株価予測モデルが20世紀半ばに発見された。以降、カオス理論、複雑系、アルゴリズムなどをつかう理系〈クオンツ〉たちは金融界で切磋琢磨し莫大な利益を生むのだが……。投資必勝法に挑む天才の群像と金融史。解説／池内了

アリエリー教授の「行動経済学」入門

ダン・アリエリー
NHK白熱教室制作チーム訳
ハヤカワ文庫ＮＦ

ＮＨＫで放送された、行動経済学ブームの火つけ役の名講義を書籍化。人のふるまいの不合理さをユニークな実験とケーススタディで解き明かし、日常生活やビジネスへの活かし方を考える、おもしろレクチャー全6回。『お金と感情と意思決定の白熱教室』改題。解説／友野典男

訳者略歴　翻訳家　日本経済新聞記者を経て独立。米国公認会計士資格（CPA）保有。主な訳書にスローマン＆ファーンバック『知ってるつもり――無知の科学』（早川書房），シュミット＆ローゼンバーグ他『How Google Works』他多数

HM=Hayakawa Mystery
SF=Science Fiction
JA=Japanese Author
NV=Novel
NF=Nonfiction
FT=Fantasy

超《ちょう》予《よ》測力《そくりょく》
不確実な時代の先を読む10カ条

〈NF522〉

二〇一八年五月 十 日　印刷
二〇一八年五月十五日　発行

（定価はカバーに表示してあります）

著者　フィリップ・E・テトロック
　　　ダン・ガードナー
訳者　土《ひじ》方《かた》奈《な》美《み》
発行者　早川　浩
発行所　株式会社　早川書房
郵便番号　一〇一 - 〇〇四六
東京都千代田区神田多町二ノ二
電話　〇三 - 三二五二 - 三一一一（大代表）
振替　〇〇一六〇 - 三 - 四七七九九
http://www.hayakawa-online.co.jp

乱丁・落丁本は小社制作部宛お送り下さい。
送料小社負担にてお取りかえいたします。

印刷・中央精版印刷株式会社　製本・株式会社フォーネット社
Printed and bound in Japan
ISBN978-4-15-050522-6 C0111

本書は活字が大きく読みやすい〈トールサイズ〉です。